В. БЫКОВ

РУССКАЯ ФЕНЯ

ТРАСТ-ИМАКОМ
Смоленск, 1994

ББК 81. 411. 2-42
Б 95

Быков Владимир. Русская феня. Словарь современного интержаргона асоциальных элементов. Смоленск: ТРАСТ-ИМАКОМ, 1993.

Словарь современного интержаргона асоциальных элементов В.Быкова содержит около 3500 слов и выражений. Слова, значения слов и устойчивые сочетания снабжены краткими толкованиями и иллюстрациями из устной речи и произведений беллетристики и публицистики, а также научных трудов. Заглавные слова имеют ударения и сопровождаются грамматической характеристикой.

Словарь предназначен самому широкому кругу лиц, интересующихся значениями современной русской активной жаргонной лексики.

Рецензенты:

И.Г.Добродомов, доктор филологических наук, профессор. Москва, МПГУ.

Л.И.Скворцов, доктор филологических наук, профессор. ИРЯ РАН.

В.М.Мокиенко, доктор филологических наук, профессор. Санкт-Петербургский университет.

46020000
3Д7 (03)-92 Без объявления   ББК 81. 411. 2-42

© Владимир Быков
© ТРАСТ-ИМАКОМ, 1994

ISBN 5-86171-007-4

Проблемы словаря русского воровского интержаргона ("Русской фени"). "Блатная музыка", "рыбий язык", "стук по блату", "акцент", "уголовный жаргон" есть органичная составная часть национального русского языка. Аналогичное утверждение справедливо и в отношении других языков, имеющих свои жаргоны такого рода (французского, немецкого, английского, польского и др.). К сожалению, до недавнего времени феня была запретным плодом для русской лексикографии.

"Русская феня" понимается как социально-речевой стиль, существующий на базе общенародного русского языка. Общенародный, или общенациональный, язык включает в себя: стандарт, просторечие, диалекты и жаргоны. Данный словарь ставит перед собой задачу описания интержаргонной лексики, используемой в целях общения асоциальными элементами: ворами, грабителями, хулиганами, насильниками, спекулянтами, заключёнными различных исправительно-трудовых учреждений (ИТУ). Интержаргон объединяет лексику, употребляемую представителями вышеперечисленных группировок.

Источником словаря послужило реальное речевое употребление центральной европейской части России, ограниченное определенными временными рамками: с 60-х годов по настоящее время. В "Русскую феню" не включаются слова, бытующие в диалектах, иных жаргонах (студенческом, военном, спортивном и т. д.), а также в устной форме литературного языка, называемой также разговорной речью, в значениях, характерных для этих форм общенародного языка. Эти слова и выражения активно проникают в просторечие, так что в ряде случаев довольно трудно провести границу между жаргонным и просторечным словоупотреблением. И все же, там, где это позволяет сделать словарный материал, жаргонизм и просторечие разграничиваются. Это значит, в данном случае, что просторечное значение словарём не фиксируется. Приведу несколько примеров. Словари литературного языка фиксируют слово "работяга" со значением ʼработящий человек, труженикʼ. В просторечном употреблении это слово имеет значение ʼрабочийʼ. Феня включает это слово со значением ʼзаключённый не-ворʼ. В качестве синонима употребляется также "Мужик". "Блатной" употребляется в литературном языке со значением ʼпользующийся связями, знакомствами в корыстных целяхʼ; в просторечии, из которого оно перешло в литературный язык, слово бытует ещё и в значении ʼпреступныйʼ. В жаргоне данное слово употребляется со значением ʼсвой, ворʼ. Ср. у Высоцкого: "Там все места блатные расхватали и Пришипились, надеясь на авось, Тем временем, во всей честной Италии на папу кандидатов не нашлось..."

- Дачка ейная с блатными связями, совсем с панталыку сбилась. Добром не кончит с етим жульем... - Ну и метки! - А что? Для блатного они - как фамилия. У многих есть, а все разные. (Нетесова. Утро без рассвета. Колыма.) При близости двух последних значений (просторечного и жаргонного) они отличаются друг от друга наличием-отсутствием семантического признака "преступный". Жаргонное "блатн*ой*" входит в словообразовательное гнездо, образуемое словами: "блат*арь*, блатн*як*, блат*як*, блат*ня*, блатн*яцкий*, блатн*ая*" и др., у которых также отсутствует этот признак. "Б*а*рин" известно литературному языку со значением ʼпомещикʼ, просторечию - ʼбездельник, лентяйʼ, жаргону - ʼначальник ИТКʼ, синонимичное "Хозяину". Глагол "гнать" фиксируется словарями литературного языка со значением ʼдавать, предоставлятьʼ (ср. Гони деньгу!), жаргонное словоупотребление обнаруживает значение ʼидтиʼ: Куда сранья гонишь? "Б*у*фер" имеет в литературном языке значение ʼспециальное устройство для ослабления удараʼ, в просторечии - ʼбедроʼ, в жаргоне - ʼженская грудьʼ. Этот перечень можно было бы продолжить.

Источником словаря является также целый ряд литературных, публицистических, научных публикаций, список которых приводится в конце словаря. Эти источники были использованы в целях отражения новообразований и вариантов, а также из эстетических соображений.

Включённый материал сопоставляется со словарным материалом различных словарей так называемой "блатной музыки", словарей русского литературного языка, словаря русского просторечия, а также материалами диалектных словарей. Этот список также приводится в конце словаря. Основанием для включения в "Русскую феню" служила не менее чем двукратная фиксация данного значения слова или выражения. Фиксация варианта рассматривалась при этом как одна из фиксаций данной лексемы.

История жаргонной лексикографии начинается "Блатной музыкой" В. Трахтенберга.

Необходимо сказать о той работе, которая была проделана предшественниками, как лингвистами, так и не лингвистами.

Эти словари, в зависимости от их предназначенности, можно разделить на две группы: 1. Словари для служебного пользования. 2. Словари, предназначенные для общего пользования, то есть толковые. Количественные их характеристики таковы. Наиболее полные по объёму словари первой группы содержат: словарь И. Вориводы (Алма-Ата, 1971) - три тысячи слов и выражений, М. Никонорова(М., 1978) - две тысячи, Ю. Вакутина(Омск, 1979) - более пяти тысяч слов и выражений, А. Пириева (Баку, 1987) - около полутора тысяч, Ю. Дубягина и А. Бронникова (М, 1991) - около десяти тысяч. Словари второй группы, то есть предназначенные для широкой аудитории, характеризуются следующими показателями. "Блатная музыка" В. Трахтенберга (С. - П., 1908) - около четырёхсот слов и выражений. Краткий словарь современного русского жаргона М. и Б. Крестинских (Франкфурт-на-Майне, 1965) - около четырёхсот словарных единиц; Словарь М. Геллера и Х. Маркеса Soviet prison camp speech M. Galler, H. Marguess. (Язык советской тюрьмы, Висконсин, США, 1972) - около тысячи двухсот, Б. Бен-Яков. Словарь Арго ГУЛага, Франкфурт-на-Майне, 1982 - также около тысячи двухсот; Словарь блатного жаргона в СССР А. Скачинского (Нью-Йорк, 1982) примерно такого же объёма.

Следует назвать, очевидно, существующую картотеку Словаря ненормативной лексики К. Косцинского, о которой автор, К. Косцинский, писал в журнале "Russian linguistics", 1980, N 5. В этом обзоре отсутствуют небольшие словари, составленные к произведениям отдельных авторов, а также некоторые словари для служебного пользования, помещённые в четырёхтомном собрании русских воровских словарей, подготовленном В. Козловским (Нью-Йорк, 1983). Им же составлен Словарь русской гомосексуальной субкультуры (Нью-Йорк, 1986), который, с известными оговорками, также может быть использован для знакомства с жаргоном асоциальных элементов. Краткий обзор словарей В. Трахтенберга, М. и Б. Крестинских, М. Геллера и Х. Маркеса, а также словаря А. Флегона, который называется "За пределами русских словарей" (Лондон, 1972), даётся в статье К. Косцинского "Ненормативная лексика и словари" "Russian linguistics", 1980, N 4.

"Словарь Арго ГУЛага" Брони Бен-Яков составлен на материале литературных произведений, изданных на Западе. Это подробный толковый словарь, составленный лингвистом. Он не только толкует значения жаргонизмов, но и содержит грамматические пометы (до сих пор единственный в своем роде), приводит вариантные словоформы, фиксирует существование синонимов. Однако этот словарь не даёт истинного представления о реальном, живом словоупотреблении, а также, вольно или невольно, создаёт впечатление "литературности" жаргона, что, конечно же, не соответствует действительности.

"Словарь блатного жаргона в СССР" А. Скачинского ориентирован на отражение устного словоупотребления, однако содержит большое количество бранных слов, а также лексики, зафиксированной словарями с теми же значениями (*а*мба, бал*а*нда, братв*а*, вк*а*лывать и т. д.). К достоинствам словаря следует отнести также фиксацию синонимических отношений. Грамматических помет этот словарь не даёт. Оба словаря вышли одновременно, и поскольку с момента их издания прошло уже десять лет, они не содержат, естественно, жаргонных новообразований последнего времени ("*кач*о*к*", "*шашл*ы*чник*", "*фирм*а*ч*", "*балал*а*йка*", "*мандав*о*шка*" и др.). В обоих словарях система отсылок не дифференцирована. Помета см. указывает как на синонимы и синонимичные выражения, так и на варианты одной лексемы. Например: "Канд*е*й" - см. "Конд*е*й"; "Зек" - см. "Зэк"; "Пер*о*" см. "М*е*сор"; "Пет*у*х" см. "Красная кос*ы*ночка". Примеры взяты из словаря Бен-Яков. Аналогичные можно привести и из словаря А. Скачинского.

Словари для служебного пользования составлялись или работниками органов внутренних дел, или юристами. На их стороне - богатый опыт практической работы, знания не только в сфере лексики, но и в сфере традиций, привычек, поведения их подопечных. Поэтому словари для служебного пользования, как правило, превосходят по объёму те, что составлены филологами. Сравните хотя бы уже упоминавшиеся словари М. Никонорова и московский 91-го года (две и десять тысяч слов и выражений соответственно). Но на этом, пожалуй, их преимущество и заканчивается. Как вы сами можете убедиться, такие словари представляют собой словники, в которых более или менее соблюдается алфавитное расположение слов и выражений с кратким объяснением их значений преимущественно путём подбора синонимов из общеупотребительной лексики. В отдельных словарях заглавные слова снабжены ударениями, в некоторых приводятся без ударений с многочисленными опечатками и ошибками: "ашманать, абшабиться, ахламон, атканать, здрючить, зоночка, карифан" и т. д. Любопытно, что в предисловии к словарю Ю.Вакутина, написанному генералом В.Пахаевым, авторство "Блатной музыки" В. Трахтенберга приписывается ... Бодуэну де Куртене. Словари эти включают также значительный процент лексики со значениями, зафиксированными словарями литературного языка: "тес*а*к" 'большой нож', "трезв*о*н" 'сплетни', "трепа*ч*" 'врун, лжец', "айд*а*" 'пошли', "мерз*а*вчик" 'бутылка водки вместимостью 125 граммов', "запис*а*ть вещь" 'записать на магнитофон поп-музыку' и т. д. Они содержат также значительное количество военных жаргонизмов: "*д*е*мбель*" 'демобилизованный, а также готовящийся к демобилизации содат', "стар*и*к" 'солдат после полутора лет воинской службы', "кус*о*к" 'военнослужащий сверхсрочной службы', "губ*а*" 'штрафной изолятор' и т. д.

Нередко жаргонное значение слова подменяется профессиональным. Ср. "Блатн*о*й" - 'ведущий преступный образ жизни, не принимающий советских законов, соблюдающий преступные обычаи, нравы, традиции, знающий воровской жаргон' (словарь Ю. Вакутина); "Сгореть" - 'попасться при совершении преступления'; "Наблатыкаться" - 'научиться разговаривать на преступном жаргоне; перенять преступный опыт'. Жаргонные значения лишены семы 'преступный'. "Накрыть малину" для "блатного", очевидно, имеет иное значение, чем 'задержать преступников в притоне'. Такие дефиниции естественны в словаре, предназначенном для служебного пользования, но совершенно очевидно, что социальные установки составителей таких словарей доминируют в данном случае над лингвистическими.

Такие словари практически не дают представления об особенностях жаргонного формообразования, поскольку лишены грамматических помет, нередко дают неоднозначные толкования вариантам одной лексемы (Ср. "ничтяк" - 'хорошо; здорово; приятно'. "Нищак" - 'нет ничего'.) Вместе с тем, при осторожном с ними обращении такими словарями можно пользоваться при изучении жаргонной лексики.

"Русская феня" объединяет в себе толковый и фразеологический словари. Это создало известные трудности в подаче материала, привело к некоторой неоднородности в построении словарной статьи. Однако включение устойчивых выражений продиктовано объективной необходимостью из-за приверженности носителей жаргонов к их употреблению. Иное расположение материала, наверное, будет возможно после проведения дополнительных исследований языкового материала. В ряде случаев компоненты таких выражений известны составителю лишь со связанными значениями. Например, в выражении "Вальты гуляют" неясно происхождение первого компонента. Это может быть и "Вольт" 'бзик, причуда', а может быть и "Валет" 'недоразвитый, дебил'. Такие выражения, как "Дёрнуть гуся", "Винта нарезать", "Делать для фортецела", а также многие другие должны быть исследованы для того, чтобы можно было дать соответствующие отсылки. Словарные статьи типа "Упад, - а, (-у), м. = До упаду..." 'до полной потери сил, до изнеможения...' (словарь под ред. А. Евгеньевой) представляются нам неудачными, поскольку значение устойчивого выражения не исчерпывается значением опорного компонента, да и оно иногда неизвестно. Ср.: "Глухо как в танке", "сойдёт для мебели" (?).

Известные трудности в составлении словаря русской фени связаны с отсутствием системного описания и словарей русского просторечия. В толковых словарях русского языка помета "прост.", то есть просторечное, омонимична, имеет наряду со значением 'просторечное' и просто 'грубое', 'вульгарное'. Кроме того, включение этой лексики в словари, по вполне понятным соображениям, ограничивалось. Это совершенно справедливо. Очевидно, что фиксация просторечной лексики должна осуществляться не за счёт её включения в так называемое литературное просторечие, а в создании словарей русского просторечия (ср. например, "Словарь просторечий русских говоров Среднего Приобья, изданный Томским университетом в 1977 году, в котором географическая локализация в названии вполне может быть, по нашему мнению, устранена).

Систематическое же исследование русского просторечия, успешно начатое в 30-е годы Б.А. Лариным и его единомышленниками, достойного продолжения не получило вплоть до последнего времени. Сейчас интерес к изучению просторечия возрастает. Предстоит определить специфику просторечия в сравнении со строго нормированным литературным языком и, конечно же, подготовить словарь русского просторечия, насчитывающего не один десяток тысяч слов и выражений.

Безусловно, многое из того, что сегодня бытует в жаргонном употреблении, завтра окажется в просторечии. Для того, чтобы в этом убедиться, достаточно побеседовать с каким-нибудь кооператором или провести некоторое время на вещевом базаре, "на толкучке". О самом воровском жаргоне можно было бы сказать, что это то ласковое теля, которое сосёт нескольких маток: просторечие, литературный язык, другие жаргоны. Отдельные жаргонизмы уже сегодня активно употребляются в просторечии: "аля, атас, балдеть, бормотуха, будка, водила, навар, расколоть, права качать, взять на шармачка, кадрить, срубить (чувиху, чувака)" и т. д.

Словарь русской фени, как уже отмечалось, содержит лексику, употребляемую представителями различных группировок асоциальных элементов. Он, безусловно, не может претендовать на полноту освещения всего лексического корпуса жаргонов. Достоинством его, на наш взгляд, является системность подачи материала, отражающего специфику интержаргона. Специфика фени проявляется как в синтагматике, так и в парадигматике. Ср. например особенности управления у ряда глаголов. "Гонять, подорвать" употребляются как непереходные, что обусловлено их значениями. В литературном языке глаголы являются переходными. "Гонять" значит `ходить`, "подорвать" - `сбежать, совершить побег`.

Образование видовых глагольных форм выявляет специфику их жаргонного употребления. Ср. видовые пары: "крестить" (несов.) - "закрестить" (сов.); "косить" (несов.) - "закосить" (сов.); "крестить" (несов.) - "закрестить" (сов.); "писать" (несов.) и "пописать" (сов.); "стричь" (несов.) - "устричь" (сов.); "сквозить" (несов.) - "сквозануть" (сов.); "вертеть" (несов.) - "вертануть" (сов.) и т. д. Специфичным в данном случае является использование для видообразования семантически пустой приставки за-, а также суффикса -ану-, который в литературном языке служит для образования глаголов со значением однократности.

Особенностью жаргона является также наличие в составе словоформ семантически пустых морфем. "Подзалетéть, подзаловúть, подовзять, подзадолбáть" имеют те же значения, что и "залетéть" ʼпопастьсяʼ, "заловúть" ʼпоймáтьʼ, "задолбáть" ʼутомить, надоесть, взятьʼ. Суффиксальные существительные "грудянка, кровянка, утрянка" имеют те же значения, что и литературные "грудь, кровь, утро". Эти пустые морфемы выполняют, очевидно, функцию социальной маркировки данных словоформ, именно эти морфемы переводят слова в разряд жаргонизмов.

"Русская феня" как словарь интержаргона включает и лексику регионально окрашенную. Однако накопленный опыт настолько мал, что не позволяет ввести соответствующую помету как обязательную. Здесь можно ограничиться отдельными наблюдениями. Наряду с общеупотребительным "канáть" ʼидтиʼ отмечается южное "кочумáть"; южное "фаловáть" ʼуговариватьʼ соседствует с общеупотребительным "блатовáть"; общеупотребительное "кандéй" включается параллельно с южным "кичá" или "кичмáн"; общеупотребительные "лопáтник" ʼкошелёкʼ и "клёво" ʼхорошоʼ фиксируются словарём наряду с южным "гомонóк" и "бáрно".

Работа над словарём, со всей очевидностью, может быть продолжена и в направлении выявления заимствований из других языков, хотя число таких заимствований относительно невелико и колеблется от региона к региону. Феня обнаруживает заимствования из цыганского ("хáвать", "шкáры", "тырить", "кар", "минжá"), немецкого ("áбвер", "тип-топ", "вáссер", "скокáрь"), польского ("мацáть", "лантух", "кешель"), из офенского ("клёво", "хруст", "мастырщик", "нáчить") и других языков. Однако, для объективной интерпретации такого рода требуются специальные исследования, которых на сегодняшний день явно недостаточно.

Спецификой фени является обилие вариантов, что обусловлено как языковыми особенностями, так и устной формой бытования. Проблема вариантов на материале жаргонов и просторечия рассматривалась в отдельных работах (например, в статье Л. Скворцова "Орфография просторечных и жаргонных слов" - Нерешенные вопросы русского правописания, М., 1974). В словаре оценочные критерии играют подчинённую роль. Это значит, что задачей, прежде всего, считалась наиболее полная фиксация существующих вариантов, а не нормативная их оценка. В "Русской фене" приводятся все зафиксированные автором произносительные и грамматические варианты с соответствующими отсылками и пометами. Для более точной передачи звучания используется буква ё, ср. "стрёма", "клёво", "кобёл", "краснопёрый," "рогомёт" и проч. Акцентологические же варианты словарём не фиксируются, заглавное слово приводится в словарной статье с таким расположением ударения, с которым оно было зафиксировано составителем.

Вместе с тем, полностью отказаться от учета оценочного критерия было бы, наверное, неправильно. Совершенно очевидно, что видовую пару глаголу "шмон*а*ть" ʽобыскиватьʼ образует "ошмон*а*ть", а не "ашман*а*ть" (ср. "шмон" ʽобыскʼ), что следует писать "зан*а*чка" (ср. "н*а*чить" ʽпрятать про чёрный деньʼ), а не "зан*о*чка", "кореф*а*н", а не "кариф*о*н" (ср. "кореш", "проф*а*н"), хотя и существование таких произносительных вариантов вполне возможно. В отношении отдельных жаргонизмов уже сложилась орфографическая тенденция, которой словарь и следует: " бад*я*га, ат*а*нда, с*е*кель, сач*о*к, фарц*а*, хил*я*ть, лоп*а*тник" и др. Представляется возможной и особая графическая передача жаргонизмов, отличающая их от стандартных и просторечных единиц, ср. "кашагл*о*т", "фр*а*йер", "фал*о*вать", "бац*и*льный" и т. п.

Стилистические пометы при вариантах даются в словаре нерегулярно. Справедливым является высказывание Л. Капанадзе, касающееся просторечной лексики: "Просторечная лексика дает широкую словообразовательную вариантность при недостаточной смысловой и стилистической дифференциации вариантов. И часто такой дифференциации нет вовсе." (Л. А. Капанадзе. Современная просторечная лексика. - В : Городское просторечие. Проблемы изучения. М., 1984, с. 126)

Экспрессивность слов и выражений отмечается подбором соответствующих синонимов из общеупотребительной лексики. Например: " Баз*а*рила"...- ʽБолтунʼ. "Дрефл*о*"... - ʽТрус...ʼ "Дятел"... - ʽДуракʼ. "Очкан*у*ть..." - ʽСтрусить, испугатьсяʼ. "Сука..." - ʽИзменник, предательʼ. "Чурка..." - ʽАзиатʼ. "Халява..." - ʽДармовщинаʼ. "Ряшка..." - ʽМордаʼ и т. д. Стилистическая дифференциация лексики обнаруживает в ряде случаев отчётливую социальную обусловленность. Так, вся лексика, обозначающая работников правоохранительных органов и сотрудничающих с ними лиц, обладает негативной коннотацией: "мент, м*у*сор, лег*а*вый, фара*о*н, гап*о*н, метёнка, б*о*бик" - ʽмилиционерʼ, "попк*а*рь, дуб*а*к" - ʽнадзирательʼ, "краснопёрый", "краснопогонник" - ʽохранникʼ, "нас*е*дка, кум*о*вка, *у*тка, инд*ю*к" - ʽосведомитель, провокаторʼ. Это же справедливо для большей части лексики, описывающей сексуальную сферу. "Петух, п*и*дор, об*и*женка, опущенный" - ʽизнасилованный; пассивный педерастʼ. "Вафлёр, вафлист, миньетчик" - ʽпассивно занимающийся оральным сексомʼ. "Шал*а*ва, шалаш*о*вка, дешёвка" - ʽгулящая, женщина лёгкого поведения` и т. д. Негативную коннотацию имеют слова, обозначающие пассивного участника сексуальных контактов. Педерасты окружены общей атмосферой презрения и унижения: они не имеют права питаться наравне с другими, спать рядом с ними, имеют специальную посуду (как правило, с дыркой), имеют специальную татуировку и т. д. (Замечу, что практика и психология "зоны" женофобна).

Значительные сложности при составлении словаря были связаны с различением полисемии и омонимии. Под омонимами понимаются два (и более) слова, состоящие из тождественных фонем и различающиеся только семантически или грамматически или и семантически и грамматически одновременно. Ещё конкретнее: речь идёт об омонимии тех форм слова, которые выступают как представители в словаре. Омонимы разграничивались в синхронном аспекте. Это значит, например, что отмеченные словарём В. Трахтенберга лексемы "бык, буфер, блин, карась, кобель, коробочка" и т. д. не учитывались при составлении словаря, хотя функционирующие в настоящее время жаргонизмы и находятся с ними в отношениях омонимии. Например, в жаргоне наркоманов "баяном" называют медицинский шприц, в жаргоне квартирных воров и рекетиров батарею отопления; в жаргоне шулеров, карточных мошенников, "бурой" называют одну из игр в карты, в жаргоне заключённых "бура" - `суп, первое блюдо` и т. д.

Наибольшие сомнения и трудности вызывало различение разошедшейся и не разошедшейся полисемии. В большом числе случаев омонимия представлена здесь в стадии зарождения, in statu nascendi. В этих случаях в качестве критериев использовались такие факторы, как характер словосочетаний, различие словообразовательных рядов и т. д. в соответствии с традицией, существующей в лингвистической и лексикографической практике. (Такую методику предлагает, например, О. С. Ахманова. См.: Словарь омонимов русского языка, М., 1986, предисловие). Вместе с тем, совершенно очевидно, что некоторые особенности семантических транспозиций, обусловленные спецификой фоновой информации, могли остаться незамеченными. Ср.: "Бобик" - `рядовой милиционер` и "Бобик 2" - `милицейская машина`. "Вязать" - `задерживать, арестовывать` и "Вязать 2" - `прекращать`. "Глухарь" - `пьяный` и "Глухарь 2" - `отбывающий наказание на тюремном режиме` и т. д.

"Русская феня" подводит некоторые итоги работы, продолжавшейся несколько лет. Однако этот словарь - один из этапов работы, но не финишная прямая. Словарь уже прошёл и проходит апробацию, его материалы используются переводчиками современной русской литературы соответствующей тематики. Словарные материалы, очевидно, станут составной частью сводного двуязычного словаря русских жаргонов и просторечия, программа которого разрабатывается и реализуется Европейской коллегией переводчиков в Штралене (Северный Рейн - Вестфалия). По перспективным подсчётам лексический корпус словаря интержаргона может составить более десяти тысяч слов и выражений.

С момента выхода в свет "Русской фени" прошло совсем немного времени, но уже назрела потребность второго издания словаря. Вышедшее в 1992 году в Мюнхене первое издание оказалось фактически недоступным широкому кругу читателей, хотя словарь адресован, в первую очередь, именно этому кругу. По сравнению с предыдущим изданием в словарь включено значительное количество новых слов и выражений. Толкования значений ряда слов были проверены и в некоторых случаях уточнены; также были проверены и уточнены отсылки к тому или иному значению.

Иллюстративная часть словаря не претерпела принципиальных изменений. Вместе с тем, везде, где это было целесообразно, примеры были заменены на такие, в которых одновременно со значением слова демонстрируется его семантическая или синтаксическая сочетаемость.

По сравнению с предыдущим изданием расширен список литературных источников и словарей, что вызвано как включением нового лексического материала, так и появлением в свет новых лексикографических работ.

Пользуясь случаем, автор благодарит всех информаторов (бывших заключённых), которые, большей частью, пожелали остаться неизвестными. Особую благодарность (посмертно) хотелось бы выразить А. П. и П. А. Петровым...

Автор благодарен сотрудникам правоохранительных органов, оказавшим поддержку и помощь в сборе и проверке материалов для данного словаря: майору В. А. Савиной, майору А. М. Власенкову, капитану М. С. Макарову, капитану С. А. Наниеву, подполковнику М. А. Мирскому, советнику юстиции В. В. Акинчикову.

Значительную помощь в подготовке словаря к печати, а также своими замечаниями и пожеланиями оказали: профессор И. Г. Добродомов, профессор В.М. Мокиенко, профессор Г. Фрейдхоф, профессор К. Гутшмидт, профессор Л. И. Скворцов, доктор филологии З. А. Кестер-Тома, доцент Р. Венк, инженер-программист М. Шульц, сотрудники Института славистики университета имени Гумбольдта, сотрудники и студенты физико-математического и филологического факультетов Смоленского педагогического института, которым автор искренне признателен.

Как пользоваться словарём

Состав Словаря

Словарь русского арго ориентирован, в первую очередь, на отражение общеупотребительной лексики и фразеологии, используемой в целях общения асоциальными элементами. Устная форма существования этого социального речевого стиля, базирующегося на общенародном языке, получила в настоящее время широкое распространение. Истоки такой активности заключаются не только в экспрессивности и образности жаргонизмов: миллионы бывших советских граждан могли бы это подтвердить.

Слова и устойчивые сочетания отражают, главным образом, реальное речевое употребление с 60-х годов XX века по настоящее время. В Словарь не включены слова, бытующие в диалектах, иных жаргонах (студенческом, военном и т. д.), а также в устной форме литературного языка в значениях, характерных для этих форм общенародного языка. Фиксация отдельных форм, нарушающих современные нормы литературного языка, производится с той целью, чтобы подчеркнуть высокую степень вариативности, свойственную жаргону.

Структура Словаря

1. Словарные статьи располагаются в алфавитном порядке.
2. Варианты слов даются в разных словарных статьях.
3. Омонимы снабжаются цифровыми показателями и разрабатываются в разных словарных статьях. Например: Кос*ая*, - ой, ж. Тысяча рублей. = Раньше на пару косых хоть погудеть можно было, а теперь? Кос*ая* 2, -ой, ж. Ср. Косяк.
4. Соотносительные по виду глаголы помещаются в разных словарных статьях, причём толкование значения даётся, как правило, при первой по алфавиту форме. Доплы́ть, - плыву, плывёшь, сов., несов. Доплыв*ать*. = Человек может доплыть в две недели ... (Шаламов. Перчатка или КР - 2.)
5. Употребительные причастия выделяются в самостоятельную статью. Это относится и к тем случаям, когда они выступают в функции прилагательных или существительных. Например: ЗАДР*О*ЧЕННЫЙ, -ая, -ое. Употр. в знач. прил. Хилый. = Мне б уж какого-нибудь, хоть самого задроченного ...
6. Фразеологические и устойчивые выражения образуют отдельную словарную статью. В Словарь включаются также употребительные

составные названия. Например: БОЛЬШ*А*Я ИК*О*НА. Правила внутреннего распорядка в ИТУ. = Хозяин такую большую икону замандячил! В рамке, под стёклышком...

Структура словарной статьи

Заглавное слово печатается в начале словарной статьи без абзаца прописными буквами. В слове указывается ударение (за исключением односложных слов, а также слов, содержащих букву ё), акцентологические варианты не фиксируются.

После заглавного слова делаются грамматические пометы. Принадлежность к той или иной части речи обозначается или указанием характерных грамматических форм или соответствующей пометой (нареч., межд.). Устойчивые выражения и составные названия даются без грамматических помет.

Стилистические пометы не носят регулярного характера.

Основным содержанием словарной статьи являются толкования значений слов и выражений и иллюстрирующие их примеры. Значения приводятся после грамматических помет и отмечаются цифрами (если слово многозначно). Примеры даются за знаком = . Устойчивые выражения и фразеологизмы, включающие глаголы, приводятся со знаком **.

Определение значений

Значение слов и выражений раскрывается традиционно. 1. При помощи синонима или группы синонимов. Например: ЖАЛО 3, -а, ср. См: Пешня. 2. Даётся краткая характеристика понятия или описание предмета. Например: ВЕЛОСИП*Е*Д, -а, м. Истязание, заключающееся в поджоге горючих предметов, вставленных между пальцами ног (обычно во время сна). = Чурке одному заделали для хохмы велосипед. Орал, падла, как резаный...

3. Дается краткое толкование значения. Например: Бут*о*р, -а, м. Барахло. = Куда ты со своим бутором попрёшься? Ночуй, а по утрянке потолкуем.

Ссылочные слова

Ссылочные слова вводятся в словарную статью в тех случаях, когда необходимо выделить доминанту синомического ряда (1), отметить

вариант звучания или написания (2), зафиксировать существование устойчивого или фразеологического выражения с вариативными компонентами (3).
1. КОСТЫЛЬ, -я, м, См. Пайка.
2. КОРЫ, кор, мн. Ср. Корочки.
3. ЛОВИТЬ ** ЛОВИТЬ ПРИХОД. Ср. Заловить Приход.

Иллюстрации

К большей части значений даются иллюстрации. Материалом для иллюстраций послужило, главным образом, современное словоупотребление. В качестве примеров приводятся также цитаты из публицистических, научных и художественных произведений, передающие значения, известные в живом употреблении.

Грамматические разряды слов

Показателем имени существительного является окончание родительного падежа единственного числа и указание рода имени; глагола - указание личных окончаний. Принадлежность к другим грамматическим разрядам отмечается специальными пометами. При устойчивых и фразеологических выражениях указания грамматических разрядов не даётся.

Если у слова имеются какие-либо грамматические отличия (например, употребление имени существительного с данным значением только во мн. ч.), то это отмечается с помощью соответствующих указаний.

Имена существительные

Имена существительные даются в именительном падеже единственного числа, за ним указывается окончание родительного падежа единственного числа и род имени существительного. Наличие двух помет рода (м. и ж.) показывает, что слово употребляется применительно как к мужчине, так и к женщине с соответствующим согласованием. Например: БАЗАРИЛА, -ы, м. и ж. Болтун. = Где ты этого базарилу откопал? Заткни фонтан, придурок!

В именительном падеже множественного числа помещаются имена существительные, или не имеющие формы единственного числа, или более употребительные во множественном числе. Например: КОЛ*Ы*, -ов, мн. Деньги. = Ты, небось, опять без колов?

Имена прилагательные

Имена прилагательные даются в именительном падеже мужского рода в полной форме. Например: БАЦИЛЛИСТЫЙ, -ая, -ое. Худой, хилый. - Он с виду бациллистый, а так ещё пахать можно.

Производным именам прилагательным с общим значением относительности дается определение: Прил. к (такому-то существительному). Например: КЕНТ*О*ВСКИЙ, -ая, -ое, Прил. к Кент.

Имена числительные

Употребляются формы, известные литературному языку и просторечию.

Глаголы

Словарная статья с объяснением значений дается при одном из глаголов видовой пары. Другой глагол приводится в алфавитном порядке с отсылкой к первому глаголу. Глаголы даются в неопределеннной форме, за которой приводятся окончания 1-го и 2-го лица единственного числа настоящего (или будущего) времени или сами формы. В словаре фиксируется и ненормативное образование личных глагольных форм. Например: ВИС*Е*ТЬ, -сю, -сишь, несов. Быть под подозрением. = К нему нельзя, говорил, что висит... Даётся указание на вид глагола, а также указывается парный глагол.

Если управление глагола отличается какими-то особенностями, то эти особенности фиксируются при помощи грамматических помет или иллюстрирующим материалом. Например: КОС*И*ТЬ, кошу, косишь, несов., сов. Закос*и*ть. Симулировать. = Он всё под больного косил, а как опустить пригрозили - враз поправился...

Если видовую пару образуют несколько глаголов, они также приводятся в рамках словарной статьи. Например: КОЛ*О*ТЬ, колю, колешь, несов., сов. Колонуть и Раскол*о*ть. Спецификой жаргона является использование в функции видовой пары для отдельных глаголов форм с суффиксами однократности.

Условные сокращения

безл. - безличное
бран. - бранное
в знач. сказ. - в значении сказуемого
глаг. - глагол
ед. - единственное число
ж. - женский род

женск. к ... - женский род к ...
знач. - значение

кратк. - краткая форма
м. - мужской род

межд. - междометие
мн. - множественное число
нареч. - наречие
нескл. - несклоняемое

несов.- несовершенный вид
прил. - прилагательное
прич. - причастие
прич. страд. прош. - страдательное причастие прошедшего времени
сказ. - сказуемое
собир. - собирательное
сов. - совершенный вид
ср. - средний род
страд. - страдательный залог
употр. - употребляется
устар. - устаревшее
ч. - число
част. - частица

Список наиболее употребительных аббревиатур

БУР (устар.) - Барак усиленного режима
ВТК - Воспитательно-трудовая колония (для несовершеннолетних)
ДПНК - Дежурный помощник начальника караула
ИВС - Изолятор временного содержания
ИТК - Исправительно-трудовая колония
ИТУ - Исправительно-трудовое учреждение
КПЗ (устар.) - Камера предварительного заключения
КПП - Контрольно-пропускной пункт
КПС - Контрольно-следовая полоса
ПКТ - Помещение камерного типа
СВП - Секция внутреннего порядка
СИЗО - Следственный изолятор
ШИЗО - Штрафной изолятор

А

АБВЕР, -а, м. Оперативный отдел ИТУ. = Не духарись, абвер не дремлет!

АБВЕРОВСКИЙ, -ая, -ое. Прил. к Абвер.

АВТОЗАК, -а, м. Спецавтомобиль для перевозки содержащихся под стражей. = Автозак кто говорит? Менты. Ворон, воронок ...

АВТОМАТ, -а, м. Авторучка. = Давай автомат, нацарапаю. Клёвый автомат, закордонный?

АВТОРИТЕТ, -а, м. Человек, имеющий власть в данной среде. = К этим вконец озлобившимся людям бросают подследственных, отказывающихся давать нужные показания, и колонийских "авторитетов", от которых хочет избавиться администрация. (Кречетников. Жизнь за решёткой.)

АЖУР, -а, м. Порядок. = С корешами полный ажур, не беспохлебься, не бэ!

АКАДЕМИК, -а, м. 1. То же, что Авторитет. 2. Уголовник. = ... Сидим, маракуем, кто нам жмурика этого подкинул? Может, академики? - Уголовники? - уточнил капитан, выказывая знание блатного жаргона. (Безуглов. Факел сатаны.)

АКАДЕМИЯ, - и, ж. Тюрьма. = Мне и на зоне ничтяк было. Чего в академию лезть? Мне это не улыбается...

АКВАРИУМ, -а, м. Камера временного содержания. - Бокс ещё аквариумом называют, отстойником.

АКРОБАТ, -а, м. Педераст. = Трус не одному акробату очко порвал, во был глиномес!

АКТИВ, -а, м. Заключённые, сотрудничающие с администрацией ИТУ. = Сложные отношения царят в треугольнике "администрация - отрицаловка - актив"... Отношения "отрицаловки" и "актива" весьма напоминают "холодную войну", порой перерастающую в "горячую". (Кречетников. Жизнь за решёткой.)

АКТИВИСТ, -а, м. Принадлежащий Активу, входящий в Актив. = Параллельно с "отрицаловкой" существует другая элита, другая власть - "активисты", поддерживаемые администрацией. (Кречетников. Жизнь за решёткой.)

АКТИВИСТКА, -и, ж. Женск. к Активист.

АЛКАЧ, -а, м. Ср. Алкаш.

АЛКАШ, -а, м. 1. Пьяница. = Говорят, мы алкаши, пропиваем все гроши. Ничего не знаем, кроме ресторана. Но на это мы плюём, мы пили, будем пить и пьём из медной кружки и из чайного стакана (из песни). 2. Алкоголик. = Витька полным алкашом стал. Не просыхает с утра до вечера.

АЛТУШКИ, - шек, мн. См. Бабки.

АЛЯ, межд. Айда. = Аля купаться, жарища жуткая.

АЛЯ-УЛЮ, межд. Пока. = Теперь спать, спать и спать. А завтра - айда, и аля-улю! Защитника угнетённых из тебя не вышло. (Корнилов. Демобилизация.)

АМБАЛ, -а, м. Силач. = Да какая ж то работа! Что таким амбалам разгрузить пару вагонов!

АМБЕЦ, нескл., м., в знач. сказ. Конец, гибель, смерть. = Думал, амбец ей настал, скопытилась, а она повалялась, да как рванёт ...

АМБРАЗУРА, -ы, ж. Рот. = Эй, чувак, чего амбразуру раскрыл? Вафли по воздуху не летают, усёк?

АМЕРИКАНКА, -и, ж. Игра монетами на деньги. - Американкой называют еще "копеечку".

АМНУХА, -и, ж. Амнистия. = Пряник всё на амнуху надеялся, да пролетел.

АМПУЛА, -ы, ж. Поллитровка. = Пару ампул мы с ним раздавили без закуски, вроде, ничего. А тот заводной, ему мало.

АНАША, -и, ж. Наркотик из конопли. = Анаша - это такая гадость, которую курят. Она, как морфий и кокаин, имеет поклонников и ценится очень дорого. (Леви. Записки Серого Волка.)

АНАШИСТ, -а, м. Курящий Анашу. = Анашистов отлавливают, коноплю напалмом жгут, а китаёзы один хрен через границу ползают...

АНАШХОР, -а, м. Ср. Анашист. = Мухорту, видать, хана: мотор ни к чёрту, да еще анашхором заделался ... Травку курит ...

АНЕКДОТЧИК, -а, м. Осуждённый за антисоветскую пропаганду. = Балакал я с одним анекдотчиком за жизнь. Железный мужик!

АНЕКДОТЧИЦА, -ы, ж. Женск. к Анекдотчик.

АНТРАЦИТ, -а, м. См. Марафет.

АНУС, - а, м. См. Пидор. = Среди зэков разные ж есть. Кто матерится через слово, кто более-менее держится. Опущенных пидорами зовут, по имени, анусами ...

АРАП, -а, м. Мошенник, жулик. = Пузан на что уж арап, и то чуть не облез от такой борзости...

АРКАШКА, -и, ж. Петля-удавка. = Мне урки ночью хотели аркашку накинуть. Я работал как конь, по две нормы давал. Так они сверху на простынях спускаться стали, а я проснулся. Ничего у них не вышло.

АРХАРОВЕЦ, -вца, м. Головорез. = Эти архаровцы опять учудят что-нибудь.

АТАНДА, -ы, ж. См. Ат*а*с.

АТАНДА 2, межд. То же, что Ат*а*с 2.

АТ*А*С, -а, м. Наблюдательный пост, караул. = Миха мне говорит: "Давай на атас иди!"

АТ*А*С 2, межд. Предостерегающий крик, означающий опасность. = Атас, мужики! Линяем по-быстренькому!

АТ*А*СНИК, -а, м. Наблюдатель, подающий сигнал или знак в случае опасности. = Без атасника, или стрёмщика, такие не работают ...

АТ*А*СНИЦА, -ы, ж. Женск. к Ат*а*сник.

АФЁР, -а, м. Мошенник, аферист. = Он афёр еще тот, а за жопу ни разу не взяли.

А ХО-Х*О* НЕ ХО-Х*О*? Не много ли хочешь? = Чего тебе? Стопарик? А хо-хо не хо-хо?

А ХУ-ХУ НЕ Х*О*-ХО? То же, что А хо-х*о* не хо-х*о*?

АЦЕТ*О*НКА, -и, ж. 1. Очищенный при помощи ацетона наркотик. = Сейчас ацетонку насобачились делать. 2. Токсикоманка. = Ацетонки замучали, лечить не успеваем.

Б

БАБАЙ, - я, м. Азиат. = У бабаёв анаша всегда есть, они её с чем-то жуют.

БАБКА, -и, ж. Кольцо, перстень. = Где я бабку посеял, чтоб я сдох, не помню!

БАБКИ, бабок, мн. Деньги. = Грач этот на северах мантулил, бабки имеются.

БАБОЧКА, -и, ж. Рубашка. = Бабочка на фраере клёвая была.

БАБОЧКА 2, -и, ж. Татуировка. = "Бабочка" выдаёт страстное желание войти в группу лиц, не склонных к исправлению, сознательно исповедующих отрицание всякого порядка. (Столица, 1991, 1.)

БАБОЧКИ, -чек, мн. Ср. Бабки.

БАДЯГА**БАДЯГУ РАЗВОДИТЬ. Вести пустые разговоры, болтать. = Ладно, хватит бадягу разводить, ухи вянут.

БАДЯЖИТЬ, -жу, -жишь, несов., сов. Забадяжить. Варить, готовить пищу. = Жрать захочешь, будешь бадяжить, куда денешься.

БАЗАР, -а, м. 1. Разговор. = От бабы, кроме базара, ничего и не будет. 2. Спор. = Узнаю, кто базар поднял, задавлю падлу!

БАЗАРИЛА, -ы, м. и ж. Болтун. = Где ты этого базарилу откопал? Заткни фонтан, придурок!

БАЗАРИТЬ, -рю, -ришь, несов. 1. Разговаривать. = Базаришь под грамотного, наблатыкался! 2. Спорить. = Чего базарите? Кулаков, что ли, нет? 3. Скандалить. = А если в пузырь полезет? - Базарить не надо, разойдитесь красиво.

БАЗАРКОМ, -а, м. То же, что Базар (в 1-м. знач.). = Кончай базарком, работать надо.

БАЗЛАТЬ, -аю, -аешь, несов. Кричать, звать на помощь. = Будет базлать, перо ему в бок!

БАЙДАНЩИК, -а, м. Ср. Майданщик. = В роте недавно произошел случай, шло следствие, и чтобы представить к трибуналу командира роты и командира второго взвода в самом лучшем виде, командование предоставило им возможность отличиться в поимке особо опасного вооружённого преступника, как преподнёс Богуславский своего байданщика, способного разве что вертать углы, то бишь красть ручную кладь у ожидающих поезда пассажиров. (Кураев. Петя по дороге в царствие небесное.)

БАЙКАЛ, -а, м. Слабо заваренный чай. = Ты, Тихоныч, не много заварки сыпь, байкал сделай. Я и так мотор испортил чифирём. (Безуглов. Факел сатаны.)

БАКИ**БАКИ ЗАБИВАТЬ. Морочить голову. = Кому ты баки забиваешь, секель овечий! Ты еще мал и глуп, и не видал больших залуп!

БАКИ**БАКИ ЗАЛИВАТЬ. Ср. Баки забивать.

БАКИ**БАКИ ТРАВИТЬ. Ср. Баки забивать.

БАКЛАН, -а, м. Начинающий преступник. = Сунули в хату этого баклана. Он под блатного косить начал, пока на парашу не посадили.

БАКЛАНКА, -и, ж. 1. 206 статья Уголовного кодекса РСФСР (о хулиганстве). = Я первый раз по бакланке тянул: врезал одному меж рогов, а тот чуть копыты не откинул. 2. Хулиганство. = По молодости бакланкой баловался, потом завязал.

БАКЛАНЬё, -я, ср. Заключённые, не пользующиеся авторитетом. = Бакланья везде хватает. И на зоне. Говно ж не тонет!

БАЛАГАН, -а, м. Ресторан. = Жульманы пасутся возле балагана всю дорогу. Видать, навар имеют.

БАЛАЛАЕЧНИК, -а, м. См. Анекдотчик.

БАЛАЛАЙКА, -и, ж. Переносной магнитофон, а также магнитола. = Почем балалайки идут? - Кусок, а то и два, три.

БАЛАН, -а, м. Очищенный от сучьев ствол дерева. = Выходить с бригадой в тайгу, на мороз; рыть землю и трелевать баланы - всё это можно. (Демин. Блатной.)

БАЛАНДА**БАЛАНДУ ТРАВИТЬ. 1. Говорить чепуху. = Обратно баланду травит, небось? 2. Врать. = Смотри, если на этот раз баланду травил, нарвёшься!

БАЛАНДёР, -а, м. 1. Раздатчик пищи. = Зачерпни-ка, говорю, баландёр, со дна погуще! Кишка кишке бьёт по башке! 2. Подсобный рабочий на кухне, в столовой. = Баландёры прямо с парашей навернулись, склизко было. Во ржачка была!

БАЛАНДёР 2, -а, м. См. Базарила.

БАЛДА, -ы, ж. Голова. = Твоей балдой только двери прошибать, а ты жизни учить задумал!

БАЛДА 2, -и, ж. Мужской половой член. = Один кент хвалился, что на балде чайник с водой держать может!

БАЛДА 3, -ы, ж. Обман, враньё. = Лады, замётано! Бабки будут только без балды!

БАЛДА 4, -ы, ж. Общее название наркотиков. = Он без балды уже не может, нарком!

БАЛДА**БАЛД*У* ГОН*Я*ТЬ. 1. Бездельничать. = Ну, чего? Балду гонять еще не надоело? 2. Онанировать. = Куда-то мы пёрлись, уже не помню, а хумозник какой-то затраханный прямо на улице балду гоняет!

БАЛД*Е*ТЬ, -ею, -еешь, несов., сов. Забалд*е*ть. 1. Пьянеть. = Фрайер жрёт, как лошадь, и не балдеет ни хрена! 2. Пьянствовать. = Балдеют через день, падлы! Гроши лишние завелись!

БАЛД*Ё*Ж, -а, м. Смех. = Балдёж отставить, с чего ржачку устроили, коблы!

БАЛД*Ё*ЖНИК, -а, м. Весельчак, юморист. = Вовка - балдёжник что надо!

БАЛД*Ё*ЖНИЦА, -ы, ж. Женск. к Балдёжник.

БАЛД*Ё*ЖНЫЙ, -ая, -ое. Пьяный. = Он сранья балдёжный, можешь подкатиться.

БАЛД*И*ТЬ, -дю, -дишь, несов. Ср. Балдеть (в 1-м знач.) = Чувиха, твою мать! Я с тебя балдю! Век воли не видать!

БАЛД*О*ХА, -и, ж. Солнце. = В тайге зимой балдоха светит, но не греет. Как черепаха, срок с годами мой ползёт ... (из песни)

БАЛЕР*И*НА, -ы, ж. Отмычка. = В этом случае воровское значение дается как бы "наплывом" на русское значение. Возьмём хотя бы название воровских инструментов: "балерина", "гитара", "мальчики". (Лихачев - 35.)

БАЛК*О*НЩИК, -а, м. Квартирный вор, проникающий в помещение через балкон. = Так, среди квартирных воров выделяются категории "форточников", "подпольников", "балконщиков". (Лебедев -1989.)

БАЛ*О*Н**БАЛ*О*Н КАТ*И*ТЬ. Критиковать более авторитетного. = Ты на кого балон катить собрался? В коленках еще слабоват, понял, салабон!

БАЛ*О*НЫ**БАЛ*О*НЫ КАТ*И*ТЬ. Идти. = Наше вам в шляпу! Куда балоны катишь с утра пораньше?

БАН, -а, м. Вокзал. = Как она там пела? "Приходи ко мне на бан, я тебе на рельсах дам..."

Б*А*НДЕР, -а, м. Содержатель притона.

Б*А*НДЕРША, -и, ж. Женск. к Б*а*ндер. = От фарцовщиков, домушников, майданщиков и проституток до последней бандерши

- все ютились здесь, вперемешку с бледными худыми детьми. (Нетесова. Фартовые.)

БАНДЯК, -а, м. Бандероль. = Бандяк раскурочили прямо на месте и схавали.

БАНЖИХА, -и, ж. Вокзальная проститутка. = Подваливает банжиха - сигаретку стрельнуть. От винта!

БАНК**ДЕРЖАТЬ БАНК. Вести карточную игру, сдавать карты. = Успешно практикуются также различные игры - картёжные, азартные с фокусами. Тут, как правило, работают втроём. Один ведёт игру, держит банк. (Демин. Блатной.)

БАНКА, -и, ж. Ёмкость с алкоголем, обычно поллитровка. = Как пару банок раздавили, вроде на подвиги потянуло.

БАНКА**БАНКИ СТАВИТЬ. Истязать, нанося удары или закручивая пальцами кожу на теле. = Банки ставят для профилактики, для прописки, так сказать...

БАНКОВАТЬ, -кую, -куешь, несов. Раздавать карты для игры. = Теперь ты банкуй, Сантёр!

БАНОВЫЙ, -ая, -ое. Прил. к Бан.

БАНЩИК, -а, м. Вокзальный вор. = Банщики обычно по камерам хранения промышляют.

БАНЯ**ПОНЕСЛАСЬ КОСАЯ В БАНЮ. Пиши пропало! = Ну, теперь понеслась косая в баню! Шороху дадут!

БАРАТЬ, -аю, -аешь, несов., сов. Побарать. Сношать. = Да барал я вас всех в грызло, шалупонь задрюченная! Вы на кого балон катите!

БАРАТЬСЯ, -аюсь, -аешься, несов., сов. Побараться. Совокупляться.

БАРИН, -а, м. См. Хозяин.

БАРКАЗ, -а, м. Стена ограждения колонии. = Если загодя вы не затягивали, не закручивали в себя пружину, которая должна в нужный день и нужный час кинуть вас на запретку, а потом и дальше, за барказ, если нет у вас на это доброй воли, как не было её у того сопляка, что выскочил сегодня вторым за проволоку, так лучше тихо сидеть от звонка до звонка. (Кураев. Петя по дороге в царствие небесное.)

БАРКАС, -а, м. Ср. Барказ. = Родовое понятие стены отсутствует, но зато есть слова для обозначения двух частных видов стен: "батинс" 'стена в магазине' (при кражах с разбором стены); "баркас" 'стена тюремная'. (Лихачев - 35.)

БА́РНО, нареч. См. Клёво.

БАРУ́ХА, -и, ж. Сожительница. = Манок опять к барухе колоться начнет, а мне что, сопли жевать сидеть?

БАРЫ́ГА, -и, м. Перекупщик краденого. = Лисицкая усмехнулась, представив заспанное, вечно недовольное, обрюзгшее лицо этого барыги, который наживал на скупке и перепродаже такие проценты, что ... (Пересунько. Жаркое лето.)

БАТА́ЛА, -ы, м. и ж. См. База́рила.

БАТА́Р, -а, м. То же, что Паха́н. = Это он мне и ипподром организовал, в Елисеевский к дружку устроил. Я же шестёрка, а батар он - Вася. (Незнанский. Ярмарка в Сокольниках.)

БАТАРЕ́И, -ей, мн. Рёбра. = Ну что? Сначала по батареям врежут пару раз. А закопызишься - так отметелят, что мама родная не узнает!

БА́ТНИК, -а, м. Тенниска, футболка. = Неожиданно Саша почувствовал, как кто-то пристроился рядом с ним. - Батник нужен? - Сколько? - Полтинник. - Гуляй, - тихо ответил Пашко. (Пересунько. Жаркое лето.)

БАТО́Н, -а, м. Полная женщина. = Ладно, пошли! На этот батон у тебя ножик маловат ...

БА́ТЯ, -и, м. Повар. = Лепила всё на батю батон катил, что тот чифиристов пригревает.

БАЦА́ТЬ, -аю, -аешь, несов., сов. Сбаца́ть. 1. Плясать. = Она бацает ничтяк, Пискун - парашник бренчать не может! 2. Играть. = Я раньше на чём хочешь бацал. Хошь гармошка, хошь што хошь!

БАЦИ́ЛЛА, -ы, ж. 1. Сало. = Веня привык бациллу из баланды вылавливать, скотобаза! 2. Передача заключённому. = Закопызился - и без бациллы останешься, как два пальца обоссать!

БАЦИ́ЛЛИСТЫЙ, -ая, -ое. Худой, хилый. = Он с виду бацилистый, а так ещё пахать можно!

БАЦИ́ЛЬНЫЙ, -ого, м. Больной туберкулёзом. = При такой житухе бацильным заделаться просто.

БАЦИ́ЛЬНЫЙ 2, -ая, -ое. Ценный, стоящий. = Чифир бацильный заварил: с двух глотков балдеешь!

БА́ШКИ, башек, мн. Ср. Ба́бки.

БАШЛИ́, башлей, мн. Ср. Ба́бки. = Второй месяц, - отвечает гнусавый голос, - башлей нет, никак не подгонит моя сука, я до неё доберусь, думает, зарыла ... (Светов. Тюрьма.)

БА́ШНИ, башней, мн. Ср. Ба́бки.

БАЯН, -а, м. Медицинский шприц. = Мой баян Шплинт по пьяни расколол.

БАЯН 2, -а, м. Батарея отопления. = Фраера к баяну привязали и грызло заткнули.

БЕБЕХИ, -ов, мн. Внутренние органы, внутренности. = После той гомырки бебехи неделю болели.

БЕБИКИ**БЕБИКИ ПОТУШИТЬ. Выколоть глаза. = Я этой падле бебики потушу, если выступать будет!

БЕКАС, -а, м. Клоп. = Бекасы заедали, не уснёшь. Под утро чешешься, как собака.

БЕНЗОЛКА, -и, ж. Лекарство, содержащее наркотические вещества. = Мне кенты бензолки обещали, скоро должны подвалить.

БЕРДАНКА, -и, ж. Посылка, передача в ИТУ. = На зоне берданку понюхать только. Как говорится, по усам, по бородам.

БЕС, -а, м. См. Мужик. = Шел я лесом, видел беса, Бес картошечку варил: Котелок на хуй повесил, А из жопы дым валил (из песни).

БЕС**БЕСА ГОНЯТЬ. Прикидываться простачком. = Я гляжу, ловок беса гонять, но, дай срок, и на твою жопу хер найдется ...

БЕСОГОН, -а, м. См. Базарила. = И я, мудила, бесогону этому поверил, а он меня при всех облажал.

БЕСПРЕДЕЛ, -а, м. 1. Самоназвание группировки воров, возникшее в период так называемой "сучьей войны". = Бывшие же "воры в законе"... образовали новые группировки: "один на льдине", "беспредел", "махновцы"... (Лебедев - 1989.) 2. Заключённый, не признающий никаких общепринятых норм. = Беспредел что хочет, то и творит. В коридоре кучу навалить может, на стол помочится...

БЕСПРЕДЕЛ 2, -а, м. Беззаконие. = Калинин - возглавлял при Щелокове ХОЗУ МВД СССР; по мнению бывших коллег - "жертва андроповского беспредела". (СС, 1990, 7.)

БЕСПРЕДЕЛЬНИК, - а, м. То же, что Беспредел (во 2-м знач.)

БЕСПРЕДЕЛЬНИЦА, -ы, ж. Женск. к Беспредельник.

БЕСПРЕДЕЛЬНИЧАТЬ, -аю, -аешь, несов. Творить беззаконие, заниматься самоуправством. = "Отрицаловка" крутит администрацией как хочет. Солдаты торгуют водкой прямо с вышек. "Рабочий мужик" замкнулся в себе, молчит. А "шерсть" беспредельничает... (Кречетников. Жизнь за решёткой.)

БЕССРОЧКА, -и, ж. Детская колония. = Бессрочка - так назывались на жаргоне детские воспитательные колонии (сейчас -

специализированные ПТУ). (Габышев. Одлян.)

БЕССРОЧКА 2, -и, ж. Заключённый, не подлежащий условно-досрочному освобождению. = Так зеков называют, у которых "звонковые" статьи, т. е. на которых не распространяется положение об условно-досрочном освобождении.

БЕСТОЛКОВКА, -и, ж. Голова. = Гуську бестолковку так отремонтировали, что сразу не признал!

БЗДЕЛОВАТЫЙ, -ая, -ое Трусливый = Чувак так толковый, но бзделоватый, ни хрена с ним не выйдет!

БЗДЕТЬ, бздю, бздишь, несов., сов. Забздеть. Трусить. = Не бзди, сявка Авушкин, законным станешь!

БИВЕНЬ, бивня, м. См. Валет. = С этим бивнем лучше не связываться, сам сгорит и нас заложит!

БИКСА, -ы, ж. То же, что Шмара, Баруха. = Кантуется у какой-то биксы, что ль?

БИРЖА, -и, ж. Производственная зона колонии. = ... его, потерявшего к тому же 70 процентов зрения, заставляют трудиться на "бирже". (К новой жизни.)

БИТЬ****БИТЬ КИШКУ**. Есть, принимать пищу. = Шамовка? Жить можно, не то что на зоне кишку бить!

БИТЬ****БИТЬ ПОНТ**. Изображать из себя значительное лицо. = Что ты тут понт бьёшь, Кудра? Тебя ж все, как облупленного, знают!

БИЧ, -а, м. Бродяга. = "Хоть бы жил по-человечески, а то ходит как последний одесский бич,- с ненавистью подумала она, но тут же взяла себя в руки, сказала, прикрывая трубку рукой: "Не узнаёте, Арон Маркович?" (Пересунько. Жаркое лето.)

БИЧЕВАТЬ, -чую, -чуешь, несов. Бродяжить. = Ну, а так как я бичую, беспартийный, не еврей - Я на лестницах ночую, где тепло от батарей. (Высоцкий.)

БИЧЁВКА, -и, ж. Женск. к Бич. = Мне надоела тюряга, опостылела зона. На худой конец, нашел бы какую-нибудь шалаву. Жучку. Бичёвку. И балдел бы: рядом - женщина, рядом - море, рядом валом вина. (Габышев. Одлян.)

БИЧИНА, -ы, м. То же, что Бич. = - Запиши, Костя, номер бригады врачей... Надо подстраховаться на всякий случай - вдруг помрёт бичина... (Александров. Мы из розыска...)

БЛАТАРЬ, -я, м. Вор. = И открывает тебе дверь давний подельщик, бывший верный кореш, бывший классный домушник, бывший вор в законе, железный блатарь Сенька Бакума. (Вайнеры. Гонки по вертикали.)

БЛАТНАЯ, -ой, ж. Воровка. = Нет, блатной я не стала, на фене не ботаю.

БЛАТНОЙ, -ого, м. Вор. = Ну и метки! - А что? Для блатного они - как фамилия. У многих есть, а все разные. (Нетесова. Утро без рассвета. Колыма.)

БЛАТНОЙ 2, -ая, -ое. Воровской. = Сбацай нам лучше, Федя, какую-нибудь русскую народную блатную хороводную! "И вот по тундре, по железной дороге, мчится скорый Воркута-Ленинград..."

БЛАТНОЙ 3, -ая, -ое. Выгодный. = Не! Пахать - это пусть кто другой! Я тяжелей хера в руки ничего не беру. А блатной работёнки нету? - Есть-есть: бери больше, кидай дальше, отдыхай, пока летит...

БЛАТНОЙ ШАРИК. Солнце. = Точно так же и реальное солнце... на зоне его зовут "блатной шарик", тоже светит только вольняшкам, только избранным счастливчикам. (Кураев. Петя по дороге в царствие небесное.)

БЛАТНЯ, -и, ж. Собир. к Блатной. = Они, городские, лично знавшие всю блатню города Тюмени, должны перед ним преклоняться? (Габышев. Одлян.)

БЛАТНЯК, -а, м. Ср. Блатной.

БЛАТНЯЦКИЙ, -ая, -ое. То же, что Блатной 2. = В увальне появилась какая-то резкость и одновременно театральность, что-то блатняцкое - это к нему никак не шло, но, видно, уже насмерть прилипло. (Корнилов. Демобилизация.)

БЛАТНЯЧКА, -и, ж. Женск. к Блатняк.

БЛАТОВАТЬ, -ую, -уешь, несов., сов. Заблатовать и Сблатовать. Уговаривать. = Ну, на что она тебя блатовала?

БЛАТЯК, -а, м. То же, что Блатной.

БЛИН, -а, м. Берет, головной убор. = Блин сними, а то к балде прилипнет!

БЛОХА** В ОДНОМ КАРМАНЕ - ВОШЬ НА АРКАНЕ, В ДРУГОМ - БЛОХА НА ЦЕПИ. Гол как сокол, ни копейки денег (употребляется как отрицательный ответ на вопрос о наличии денег).

БЛЯДКИ, -ок, мн. 1. Танцевальный вечер, танцы. = На блядках такую чувиху буферястую закадрил! Адресок дала! 2. Свидание. = Манок обратно на блядки смылся, к Зинке Мурихе.

БЛЯДЬ, -и, ж. См. Сука. = Кто настучал? Ну, ничего - эта блядь своё получит!

БОБёР, бобра, м. 1. Состоятельный человек. = Бобёр этот с жиру бесится, не знает, куда гроши девать! 2. Мошенник. = Не на того напал! Хитёр бобёр, да я похитрей! 3. Спекулянт. = Спроси у шефа, может, у него бобёр какой на примете есть. Пару пузырей надо, во как! В обиде, скажи, не будет.

БОБИК, -а, м. Рядовой милиционер. = Литер и два бобика тут крутились где-то! Нюхают чего-то!

БОБИК 2, -а, м. Милицейская машина. = В бобике покатали: возили на место, так сказать, на выводку.

БОБКАРЬ, -я, м. Ср. Попкарь. = Иной бобкарь, когда начальника на месте нет, захочет отличиться на твоей шкуре. (Нетесова. Колымский призрак.)

БОБОЧКА, -и, ж. Ср. Бабочка.

БОБУЛИ, -ей, мн. Ср. Бабки.

БОГОДУЙ, -я, м. Нищий, попрошайка. = Раньше менты богодуев гоняли, а теперь завязали: навару с них никакого!

БОГОДУЛ, -а, м. Ср. Богодуй.

БОЙ, боя, м. См. Стиры.

БОКА, -ов, мн. Карманные и наручные часы. = У бухаря бока взял, а они не тикают.

БОКС, -а, м. То же, что Аквариум. = Когда нас снова завели в бокс, в углу у параши с испуганным лицом и бегающими глазами сидело инородное тело и идиотски улыбалось, вцепившись в небольшой синий мешок, зажатый между ног. (ЛГ, 13.02.91.)

БОКСИК, -а, м. Ср. Бокс.

БОЛТ, -а, м. См. Елда. = У него на болту наколка какая-то была, потому и в бане в трусах мылся.

БОЛТАНКА, -и, ж. Очищенный клей БФ, употребляемый токсикоманами. = Хроны из клея "болтанку" делают: БФ механически или химически очищают и пьют.

БОЛТУН, -а, м. См. Анекдотчик. = Аня большая была первым встретившимся мне представителем мощного племени анекдотистов, так называемых болтунов, обладателей "лёгкой" статьи 58-10... (Гинзбург. Крутой маршрут.)

БОЛЬШАЯ ИКОНА. Правила внутреннего распорядка в ИТУ. = Хозяин такую большую икону замандячил! В рамке, под стёклышком...

БОМБА, -ы, ж. Бутылка со спиртным ёмкостью 0,7 литра. = После получки Сашка с дружками зашли в винный магазин, взяли несколько "бомб" и, придя на квартиру к знакомому холостяку, стали бражничать. (К новой жизни.)

БОРЗАНУТЬ, -ану, -анёшь, сов. Проявить наглость. = Мозырь драться не стал, а тоже понёс Глаза матом... Что Глаз борзанул, бог с ним, ведь все знают, что он на Маха надеется. (Габышев. Одлян.)

БОРЗЕТЬ, -ею, -еешь, несов., сов. Оборзеть. Наглеть. = Мусора не борзели особо, один только повыступал для близиру.

БОРЗОСТЬ, -и, ж. Наглость. = Ну, это уж борзость, учить надо за такие штучки-дрючки!

БОРЗОТА, -ы, ж. 1. То же, что Борзость. 2. Наглец, нахал. = Куда ты прёшься, борзота вшивая! Ну-ка, осади!

БОРЗЫЙ, -ая, -ое. 1. Нарушитель режима. = По ночам из ШИЗО выдергивали "борзых", и "кабель" отплясывал по спинам и почкам з/к, которого предварительно заключали в наручники и завязывали рот тряпкой, чтобы "не дрыгался и не верещал"... (Империя страха.) 2. Нахальный, наглый. = Народ борзый пошёл, давно рога не сшибали!

БОРМОТОЛОГ, -а, м. То же, что Алкаш.

БОРМОТУХА, -и, ж. 1. Низкосортное вино. = За бормотухой такая толпа была, метров двести. Бухаря одного чуть не придавили. А менты сами затарились, всё до лампочки... 2. То же, что Бормотолог.

БОРМОТУШНИК, -а, м. Пьяница, допивающий остатки вина, пива. = Мент к бормотушнику привязался, а тот за стол уцепился и не отпускает.

БОРМОТУШНИЦА, -ы, ж. Женск. к Бормотушник.

БОРМОТУШНЫЙ, -ая, -ое. Прил. к Бормотуха.

БОРОДА, -ы, ж. Неудача. = Во пошла-поехала: борода за бородой! Облом за обломом!

БОРОДА**БОРОДУ ПРИШИТЬ. Обмануть. = Чугрей этот запросто мог бороду пришить!

БОРТ, -а, м. Край миски, тарелки. = Кто пристраивается на нарах, кто выпивает свою баланду, через край - "через борт". (Марченко. Мои показания.)

БОРТА, -ов, мн. Женские бёдра. = Бортами его, бортами, да подмахни покрепче, я его влёт вдарю... (из анекдота)

БОРТАНУТЬ, -ану, -анёшь, сов. 1. Оттолкнуть. = Он же борзота: сразу за буфера! Так она его бортанула, с копыт долой! 2. Отказать.

= Курда просился, чтоб поближе перевели. Сначала обещались, а потом - бортанули.

БОРТАНУ́ТЬСЯ, -анусь, -анёшься, сов. Удариться. = Бортанулся в темноте об ведро, фингал заработал!

БОРТАНУ́ТЬСЯ 2, -анусь, -анёшься, сов. Тайно сделать аборт. = Скажи, или пусть бортанётся, или я ей трубки перевязать заставлю.

БОСОТА́, -ы, ж. То же, что Бакланьё.

БОСЯ́К, -а, м. Несовершеннолетний беспризорный. = Преступные группы формировались ими в основном из несовершеннолетних беспризорных ("босяков", "шпаны"). (Лебедев - 1989.)

БО́ТАТЬ**БОТАТЬ НА ФЕ́НЕ. Говорить на блатном жаргоне. = Что, наблатыкался уже? Ботаешь? На фене ботаешь!

БОТВА́, -ы, ж. Волосы. = Бабы ботву одна другой пощипали, а потом киряли вместях!

БО́ЧКА** БО́ЧКУ КАТИ́ТЬ. 1. Наговаривать, клеветать. = Мы на него "бочку катим", как же ему адресовать? (Нетесова. Утро без рассвета. Сахалин.) 2. Спорить с более авторитетным. = На кого ты бочку катить собрался? Жить не надоело?

БРАСЛЕ́ТКИ, -ок, мн. Ср. Браслеты. = А там уже из зоны запросы дошли, оповестили весь свет. Нас опять в браслетки нарядили и до самого конвоя держали взаперти в сарае, чтоб ещё беду не утворили. (Нетесова. Колымский призрак.)

БРАСЛЕ́ТЫ, -ов, мн. Наручники. = На этап кто ходил, кой-кому браслеты вешали.

БРА́ЖКА, -и, ж. Ср. Бра́шка.

БРА́ТИЯ, - и, ж. Компания. Употребляется как составная часть сложных слов. = Что за шатия-братия пасётся на веранде?

БРАТЬ, беру, берёшь, несов., сов. Взять. 1. Получать в своё обладание. = Вор последнего никогда не берёт. Он знает, у кого брать. (СС, 1990, 5.) 2. Арестовывать. = На кармане ни разу не брали. (СС, 1990, 5.) 3. Заниматься оральным сексом. = Алка подсасывает клёво. - Что, берёт, что ли? А целку строила из себя!

БРАТЬ**БРАТЬ В ГО́ЛОВУ. Переживать. = Да не бери ты в голову! Будет день - будет пища!

БРАТЬ**БРАТЬ ЗА ГА́ЛСТУК. Ставить в безвыходное положение. = Приноровились за галстук брать, рукосуи! И мы еще вас за галстук возьмем, дай срок!

БРАТЬ**БРАТЬ ЗА ЖО́ПУ. Ср. Брать за галстук. = А он у нас

очень смелый, за жопу ни разу не брали...

БРАТЬ**БРАТЬ ЗА НОЧЬ. Взимать плату за сексуальные услуги. = Сколько эта чува за ночь берёт? - Сама еще доплатит, только заходи...

БРАТЬ**БРАТЬ ЗА ПИЩИК. Брать за горло. = Шо ты меня за пищик берёшь? Ты кто такой, а?

БРАТЬ**БРАТЬ (НЕ) ЗА ФИК СОБАЧИЙ. 1. Задерживать без оснований. = Мильтонам не за фик собачий брать - дело привычное. 2. Получать что-либо даром. = Привыкли все не за фик собачий брать, коммуняки. У них надо жизни учиться!

БРАТЬ**БРАТЬ ЗА ХОМУТ. Ср. Брать за пищик.

БРАТЬ**БРАТЬ ЗА ШКИРКУ. Хватать за шиворот. = Берёт его за шкирку - жопой об забор пару раз!

БРАТЬ**БРАТЬ НА АРАПА. Грубить. = - И сразу на арапа берут!- негромко возмущался он.- Гражданин!.. Какой я вам гражданин? Я вам товарищ и даже друг и брат. (Шукшин. Калина красная.)

БРАТЬ**БРАТЬ НА БЗДЮХУ. Запугивать. = В тамбуре перо достал, меня собрался на бздюху брать. Ну, я ему в лыч пару раз, а потом наши подошли.

БРАТЬ**БРАТЬ НА БОГА. Уговаривать. = Опер его всё на бога брал, скощуху сулил. Может, и раскололся, хер его знает!

БРАТЬ**БРАТЬ НА БУГАЯ. Обворовывать, используя для отвлечения внимания жертвы подброшенный кошелёк. = Сека любил сазанов на бугая брать. На бугае и попух.

БРАТЬ**БРАТЬ НА ВЗДéРЖКУ. Ср. Брать на вздёрку.

БРАТЬ**БРАТЬ НА ВЗДёРКУ. Вытаскивать незаметно часть денежных купюр из пачки денег. = - И верхушечником был, и умел брать на вздёрку. "Воровал из наружных карманов и ухитрялся украсть часть денег",- снова расшифровал для себя Денис. (Безуглов. Факел сатаны.)

БРАТЬ**БРАТЬ НА ГОП-СТОП. Грабить. = Да может потому, что брали фартовые на гоп-стоп прохожих не раньше полуночи и не позднее трёх часов. (Нетесова. Фартовые.)

БРАТЬ**БРАТЬ НА ГОРЛО. Орать. = Нечего тут на горло брать, не глухие. Видали мы таких горластых...

БРАТЬ**БРАТЬ НА ГРУДЬ. Выпивать, пить спиртное. = Шалай квасить силён: пузырь без закуски сгорла запросто на грудь берёт.

БРАТЬ**БРАТЬ НА ИСПУГ. Ср. Брать на бздюху. = На испуг

меня брать не надо. Я ж тебе не Саня Пуганый, чтоб очко играло!

БРАТЬ**БРАТЬ НА КАЛГАН. Наносить удар головой в лицо. = Такого амбала только на калган и брать: будка такая, не промахнёшься! Кирпича просит!

БРАТЬ**БРАТЬ НА КОНВЕРТ. Обманывать с помощью подлога. = Группа возле автомагазина "работала". "Брали на конверт" простачков. А тем куда деваться: жаловаться ж не пойдут.

БРАТЬ**БРАТЬ НА КРЮЧОК. Шантажировать. = Да никто его на крючок не брал. Что он парашу гонит!

БРАТЬ**БРАТЬ НА ЛАПУ. Брать взятки. = На лапу сейчас все берут, только не всем дают!

БРАТЬ**БРАТЬ НА ПЕРЕДОК. Добиваться цели, обольщая кого-либо. = Машка, шкурёха, на передок берет! - А что, передок, видать, не слабый!

БРАТЬ**БРАТЬ НА ПОНТ. Добиваться чего-либо обманом, хитростью. = На понт берёшь, зараза! Кого? Меня! Да я из тебя калеку сделаю!

БРАТЬ**БРАТЬ НА ПОНЯЛ. Принимать за дурака. = Ты меня на понял не бери! Я за понял десять лет в тюрьме сидел, понял!?

БРАТЬ**БРАТЬ НА ПРИХВАТ. Ср. Взять на прихват.

БРАТЬ**БРАТЬ НА ПУСТУЮ. Задерживать без оснований, незаконно. = Всех, конечно же, задерживают незаконно, "на пустую берут"...

БРАТЬ**БРАТЬ НА ПУШКУ. Обманывать, разыгрывать кого-либо. = Разыгрываешь? На пушку берёшь? Завязывай это дело, в натуре!

БРАТЬ**БРАТЬ НА СЕБЯ. Признавать себя главным виновником совершённого преступления с целью скрыть соучастников. = Кто-то один из нас должен взять всё на себя. - Но почему я должен брать на себя? (Нетесова. Утро без рассвета. Сахалин.)

БРАТЬ**БРАТЬ НА СКВОЗНЯК. Скрываться через проходную дверь или проходной двор. = Я сколько раз ментов на сквозняк брал...

БРАТЬ**БРАТЬ НА СОВЕСТЬ. Усовещивать, совестить. = - Как я сказал, так и будет. По себестоимости, понял? И ни копейки больше! И ты меня на совесть не бери. В том месте, где была совесть, знаешь, что выросло? (Демин. Блатной.)

БРАТЬ**БРАТЬ НАТУРОЙ. Заставлять расплачиваться телом, сексом. = Расплачиваться будешь деньгами или натурой? - А он что, чёрт кривой, ещё и натурой берёт?

БРАТЬ**БРАТЬ НА ХАЛЯВУ. Получать что-либо без особых усилий. = Почему ж на халяву не брать! На халяву и уксус сладкий!

БРАТЬ**БРАТЬ НА ШАРАПА. Добиваться цели за счет нахальства, грубости. = Что зенки выкатил? Привык на шарапа брать, а тут обломилось?

БРАТЬ**БРАТЬ НА ШАРМАЧКА. См. Брать на халяву. = Чего? Спичек? Понравится тут каждому на шармачка брать. Свои иметь надо! (Нетесова. Утро без рассвета. Камчатка.)

БРАТЬ**БРАТЬ ПАЙКУ. Принимать пищу (употребляется в период голодовок). = Утром меняют пайку, спрашивают: "Сегодня пайку берешь?" - "Завтрак брать будешь?" - "Ужин брать будешь?" (Марченко. Мои показания.)

БРАШКА, -и, ж. Компания. = Начальники для виду, для понту лаются. Во мы какие принципиальные! Не верь никому! Одна брашка это!

БРИКЕТ, -а, м. Упаковка таблеток. = В заначке у него где-то был брикет, а тебе кому?

БРИТЫЙ ШИЛОМ. Рябой. = Вон того, шилом бритого, хочешь расколю на мелочёвку?

БРОД, -а, м. Улица. = Пошли, по броду прошвырнёмся!

БРОДВЕЙ, -я, м. Плац. = Некоторые называли плац для построений "бродвеем".

БРОДЯГА, -и, м. См. Авторитет. = Хотя в зоне уже не осталось сильных "бродяг" - их осудили или вывезли в другие колонии - избиениями насаждался страх. (Империя страха.)

БРОСАТЬ, -аю, -аешь, несов, сов. Бросить. Обставлять, обыгрывать. = Нам гроссмейстеров бросать - не хрен делать, не то что вас!

БРОСАТЬ**БРОСАТЬ КОНЯ. Передавать записку из камеры в камеру через окно на ниточке или на шнурке. = Если приспичит, коня бросал: записку на шнурке. Мол, курнуть надо.

БРОСАТЬ**БРОСАТЬ ПАЛКУ. Совершать половой акт. = Ну, сколько ж ты палок за ночь бросаешь?

БРОСИТЬ, брошу, бросишь, сов., несов. Бросать.

БРОСИТЬ**БРОСИТЬ ЧЕРЕЗ ЖОПУ. Отшить. = Андрюха к ней клинья подбивал, а она его через жопу бросила!

БУГАЙ, -я, м. Кошелёк, бумажник, подброшенный для привлечения внимания. = Подбрасывают полупустой кошелёк, "бугай", а сами наблюдают незаметно: вдруг кто-то польстится.

БУГАЙЩИК, -а, м. Вор, крадущий с использованием Бугая. = Есть всякие: домушники, форточники, бугайщики. Всякой твари по паре!

БУГОР, -а, м. 1. Бригадир в колонии. = С бугром мы ладили, нормальный мужик. 2. Начальник. = Ну а Граф у них "бугром" был. Негласным главой барака. Бригадиров еще так называют зэки. (Нетесова. Утро без рассвета. Колыма.)

БУДКА, -и, ж. Лицо. = У плешины Горбача будка просит кирпича!

БУЕК, буйка, м. Половой акт. = По весне щепка на щепку лезет, все в буёк поиграть непрочь... Особенно молодые.

БУЛДА, -ы, ж. То же, что Балда 3. = Я тебе точно, без булды говорю.

БУЛКИ, -ок, мн. Ягодицы. = Зверёк кипешнул. Сержант, заряжая очередной раз для скорости в бочину, попал слишком низко и ударил его по булкам - в ягодицу. Этого кавказец выдержать не мог. (ЛГ, 13.02.91.)

БУНТОВАТЬ, -ую, -уешь, несов., сов. Сбунтовать. Тасовать. = Бунтуй как следует, а то обратно одна масть придет!

БУР, -а, м. Барак усиленного режима. = И вот на основании рытых под моим руководством подкопов и прошлых заслуг по бегу на неопределенную дистанцию на лесной трассе меня отправили на БУР - барак усиленного режима. (Леви. Записки Серого Волка.)

БУРА, -ы, ж. Разновидность карточной игры. = В буру, секу, очко играют. В мандавошку.

БУРА 2, -ы, ж. Суп. = Решение на побег оформилось окончательно, стало волнующей душу реальностью, когда в обед дали буру, припахивающую керосином. (Кураев. Петя по дороге в царствие небесное.)

БУРЕТЬ,- ею, -еешь, несов., сов. Забуреть. Наглеть. = Начинаешь помалу буреть, как вижу!

БУРИТЬ, бурю, буришь, несов. Играть в Буру. = Бурили по-тихому на чифир.

БУРКАЛЫ, буркал, мн. Глаза. = Дежурняк буркалы выкатил, как баран на новые ворота, но возникать не стал.

БУРОМ**БУРОМ ПЕРЕТЬ. 1. Идти напролом. = Ну, он теперь буром переть начнёт, завели придурка. 2. Наступать на кого-то группой, толпой. = Надо буром переть, всем кагалом, никуда не денется, согласится!

БУРЫЙ МЕДВЕДЬ. Смесь водки с коньяком. = Пред был большой любитель кого-нибудь спаивать. Заделает втихаря бурого медведя - водки в коньяк нальёт - чтоб брало крепче, и доволен, аж пузыри пускает.

БУТОН, -а, м. Хлебный батон. = Этот амбал один бутон схавает!

БУТОР, -а, м. Барахло. = Куда ты со своим бутором попрёшься? Ночуй, а по утрянке потолкуем.

БУТЫЛКА**В БУТЫЛКУ ЗАГНАТЬ. Поставить в безвыходное положение. = Мало каши ел, чтоб меня в бутылку загнать!

БУТЫЛКА**В БУТЫЛКУ ЗАГОНЯТЬ. Ср. В бутылку загнать.

БУТЫЛКА**В БУТЫЛКУ ЛЕЗТЬ. Искать ссоры, намеренно злить кого-то. = Чего ты в бутылку лезешь? Силы много? Была у тебя сила, когда мать в манде носила!

БУТЫЛКА**В БУТЫЛКУ ПОЛЕЗТЬ. Ср. В бутылку лезть.

БУФАРЬ, -я, м. Женская грудь. = За буфарь, небось, не держался ни разу, шнурок! А возьмешься, так и кончишь враз!

БУФЕРА, -ов, мн. Женские груди. = Однажды я пошла купаться, за мной следил бандит. Я стала раздеваться, а он и говорит: "Какие у вас ляжки! Какие буфера! Позвольте вас засунуть на метр, полтора!" (из песни).

БУФЕРЯСТАЯ, -ой, ж. Полногрудая женщина, девушка. = Где буферястую оторвал? Нашёл?

БУФЕТ, -а, м. См. Телевизор. = К правой стенке, около окна, намертво прикреплён железный ящик, обшитый железом, - "буфет"; внутри он разделён на несколько клеток, в которых заключенные держат свои миски, ложки, кружки и хлеб. (Марченко. Мои показания.)

БУФЕТНИКОВ, -а, м. Вор, совершающий кражи в столовых, буфетах. = У них есть привычка имена как ярлыки использовать: Буфетников, Пистонов, Целкина...

БУХАЛА, -ы, м. и ж. Пьяница. = Перед бухалами повыступать он любил, хмырь болотный!

БУХАЛО, -а, ср. Спиртные напитки, спиртное. = Бухалом разжились у водилы, у тех всегда есть!

БУХАЛОВКА, -и, ж. Пьянка, попойка. = Балда трещит после вчерашней бухаловки, надо б похмелиться!

БУХАЛОВО, -а, ср. Ср. Бухало.

БУХАРЬ, -я, м. Пьяница. = Бухарь выступать начал, менты ему

руки назад и поволокли.

БУХА́ТЬ, -а́ю, -а́ешь, несов., сов. Бухну́ть. Выпивать. = Бухали-бухали, потом за грудки друг друга!

БУХНУ́ТЬ, -ну́, -нёшь, сов., несов. Буха́ть. = Бухнёшь с нами маненько?

БУХО́Й, -а́я, -о́е. Пьяный. = Валька с утра где-то поднабралась, бухая-бухая!

БУХТЕ́ТЬ, -тю́, -ти́шь, несов. Ворчать. = Тебе сказано: заглохни, не бухти!

БУШЛА́Т, -а, м. Гроб. = С тех пор, как вышел приказ хоронить умерших в заключении без "бушлатов", прежней необходимости в соблюдении полных габаритов лагерных могил более нет. (Демидов. Дубарь.)

БУШЛА́Т**БУШЛА́ТОМ ЗАКРЫ́ТЬСЯ. Умереть. = Никак Горыч бушлатом закрылся? Живём!

БЫК, -а, м. Заключённый, хорошо работающий на производстве. = Это быки рогами в землю упираются, пашут! Им и положено!

БЫК-РОГОМЁТ, -а, м. Ср. Бык.

БЫТОВИ́К, -а, м. Осуждённый за хозяйственные преступления. = Один из "бытовиков", Абросимов, в связи со смертью отца был отпущен в недельный отпуск. (СС, 1990, 7.)

БЫТОВИ́ЧКА, -и, ж. Женск. к Бытови́к.

БЫЧА́РА, -ы, м. То же, что Мужик. = Он остановился возле меня и, глядя поверх головы, процедил: "Ты, бычара, одень кепку, а то щас на вахте тренироваться заставлю, одевать и снимать..." (Империя страха.)

БЫ́ЧИЙ ОТДЕ́Л. Общее название заключённых, хорошо работающих на производстве в ИТК. = "Пацаны" их по-разному называют: "мужики", "быки", "бычий отдел".

БЫЧКОВА́ТЬ, -ку́ю, -ку́ешь, несов., сов. Забычкова́ть. Сохранить окурок, потушив его. = Я выбросил свою, чего я еще бычковать буду!

БЫЧО́К, бычка́, м. Окурок. = Наконец Монгол докурил сигарету, чисто автоматически посмотрел, не осталя ли "бычок", потом, видимо вспомнив, что он не в зоне, рассмеялся хриплым, неестественным смехом, сунул окурок в хрустальную пепельницу. (Пересунько. Жаркое лето.)

В

ВАГОНЗА́К, -а, м. Вагон для перевозки заключённых. = Вагонзак (его называют еще "столыпин") устроен так же, как обычные купированные вагоны. Вдоль стен с одной стороны узкий проход, по другую сторону - отдельные кабины - купе. (Марченко. Мои показания.)

В АЖУ́РЕ, нареч. Нормально, хорошо. = Теперь остаётся Генка. Но и Генки в Падуне нет. Он в Новосибирске. В училище. С Генкой, значит, тоже в ажуре. (Габышев. Одлян.)

ВА́КСА, -ы, ж. См. Водяра.

ВА́КУУМ, -а, м. Камера-одиночка. = Для начала попросил администрацию тюрьмы переселить меня в общую камеру... где меня как Серого Волка не знают. И вот оставил я вакуум и нахожусь в камере, где живут тридцать два гаврика. (Леви. Записки Серого Волка.)

ВАЛЕ́ЖНИК, -а, м. Пьяный, лежащий на земле. = Раньше мусора валежников подбирали, а теперь - хрен с тобой, загибайся!

ВАЛЕ́Т,- а, м. Дебил. = Не связывайся с валетом, сам умным будешь!

ВАЛИ́ТЬ, -лю, -лишь, несов., сов. Свали́ть. Уходить. = Валить мне надо, поджимает со временем.

ВАЛИ́ТЬСЯ, -люсь, -лишься, несов. Садиться. = Вались куда-нибудь, не стой перед глазами!

ВАЛЬТЫ́****ВАЛЬТЫ́ ГУЛЯ́ЮТ**. Не все дома. = У него точно в голове вальты гуляют. Как что учудит - хрен проссышь.

ВАЛЮ́ТА, -ы, ж. См. Ба́бки. = Арбузов он там не покупал, У прохожих лазил по карманам, Крупную валюту добывал И водил блядей по ресторанам (из песни).

ВАРЗУ́ХА, -и, ж. Задница. = Приподними варзуху и в лавку сгоняй, жрать охота!

ВАФЛЁР, -а, м. Мужчина, пассивно занимающийся оральным сексом. = "Активные" у них в чести, а "пассивные" презираются. Как их только не величают: петухи, пидоры, Люськи... "Вафлёр" - это кто в рот "берёт", миньетчик.

ВАФЛЁРА, -ы, ж. Женск. к Вафлёр.

ВАФЛЁРША, - и, ж. Женск. к Вафлёр. = О чем ты с этой вафлёршей базарил?

ВАФЛИСТ, -а, м. Ср. Вафлёр.

ВАФЛИСТКА, -и, ж. Женск. к Вафлист.

ВАФЛИТЬ, -лю, -лишь, несов., сов. Завафлить. Заниматься оральным сексом. = Вафлит? - Ха! По-чёрному! А ты все за целочку держал!

ВАФЛЯ, -и, ж. 1. Мужской половой орган. = Закрой поддувало! А то вафля влетит! 2. Процесс орального сношения. = Что вылупилась? Вафлю, что ль, хочешь?

ВАШИ НЕ ПЛЯШУТ. Ты (вы) проиграл (и). = Ну, что? Сегодня ваши не пляшут?

ВБИВАТЬСЯ, -аюсь, -аешься, несов., сов. Вбиться. Одеваться. = Неохота вбиваться в эту робу, обрыдла.

ВБИТЬСЯ, вобьюсь, вобьёшься, сов., несов. Вбиваться.

ВВЕСТИ**ВВЕСТИ В ЗАКОН. Ср. Вводить в закон.

ВВОДИТЬ**ВВОДИТЬ В ЗАКОН. Делать авторитетным вором. = А тут всякую шпану в закон вводить стали, в наш воровской. (Нетесова. Утро без рассвета. Колыма.)

ВГАРНУТЬ, -ну, -нёшь, сов. 1. Ввести половой член во влагалище. = В кусты к озеру её завел, раздел, а вгарнуть не дала. По секелю елдой поводил, и вся любовь! 2. Совершить половой акт. = Вгарнуть бы, говорю, вам! Ваши б ножки - да мне б на шею! А она: - А твой язык - мне в жопу!

ВДРАБАДАН, нареч. В стельку. = Миха был вдрабадан, даже не узнал меня.

ВДРЕБАДАН, нареч. Ср. Вдрабадан.

ВЕЛОСИПЕД, -а, м. Истязание, заключающееся в поджоге горючих предметов, вставленных между пальцами ног (обычно во время сна). = Чурке одному заделали для хохмы велосипед. Орал, падла, как резаный!

ВЕНИК, -а, м. То же, что Придурок. = А у них там одни веники, и банщик подкуплен, и в парилке наши.

ВЕРЗУХА, -и, ж. Ср. Варзуха. = Что ты, как пидор вонючий, верзухой тут крутишь! Не мылься - бриться не придётся!

ВЕРТАНУТЬ, -ану, -анёшь, сов., несов. Вертеть. Украсть. = Закемарил, говорит, а очухался: чемодан вертанули, шмотки какие-то грязные подсунули!

ВЕРТЕТЬ, -чу, -тишь, несов., сов. Вертануть.

ВЕРТЕТЬ**ВЕРТЕТЬ УГЛЫ. Воровать чемоданы. = - Он живёт в

Таллине, "углы не вертит". Последний "вертанул" шесть лет назад, и пять из этих шести ему внушали, что это нехорошее дело - "вертеть углы". (Леви. Записки Серого Волка.)

ВЕРТОЛЁТ, -а, м. Деревянный щит, прикрепленный к стене. = На день вертолёт поднимают, чтоб не спали в карцере.

ВЕРТУХ, -а, м. Ср. Вертухай.

ВЕРТУХАЙ, -я, м. Охранник, конвоир. = Вертухай, на блатном жаргоне - конвоир. Был один чудак из бывших дембелей. Я его не хотел в СИЗО посылать, сам попросился. Так они с ним вась-вась, и прямо в камере и закололи шильцем.

ВЕРТУХАТЬСЯ, -аюсь, -аешься, несов., сов. Вертухнуться. Вертеться. = Будешь вертухаться, как говорил мой папаша, вторую ножку к полу пришпандорю...

ВЕРТУХАТЬСЯ 2, -аюсь, -аешься, несов., сов. Вертухнуться 2. Возражать, сопротивляться. = И к этому дню у нас не должно быть ни одного Нераскрытого Особо Важного Дела. Не вздумайте вертухаться. Гоп-стоп, повторяю, не прохезает. (Алешковский. Кенгуру.)

ВЕРТУХНУТЬСЯ, -нусь, -нёшься, сов., несов. Вертухаться.

ВЕРТУХНУТЬСЯ 2, -нусь, -нёшься, сов., несов. Вертухаться 2.

ВЕРХА, -ов, мн. Наружные карманы. = Мент верха помацал только, а там мелочёвка на папиросы, и всё.

ВЕРХУШЕЧНИК, -а, м. Ср. Верхушник. = - Спец, каких в стране наперечёт, - продолжал капитан. - И верхушечником был, и умел брать на вздёрку. (Безуглов. Факел сатаны.)

ВЕРХУШКА, -и, ж. Переплата за дефицитный товар. = - Верхушку директору отдадите вы, а в кассу деньги заплачу я... - Давай условимся так: если договорюсь и сам согласится - верхушку отдашь, когда получишь машину. (Хлыстов. "Куклы".)

ВЕРХУШНИК, -а, м. Начинающий карманный вор. = У меня на учёте есть "форточники", "верхушники", "качки".

ВЕТКА, -и, ж. То же, что Грабля.

ВЕТРЯК, -а, м. Майка, сорочка. = Стиры под ветряк, вроде, засунул. Нема. Посеял, что ль, по пьяни...

ВЕШЕР, -а, м. Поездной вор. = На поимку типичного вешера - вокзальной масти, краснушника, вооружённого спрятанной в сапог мытой, по-человечески говоря, половинкой безопасной бритвы и выдрой, то есть вагонным ключом, Богуславский получил от гарнизона целую роту пехоты неполного состава. (Кураев. Петя по дороге в царствие небесное.)

В ЗАКОНЕ, нареч. Ср. Вор в законе. = Срок - одиннадцать лет. Пятая судимость. Человек в законе, будьте осторожны. (Довлатов. Представление.)

В ЗЮЗЮ, нареч. В стельку. = Сом на воле работал шофером в колхозе, однажды в поле он с дружком выпил столько, что был в "зюзю", впрочем, как и его друг. (Империя страха.)

ВЗЯТЬ, возьму, возьмёшь, сов., несов. Брать.

ВЗЯТЬ**ВЗЯТЬ В ГОЛОВУ. Ср. Брать в голову.

ВЗЯТЬ**ВЗЯТЬ В ДОЛЮ. Ср. Брать в долю.

ВЗЯТЬ**ВЗЯТЬ ЗА ГАЛСТУК. Ср. Брать за галстук.

ВЗЯТЬ**ВЗЯТЬ ЗА ЖОПУ. Ср. Брать за жопу.

ВЗЯТЬ**ВЗЯТЬ ЗА ШКИРКУ. Ср. Брать за шкирку.

ВЗЯТЬ**ВЗЯТЬ ЛОХМАТЫЙ СЕЙФ. Изнасиловать. = Пускай пофордыбачит, этот лохматый сейф я всё равно возьму!

ВЗЯТЬ**ВЗЯТЬ НА ВЗДЁРЖКУ. Ср. Брать на вздёржку.

ВЗЯТЬ**ВЗЯТЬ НА ВЗДЁРКУ. Ср. Брать на вздёрку.

ВЗЯТЬ**ВЗЯТЬ НА СОВЕСТЬ. Ср. Брать на совесть.

ВЗЯТЬ**ВЗЯТЬ ПАЙКУ. Ср. Брать пайку.

ВЗЯТЬ**ВЗЯТЬ НА КАЛГАН. Ср. Брать на калган. = Помнишь, как того амбала на калган взял? Он только летел, пердел и радовался, а долетел, вырубился...

ВЗЯТЬ**ВЗЯТЬ НА КАРМАНЕ. Задержать в момент совершения карманной кражи. = У вас какая (квалификация - В.Б.)? - Неплохая. На кармане ни разу не взяли. (СС, 1990, 5.)

ВЗЯТЬ**ВЗЯТЬ НА КЛЫК. Совершить оральный акт. = Очко заиграло? Или на клык хочет взять?

ВЗЯТЬ**ВЗЯТЬ НА КРЮЧОК. Ср. Брать на крючок.

ВЗЯТЬ**ВЗЯТЬ НА КУЛАКИ. Избить. = Несостоявшиеся беглецы признались потом, за что их Граф на кулаки взял. (Нетесова. Утро без рассвета. Колыма.)

ВЗЯТЬ**ВЗЯТЬ НА ПРИХВАТ. Ограбить, предварительно связав кого-нибудь. = Его хату гастролёры на прихват взяли: бабу и тёщу привязали к батарее, технику взяли и пару кусков.

ВЗЯТЬ**ВЗЯТЬ НА ПУСТУЮ. Ср. Брать на пустую.

ВЗЯТЬ**ВЗЯТЬ НА ПУШКУ. Ср. Брать на пушку. = На витязей

стали похожи, вгоняем противника в дрожь. И набок сведённые рожи на пушку теперь не возьмёшь. (Иванов. В тоске по идеалу.)

ВЗЯТЬ**ВЗЯТЬ НА ХАП*ОК*. Выхватить что-то из рук жертвы грабежа и скрыться. = На толчке порт на хапок взял, а там голяк!

ВЗЯТЬ**ВЗЯТЬ СМ*Е*ХОМ НА ХАР*А*КТЕР. Побеседовать с жертвой, которую только что обокрал. = Смехом на характер взять - это высший пилотаж, как у них говорится!

ВЗЯТЬ**ВЗЯТЬ НА ХОМ*У*Т. Схватить жертву сзади рукой за горло при грабеже, лишив её возможности сопротивляться. = Возьми его на хомут, чтоб не рыпался!

ВЗЯТЬ**ВЗЯТЬ ПИСЬМ*О*М. Выкрасть что-либо с применением режущих предметов (ножа, бритвы). = Чик хвастал, что на бану у грузина кусок письмом взял.

ВЗЯТЬ**ВЗЯТЬ ПР*О*ПИСЬЮ. Ср. Взять письмом.

ВЗЯТЬ**ВЗЯТЬ Р*О*СПИСЬЮ. Ср. Взять письмом.

ВИДАТЬ**ВИД*А*ТЬ В ГРОБ*У*. Послать к чёрту. = Кражу во время операции одной почки у организма маршала Чойбалсана я в гробу видал. (Алешковский. Кенгуру.)

ВИГ*О*НЕВЫЙ, -ого, м. Ведущий двойную игру. = Кент твой, случаем, не вигоневый? Проверить бы его на вшивость!

ВИЗЖ*А*ЛО, -а, ср. Сало. = Визжало будешь хавать? Витамин-це, как говорится.

В*И*ЛЫ, нескл. в роли сказ. Конец, гибель. = Если Жеку прищучили, то всё, вилы. - Что-что? - Хана, вот что! Лопнула пизда, пропали деньги!

В*И*ЛЫ**В*И*ЛЫ СТ*А*ВИТЬ. Загонять в угол, припирать к стене. = Начальник, я чистый, и не хрен железному зеку деревянные вилы к горлу ставить!

ВИНТ**ВИНТ*А* НАР*Е*ЗАТЬ. Убежать. = Менты его повязать решили, а он в лыч двоим дал и винта нарезал!

ВИНТ**ВИНТ*А* НАРЕЗ*А*ТЬ. Ср. Винта нарезать.

ВИНТ**ВИНТ*ОМ* ПОЙТ*И*. 1. Закрутиться на месте. = Промеж ушей врежу разок, враз винтом пойдёшь! 2. Убежать, вихляя телом. = Этот гомыра винтом пошёл, думал, в натуре, шмалять в него кто будет.

ВИС*Е*ТЬ, -сю, -сишь, несов. Быть под подозрением. = К нему нельзя, говорил, что висит...

ВИС*Я*К, -а, м. 1. Женская сумочка. = Кожаный висяк на двустволке видел клёвый! 2. Навесной замок. = На амбарухе висяк был, так он его ковырнул момент!

ВИСЯК 2, -а, м. Ср. **Висячка**.

ВИСЯЧКА, -и, ж. Нераскрытое преступление. = ... прошу обратить внимание, что вашу "висячку" раскрыли не эти хвастунишки из МУРа! (Незнанский. Ярмарка в Сокольниках.)

ВИТАМИН-ДЭ, -а, м. Деньги. = С витамином-дэ все короли!

ВИТАМИН-ЦЕ, -а, м. Название некоторых продуктов или напитков. = Витамин-це: сальце, пивце, винце...

ВИТРИНА, -ы, ж. См. **Буфер***а*. = Ходит, витрину вперёд, стерва, аж с конца капает!

ВКАТИТЬ, -тю, -тишь, сов. Проиграть. = Я сегодня на мели. Всё Липе в очко вкатил!

ВКОВАТЬСЯ, вкуюсь, вкуёшься, сов. Приобрести красивую одежду, приодеться. = Видел Пряника. Вковался. Видать, фарцу доит.

ВЛЕПИТЬ, влеплю, влепишь, сов. См. **Вкат***и*ть.

ВЛОЖИТЬ, -жу, -жишь, сов., несов. **Лож***и*ть. Донести, передать. = Касей ларёк подломал, а кто-то вложил, видать.

ВМАЗАТЬ, -жу, -жешь, сов., несов. **М***а*зать. Выпить спиртного. = Я б в охотку первачку б вмазал, грамм шестьсот.

ВМАЗАТЬСЯ, -жусь, -жешься, сов., несов. **М***а*заться. Ввести себе наркотик. = С Пятаком вмажешься "этилом", курнёте, затем, когда в откат пойдёте, отдай ему анашу и уходи спать... (Огонёк, 1990, 35.)

ВМАСТЬ, нареч. Хорошо, удачно. = Алексей Николаевич рассудил трезво: если бакланчик запутается, отстанет, даже если его подстрелят, то всё равно - вмасть, хоть на какое-то время, но преследование он на себя оттянет. (Кураев. Петя по дороге в царствие небесное.)

В НАТУРЕ, нареч. 1. Правильно, верно. = Ну, раз он сказал, так всё в натуре, я молчу... 2. Употребляется как вводное слово. Вообще. = Ты что, в натуре, совсем офонарел?

ВОДИЛА, -ы, м. Шофёр. = Кинешь водиле на папиросы, до самого места доставит, в лучшем виде.

ВОДЯРА, -ы, ж. Водка. = Водяры нажрались, а жарко было, развезло салажат.

ВОЗБУХАТЬ, -аю, -аешь, несов., сов. Возбухнуть. То же, что **Выступ***а*ть. = Цинканул бы вчера, что здесь не фраерская шарашка, я б тогда, падлой быть, не возбухал. (К новой жизни.)

ВОЗБУХНУТЬ, возбухну, возбухнешь, сов., несов. Возбухать.

ВОЗДУХ, -а, м. Деньги. = Не я вместо тебя в Магадане срок тянул, а ты ни жратвой, ни "воздухом" не помог? (Нетесова. Фартовые.)

ВОЗНИКАТЬ, -аю, -аешь, несов., сов. Возникнуть. 1. Выражать несогласие с чем-либо. = Чего ж ты: сидел, молчал в две дырки, а теперь возникать начинаешь! 2. Вмешиваться. = Без сопливых разберёмся, ясно. Сиди и не возникай!

ВОЗНИКАТЬ**ВОЗНИКАТЬ НЕ ПО ДЕЛУ. Ср. Возникать.

ВОЗНИКНУТЬ, -у, -нешь, сов., несов. Возникать.

ВОЛК, -а, м. См. Пацан. = ... Им (изнасилованным - В.Б.) больше делать нечего как забыться в работе и искать помощи от "волков". В общем, черт с ними, "петухами", ты больше в отрицаловку погружайся... (Огонёк, 1990, 35.)

ВОЛК ПОЗОРНЫЙ. То же, что Волчара.

ВОЛЧАРА, -ы, м. Брань. = Куда он телаж девал, волчара позорный!

ВОЛЧОК, -чка, м. Контролер ИТУ. = Бывает, у "волчка" (ещё одно обидное прозвище) не выдерживают нервы. На оскорбление отвечает тем же или в сердцах пройдётся резиновой дубинкой по спине расхамившегося зека. (Огонёк, 91, 38.)

ВОЛЧОНОК, -нка, м. Молодой осуждённый, для которого нет авторитетов. = - Зачем... им? - Чаёк пьют. Волчата шуруют по хате, им по глотку. (Светов. Тюрьма.)

ВОЛЧЬЯ ПАСТЬ. Глухое окно в тюрьме, следственном изоляторе. = Окна не просто зарешечены, а и заварены снаружи листовой сталью. Волчьей пастью такое окно называется. (Нетесова. Фартовы.)

ВОЛЫНА, -ы, ж. Пистолет. = Подняли крик, блеснула вдруг волына, раздался выстрел, и грохнулась лиса (из песни).

ВОЛЫНКА, -и, ж. Бунт. = После шмона на зоне пацаны решили волынку поднять.

ВОЛЬНЯГА, -и, м. 1. Вольнонаёмный сотрудник (сотрудница) ИТУ. = Через вольняг можно было кой-что передать, не за так, ясное дело. 2. Расконвоированный заключённый. = Миху в вольняги перевести грозились. Добился!

ВОЛЬНЯША, -и, м. Ср. Вольняга.

ВОЛЬТ, -а, м. Бзик. = Эта амнистия не касалась заключённых по 58-й статье, имеющих вторую судимость, а касалась только рецидивистов-уголовников. Это был типичный сталинский "вольт". (Шаламов. Перчатка или КР-2.)

ВОЛЬТАНУТАЯ, -ой, ж. Душевнобольная. = Надя ж вольтанутая, из дурдома недавно выпустили.

ВОЛЬТАНУТЫЙ, -ого, м. Душевнобольной. = Стёпа Бельский раньше нормальный был. С чего он вольтанутым стал, не знаю.

ВОЛЬТАНУТЬСЯ, -анусь, -анёшься, сов. Чокнуться, тронуться. = Баба его чуть не вольтанулась, когда пацану башку отчикало проводом...

ВОЛЯ, -и, ж. Антоним слову Зона. = Один из них находится в местах лишения свободы, другой - на воле. (СС, 1990, 5.)

ВОЛЯ**ВЕК ВОЛИ НЕ ВИДАТЬ. Клятва. = Не было меня там, век воли не видать!

ВОР В ЗАКОНЕ. Вор, пользующийся особым авторитетом и особыми правами в воровской среде. = Например, в среду по всей стране локально прошли сходки "воров в законе", на которых решался вопрос сохранения так называемых "общаковых" денег как на воле, так и в исправительно-трудовых колониях. (Правда, 26.01.1991.)

ВОРКУТА, -ы, ж. и м. Старожил ИТК. = С зоной воркута один знакомил, как говорится, жизни учил. Раскрутился на срок, на волю не хочет. Прижился.

ВОРОВАЙКА, -и, ж. Женщина-воровка. = Я с детства воровайка. Батька бил чем попадя, с дому выгонял.

ВОРОВАХУЙКА, -и, ж. Ср. Воровайка. = ... судя по всему, вы здесь все - из одной масти. Цветные. Воровахуйки. (Демин. Блатной.)

ВОРОН, -а, м. Спецмашина для перевозки арестованных или заключённых. = Я блата не знаю, но ворон - точно из языка заключённых. Так машину называли, легковуху, на которой приезжали забирать.

ВОРОНОК, -нка, м. Ср. Ворон. = Так он, сукин сын, после суда, когда в "воронке" его везли, пел: "Начальник лагеря мне как отец родной..." (Нетесова. Утро без рассвета. Колыма.)

ВОРОТА, ворот, мн. См. Кормушка.

ВОСЬМЕРИТЬ, -рю, -ришь, несов., сов. Свосьмерить. Хитрить, изворачиваться. = Слово "шестерить", например, означает - прислуживать, лакействовать. А "восьмерить" - лукавить, хитрить, изворачиваться. (Демин. Блатной.)

ВОСЬМЁРКА, -и, ж. Таз. = Два месяца терпели, - говорит Боря, - угрожать начал. Вон его,- кивает на Гришу, - обещал пришибить "восьмёркой". Корпусной переводит глаза на "восьмёрку" - шайка для стирки. (Светов. Тюрьма.)

ВОСЬМЕРЯТЬ, -яю, -яешь, несов., сов. Свосьмерять. Ср. Восьмерить.

В ПОДЛОСТЬ, нареч. Оскорбительно, унизительно. = Работать на производстве для блатных, как они сами говорят, "в подлость".

ВПУЛИВАТЬСЯ, -аюсь, -аешься, несов., осв. Впулиться.

ВПУЛИТЬСЯ, -люсь, -лишься, сов., несов. Впуливаться. Войти, проникнуть в здание, помещение. = В забегаловку впулились, а туда пивка завезли. Ударили по пиву.

ВРЕЗАТЬ, врежу, врежешь, сов., несов. Врезать. Выпить спиртного. = Давай ещё по одной врежем, а то маловато.

ВРЕЗАТЬ 2, врежу, врежешь, сов., несов. Врезать 2. Налечь на что-то. = У них такое объективностью зовут. Вот и врежь по ней. (Нетесова. Утро без рассвета. Колыма.)

ВРЕЗАТЬ, -аю, -аешь, несов., сов. Врезать.

ВРЕЗАТЬ 2, -аю, -аешь, несов. сов. Врезать 2.

ВРЕЗАТЬ****ВРЕЗАТЬ ДУБА**. Замёрзнуть. = Соглашайся. Робу получишь. Тёплую. А то в твоей одежде недолго и дуба врезать. (Нетесова. Утро без рассвета. Колыма.)

ВРЕЗАТЬ****ВРЕЗАТЬ ДУБА 2**. Умереть. = Я думал дуба врежет: лежит, посинел, колотится... А потом ничего, оклемался.

ВРЕЗАТЬ****ВРЕЗАТЬ ДУБАРЯ**. Ср. Врезать дуба 2. = Когда Цыган дубаря врезал, тоже амнуха была. Фёдора выпустили.

ВРЕЗАТЬ****ВРЕЗАТЬ ДУБА**. Ср. Врезать дуба. = Давно такого дуба не врезал: уши в трубочку свернулись...

ВРЕЗАТЬ****ВРЕЗАТЬ ДУБА 2**. Ср. Врезать дуба 2. = Не, дуба врезать мне еще рановато, покопчу чуток белый свет.

ВРЕЗАТЬ****ВРЕЗАТЬ ДУБАРЯ**. Ср. Врезать дубаря.

ВРУБАТЬ, -аю, -аешь, несов., сов. Врубить.

ВРУБАТЬСЯ, -аюсь, -аешься, несов., сов. Врубиться. Разбираться в чём-либо, понимать. = Давай по-новой, что-то я не врубаюсь.

ВРУБИТЬ, -блю, -бишь, сов., несов. Врубать. Ударить. = На пятачке врубил одному пару раз, чтоб не выступал!

ВРУБИТЬСЯ, -люсь, -ишься, сов., несов. Врубаться. = Ну, что врубился, за что базарим? Или - тёмный лес?

ВСТОЯКА, нареч. Стоя. = Говорят, сама предложила. Так они её прямо возле общаги встояка отхарили. Сначала вдвоём, потом ещё один подвалил. Она видит, что дело пахнет керосином - ходу оттуда!

ВСЮ ДОРОГУ. Всегда, постоянно. = Вот всю дорогу так: и хочется, и колется, и мама не велит!

ВТИХАРЯ, нареч. Втайне. = На чае капиталец неплохой сколотил. Торговал им втихаря. Сбывал чифиристам по полсотне за пачку. (Нетесова. Утро без рассвета. Колыма.)

ВТИХУЮ, нареч. Незаметно. = А мне кажется, что помалкивал он о дне освобождения. Вышел втихую, - сказал вдруг конвоир, пришедший с Гномом. (Нетесова. Утро без рассвета. Колыма.)

ВТОРЯЧОК, -ска, м. Ср. Вторяк.

ВТОРЯК, -а, м. Вторично заваренный чай. = Ты чего мне, вторяк сварганил, что ль? Сам эти ссаки хлебай!

ВТЫКАТЬ, -аю, -аешь, несов. Вдыхать, нюхать ацетон. = Мы пока тащились, он всю дорогу втыкал.

В УМАТ, нареч. Очень сильно, в высокой степени. = Уделали его в умат, мама родная не узнает.

ВУСМЕРТЬ, нареч. Совсем. = Зашел к ним: Нюшка вусмерть пьяная лежит, полный отруб. Бухнул и пошел.

ВЧИСТУЮ, нареч. За недостатком улик. = Первый-то по контрабанде, и не судили - вчистую вышел до суда, а всё равно считается - ходка. (Светов. Тюрьма.)

ВЫВЕСКА, -и, ж. Лицо. = - Не специализируюсь, граждане, на мокрое не хожу, не мой профиль. Не шейте. Вывеску вон очкастому попортил, извиняйте. (Александров. Мы из розыска...)

ВЫВОДКА, -и, ж. Доставка подследственного на место преступления. = А вот и "выводка". Тут надо объяснить. "Выводка" - жаргонное словечко, обозначающее следственное действие, когда подследственного для проверки его показаний приводят на место преступления. (ЛГ, 13.03.91.)

ВЫДРА, -ы, ж. 1. Отмычка. = Брось ты, Сиз и без выдры любую серьгу расковыряет! 2. Вагонный ключ. = Я выдрой дверь открыл и на ходу с поезда сиганул.

ВЫМОЛОТИТЬ, -чу, -тишь, сов., несов. Молотить. Обворовать. = Пока Лёха на югах, хату вымолотили...

ВЫПАСТИ, -пасу, -пасешь, сов., несов. Пасти. Выследить. = Ничего, эту гниду я выпасу, своё получит.

ВЫПЕНДРЁЖ, -а, м. Бахвальство. = Лады, можешь трепануть. Только без выпендрёжа!

ВЫПЕНДРИВАТЬСЯ, -аюсь, -аешься, несов. Бахвалиться. = Харэ выпендриваться, давай лучше вмажем по стопарику за всё хорошее!

ВЫПЕНДРЯЖ, -а, м. Ср. Выпендрёж. = Выпендряж твой у меня во где сидит, заглохни!

ВЫПУЛИВАТЬСЯ, -аюсь, -аешься, несов., сов. Выпулиться. Убираться. = А ну, выпуливайтесь отсюда к едрене фене!

ВЫПУЛИТЬСЯ, -люсь, -лишься, сов., несов. Выпуливаться. Убраться. = Выпулишься у меня в два счета, козёл облезлый!

ВЫРУБАТЬ, -аю, -аешь, несов., сов. Вырубить. Приводить в бессознательное состояние побоями. = Как тебя, сразу вырубать, или чуть погодя?- Ага, вырубил один такой, только его не так звали! В коленках слаб, понял!

ВЫРУБАТЬСЯ, -аюсь, -аешься, несов., сов. Вырубиться. 1. Засыпать. = Лежит, бормочет, не вырубается ни хрена! 2. Терять сознание. = А фраер со страху уже вырубаться начал, обхезался, сволота!

ВЫРУБИТЬ, -блю, -бишь, сов., несов. Вырубать. = С ними лучше не залупаться, вырубят в момент!

ВЫРУБИТЬСЯ, -блюсь, -бишься, сов., несов. Вырубаться.

ВЫСТУПАТЬ, -аю, -аешь, несов., сов. Выступить. Вести себя вызывающе. = Чего ты тут выступаешь? Или больше всех надо?

ВЫСТУПИТЬ, - ступлю, -ступишь, сов., несов. Выступать. = Выступишь ещё раз, глаз на жопу натяну, понял!

ВЫХАРИТЬ, -рю, -ришь, сов., несов. Харить. Взять физически. = А запрут куда-нибудь на Север, где Макар телят не пас. Ну и сосите... утопленника. Буду на Севере. В рот вас выхарить. (Габышев. Одлян.)

ВЫШАК, -а, м. 1. Высшая мера наказания. = Стороженке вышак дали за мокруху. 2. Осуждённый к высшей мере наказания. = - Командир! Давай вышаку курить подгоним! (ЛГ, 13.02.91.)

ВЫШАК**ВЫШАК ЛОМИТСЯ. Вероятна высшая мера наказания. = Вовке хана! Ломится вышак за майора!

ВЫШАК**ВЫШАК СВЕТИТ. Ср. Вышак ломится. = Светит вышак зуботыке позорному: двух тёток угрохал, скотобаза!

ВЫШКА, -и, ж. Женск. к Вышак (в 1-м знач.). = Всего лишь час дают на артобстрел, Всего лишь час пехоте передышки, Всего лишь час до самых важных дел, Кому - до ордена, ну а кому - до вышки. (Высоцкий.)

ВЯЗАТЬ, вяжу, вяжешь, несов., сов. Повязать. Задерживать, арестовывать. = Когда его вязали, он менту одному чуть палец не отгрыз, мудила!

ВЯЗАТЬ 2, вяжу, вяжешь, несов., сов. Завязать. = Мишка дёрнул меня за рукав: "Москва, да вяжи на х..." - "Х... вязать, его будут п..., а мы молчать". (ЛГ, 13.02.91.)

Г

ГАВРИК, -а, м. 1. Помощник, подчинённый. = Я гаврикам моим мигну только, и с гроба достанут! 2. Употребляется как пренебрежительное обращение. = А ну, гаврики, за дело, уберём. Федя, хватай тряпку! Рыба - за водой, ты чего рот разинул, тебе говорю. (Леви. Записки Серого Волка.)

ГАД, -а, м. См. Лягавый. = Приморили, гады приморили! Загубили молодость мою. Золотые кудри поседели, Я у края пропасти стою. (из песни).

ГАЗ, -у, м. Спиртное. = Насчет газу не беспохлёбься, гаврики сгоняют.

ГАЗАНУТЬ, -ану, -анёшь, сов., несов. Газовать.

ГАЗОВАТЬ, -ую, -уешь, несов., сов. Газануть. Пьянствовать. = Третий день газуют, не просыхая!

ГАЛОШ, -а, м. Презерватив. = Тебе галош ни один не налезет, если только безразмерный...

ГАНДОН, -а, м. 1. Презерватив. = И выполз я на балкон слегка одетый... в одном гандоне. 2. Брань. = Ну ты, гандон штопаный, не выступай!

ГАПКА, -и, м. Ср. Гапон. = Гапка носом поводил и слинял момент.

ГАПОН, -а, м. Милиционер. = И гапонами звали, и городовыми, и ищейками.

ГАРАНТИЙКА, -и, ж. См. Пайка. = Каждый может прикинуть и понять, что это за кормёжка. И то на гарантийке ещё ничего по сравнению с карцером, с пониженной нормой питания. (Марченко. Мои показания.)

ГАРМОШКА, -и, ж. Батарея центрального отопления. = Носки за гармошку слетели, а я обыскался.

ГАРЬ, -и, ж. Водка. = К нему без гари не хрен и соваться, пару пузырей бы надо.

ГАСТРОЛЁР, -а, м. Преступник, совершающий преступления в разных местах. = ... Удачливый вор-гастролёр, чтоб его ободрало! Колесит по всей стране, а нынче прибыл в столицу. И почему-то считается, что я могу выудить его среди десяти миллионов! (Лавровы. Следствие ведут знатоки.)

ГАСТРОЛЁРША, -и, ж. Женск. к Гастролёр. = Ну а может, кто из гастролёрш балуется? - Да нет же, Нина Степановна, если и появился новенький кто, так это "фирмачи" - мальчишки, хамса, одним словом. (Пересунько. Жаркое лето.)

ГАСТРОЛИРОВАТЬ, -ую, -уешь, несов. Заниматься какой-либо деятельностью, например, воровством на чужой территории. = Некоторые старые урки (в основном одесситы) бывали в Европе еще до революции - гастролировали там и попадались порой. (Демин. Блатной.)

ГЕНЕРАЛ, -а, м. Наставник воров-подростков. = Изображение орла, впившегося когтями в руки человека, накалывает себе "генерал" - наставник воров-подростков, который сам обычно не ворует, а живёт за счёт добычи своих учеников - "жульманов". (Столица, 1991, 1.)

ГИТАРА, -ы, ж. Ср. Велосипед.

ГИТАРА 2, -ы, ж. Женский половой орган. = Нинка-коблиха гитару развалила, я чуть не задохнулся...

ГИТАРКА, -и, ж. Ломик. = На прошлой неделе задержали одного: автофургон пытался "гитаркой" вскрыть.

ГЛАЗ**ГЛАЗ ВЫПАЛ. Удивился, поразился. = У меня глаз выпал! Только что за него базарили, и он шкандыбает!

ГЛАЗ**ГЛАЗ ПОЛОЖИТЬ. Понравиться, приглянуться. = Я на эту дырку глаз положил. - Брось, грязная баба!

ГЛАЗОК, глазка, м. Стеклорез. = Пика бабкой по стеклу провел - и напополам! Почище глазка!

ГЛИНА, -ы, ж. Хлеб. = Вроде и голода нет в тюрьме, какой голод, если хлеб остаётся, не управишься с глиной, да и зачем - передача из дома каждый день... (Светов. Тюрьма.)

ГЛИНОМЕС, -а, м. Активный педераст. = Глиномесов на зоне хватает, только очко подставляй!

ГЛОТ, -а, м. Обжора. = Глот был от комля: жрать мог с утра до вечера.

ГЛОТ 2, -а, м. Крикун, горлопан. = В кого ты такой глот? Орёшь, уши закладывает!

ГЛОТ 3, -а, м. Скупец. = Да он глот, говна тебе своего не даст, удавится скорей.

ГЛОХНУТЬ, -ну, -нешь, несов., сов. Заглохнуть. Молчать. = Не выступай, развыступался тут, глохни!

ГЛУХАРЬ, -я, м. Ср. Бухарь. = Глухарь один залупаться стал, я его сразу успокоил! А то - раздайся, море, говно плывёт!

ГЛУХАРЬ 2, -я, м. См. Висяк. = По личному опыту Гранская знала: при расследовании убийства дороги иной раз не то что дни, а часы и даже минуты. Упустишь в самом начале время, это обернётся месяцами, а то и годами мучительной работы, поисков, которые вообще могут кончиться ничем. И тогда повиснет на следователе "глухарь", им будут корить на всех совещаниях. (Безуглов. Факел сатаны.)

ГЛУХАРЬ 2, -я, м. Отбывающий наказание на тюремном режиме. = Во Владимире тянет. Раскрутился в строгаче, теперь глухарём заделался.

ГЛУХО, нареч. Плохо, худо. = Слушай сюда, дело глухо, надо сматываться!

ГЛУХО 2, нареч. Полностью, совершенно. = Чувак торчит глухо, скоро не оклемается.

ГЛУХОЙ НОМЕР. Бесполезно, бессмысленно. = Где ты колёса найдешь? Это глухой номер.

ГЛУХО, КАК В ТАНКЕ. Ср. Глухой номер.

ГЛЮК, -а, м. Галлюцинация. = Колышущийся мир вдруг застыл. Тишина. Даже мотор не гудит. Бред - снова глюки, прикидывал Михал. Или всё-таки конец? (Война с наркомафией.)

ГНАТЬ, гоню, гонишь, несов., сов. Погнать. Идти. = Куда это ты гонишь сранья?

ГНАТЬ 2, гоню, гонишь, несов. Расстраиваться. = Игра твоя понятная - от восьми до зелёнки. Объяснили в кепезухе?.. Плохая у тебя игра, а ты всё равно не гони, не будь лохом... (Светов. Тюрьма.)

ГНАТЬ**ГНАТЬ ГАММУ. Придумывать, выдумывать. = Кончай гамму гнать, расскажи, как дело было!

ГНАТЬ**ГНАТЬ ГУСЕЙ. 1. Притворяться, изображать несведущего. = Что ты гусей гонишь! Ты ж знаешь, кто там был. 2. Употребляется как поговорка в значении: всему конец, пиши пропало. = А если вдвоём соберутся, хоть домой не ходи, гони гусей!

ГНАТЬ**ГНАТЬ ДУРУ. Изображать глупого. = Он привык дуру гнать. Легче жить.

ГНАТЬ**ГНАТЬ КАРТИНУ. 1. Морочить голову. = Кому ты картину гонишь, валенок сибирский! Ты ещё под стол ходил, когда я таких раскалывал! 2. Производить впечатление. = Да не бери ты в голову: это он перед мокрощелками картину гонит.

ГНАТЬ**ГНАТЬ МАРКУ. Набивать себе цену. = Не губи... Чтоб у меня всё поотсохло! Да марку она гонит! На крючок взять хочет! Её целка лопнула сто лет назад!

ГНАТЬ**ГНАТЬ ПОРОЖНЯК. Говорить неправду. = Не надо ля-

ля. Ментам будешь порожняк гнать, когда за жопу возьмут!

ГНАТЬ**ГНАТЬ ПО-ЧёРНОМУ. Обманывать бессовестно, издевательски. = Гонит он по-чёрному, падла! Меня вообще тут не было целую неделю, век свободы не видать!

ГНАТЬ**ГНАТЬ ТЮЛЬКУ. Ср. Гнать порожняк. = Опять тюльку гонишь? Тюлькогон долбаный! Я прошлый раз из-за тебя пролетел!

ГНАТЬ**ГНАТЬ ФУФЛО. Ср. Гнать порожняк. = У нас газеты так лихо фуфло гонят, завидки берут! Этому у них ещё поучиться неплохо.

ГНУТКИ, гнуток, мн. Сапоги. = Развезло всё, гнутки надо, без них до сортира не дойдёшь.

ГОЛОВКА, -и, ж. Руководство, руководители. = Воровская среда обладает сравнительно немногочисленной, но активной и прочной группой вожаков. Эти вожаки ("головка") пользуются в воровской среде совершенно несокрушимым авторитетом и неограниченной властью. (Лихачев - 35.)

ГОЛУБЕЦ, голубца, м. Гомосексуалист. = Жаркий голубец дрючит, а холодного - дрючат.

ГОЛУБИ, -ей, мн. Бельё на верёвке (на чердаке). = Голубями жульбаны промышляют, шпана.

ГОЛУБИ 2, -ей, мн. Письма, миновавшие обязательную в ИТУ цензуру. = Через вольняг голубей передавали на волю.

ГОЛУБОЙ, -ого, м. Ср. Голубец. = Я уже долгое время замечаю, что, стоит развернуть любой журнал или газету, обязательно ткнёшься в статью о так называемых "гомиках", или, как их еще называют, "голубых". (Огонёк, 1990, 16.)

ГОЛУБОК, -бка, м. Вольнонаёмный сотрудник ИТУ, исполняющий функцию связного. = Ксивы через голубка на волю всегда можно было перекинуть.

ГОЛУБЯТНИК, -а, м. Вор, крадущий бельё. = Фоню-голубятника чуть не прищучили на той неделе, сам хвалился.

ГОЛУБЯТНИЦА, -ы, ж. Женск. к Голубятник.

ГОЛЫЙ**ГОЛЫЙ ВАССЕР. Бесполезно. = Я пробовал следователей уговорить, чтоб его сейчас не брали. Один, вроде, согласился, а второй ни в какую. Я и то и сё - голый вассер!

ГОЛЯК, нареч. Бесполезно, бессмысленно. = Нечего тут ловить, голяк!

ГОЛЯМЫЙ ВАСОР. Ср. Голый вассер.

ГОМ*О*Н, -а, м. Конец, смерть. = Гомон ему будет, это точно. Кореша достанут падлу!

ГОМОН*Е*Ц, гомонца, м. Кошелёк. = Мудила какой-то прямо на дороге гомонец посеял.

ГОМОН*О*К, -нка, м. Ср. Гомон*е*ц.

ГОМ*Ы*РА, -ы, ж. Самогон, самогонка. = Литры три гомыры выжрали, за чернилом сгоняли, а потом уже не помню ни хрена, что было, вырубился.

ГОМ*Ы*РКА, -и, ж. Нитролак. = Токсикоманы всё подряд сейчас пьют: клей БФ, денатурат, нитролаки всякие. "Гомырку", одним словом.

ГОН*Е*Ц, -нца, м. 1. Связной. = "Гонцами", как правило, являются контролёры и вольняшки, работающие в зоне по найму. (Огонёк, 1990, 36). 2. Ловец, искатель. = Чтой-то стали пятки зябнуть! Не пора ли нам дерябнуть? Не послать ли нам гонца За бутылочкой винца. (из рифмовок)

ГОН*Я*ТЬ, -яю, -яешь, несов., сов. Сгон*я*ть. Ходить. = У него должно быть: он в кабак гонял, я видал.

ГОП-К*А*НДИЯ, -и, ж. Ср. Гоп-комп*а*ния.

ГОП-КОМП*А*НИЯ, -и, ж. Группа, компания. = Мыслитель-дилетант, изгнанный из семинарии за вольнодумство, он прибыл с гоп-компанией гонцов за анашой, дабы обратить души этих заблудших в лоно истинной веры... (Иванов. В тоске по идеалу.)

Г*О*ПНИК, -а, м. Грабитель. = "Гопники" из электрички Володю на ходу выкинули. Жив остался чудом!

ГОП СО СМ*Ы*КОМ. Легендарный грабитель, персонаж блатных песен. = Гоп со смыком - это буду я, Воровать - профессия моя... (из песни).

ГОП-СТ*О*П, межд. 1. Стоп, стой. = Вдруг из-за поворота, гоп-стоп, не вертухайся, выходят два весёлых молодца! (из песни). 2. Используется как повтор в блатных песнях. = Гоп-стоп! Мы подошли из-за угла! Гоп-стоп! (из песни).

ГОПСТ*О*ПНИК, -а, м. Ср. Г*о*пник. = - Вы - какой вор? Карманник, домушник, гопстопник?.. (СС, 1990, 5.)

ГОП*У*ШНИК, -а, м. Ср. Г*о*пник.

ГОП-Ц*О*П, межд. Повтор, рефрен в песнях, представляющий собой как бы визитную карточку грабителей, налётчиков. = Как на Дерибасовской, угол Ришельевской, В десять часов вечера разнеслася весть: Как у нашей бабушки, бабушки-старушки, Шестеро налётчиков отобрали честь. Гоп-цоп, перверцоп! Бабушка здорова! Гоп-цоп, перверцоп! Кушает компот! Гоп-цоп, перверцоп! И мечтает снова! Гоп-цоп, перверцоп! Пережить налет! (из песни).

ГОРБАТИТЬ, -чу, -тишь, несов. Работать. = Чего это я буду на них горбатить! Видал я их в гробу, в белых тапочках, легашей!

ГОРБИТЬ, горблю, горбишь, несов. Ср. Горбатить. = Чурки горбить не уважают, норовят какую-нибудь блатную должность захамить и доить тупорылого какого-нибудь...

ГОРЕТЬ, горю, горишь, несов., сов. Сгореть и Погореть. Подвергаться опасности, погибать. = Будешь гореть, вспомнишь Яшу Бессмертного, да поздно будет...

ГОРЕТЬ**ГОРЕТЬ ГАРОМ. Пропадать. = Гори оно всё гаром! Мне-то что! Гавкнула пиздой целка или нет!

ГОРКА, -и, ж. Ставка при игре в карты, банк. = Иду на горку - значит: иду на все деньги, на банк.

ГОРОДУХА, -и, ж. Магазинная кража. = На "городухе" чаще всего сейчас женщины попадаются: ерунду какую-то воруют. Недавно студенток задержали, бельё хотели украсть, продавщица заметила и милицию вызвала...

ГОРОДУШНИК, -а, м. Магазинный вор. = "Городушники" скоро безработными останутся: что в магазине украдёшь?

ГОРОДУШНИЦА, -ы, ж. Женск. к Городушник.

ГОРЮЧЕЕ, -его, ср. Спиртное. = А как насчёт горючего? Или как насчёт картошки дров поджарить...

ГОРЯЧИЕ, -их, мн. Удары смоченным предметом или по смоченному участку тела. = Осталось десять горячих. Конец морковки чуть не до половины намочили... Мокрая морковка просвистела в воздухе и, описав дугу, обожгла Коле ягодицы. (Габышев. Одлян.)

ГРАБАНУТЬ, -ану, -анёшь, сов. Ограбить. = - Грабанём ялуторовских, - предложил Робка. - Втроём мы с ними справимся. (Габышев. Одлян.)

ГРАБКА, -и, ж. Рука. = Что грабками размахался, мудозвон! Раньше надо было шустрить!

ГРАБЛЯ, -и, ж. Ср. Грабка. = Фрайер грабли растопырил, под амбала решил закосить. Пришлось вырубить...

ГРАДУСНИК, -а, м. Лопатка, треугольная кость в верхней части спины. = Я ему шило под градусник сунул, да ещё повернул там разок!

ГРАЧ, -а, м. 1. Простофиля, лопух. = Грача этого любая профура вокруг пальца обведёт! 2. Употребляется как обращение. = Ну ты что, грач, тут, вообще, в натуре, развыступался?

ГР*Е*БЕНЬ, гребня, м. Пассивный педераст. = Как известно, педерастами (они же козлы, петухи и гребни) в лагере считают только пассивных гомиков... (Кузнецов. Дневники.)

ГРЕВ, -а, м. 1. Посылка. = Какие на зоне удовольствия! Грев придёт, разве? День прошел, и хер с ним! 2. Материальная поддержка. = Куда идут деньги? На "грев". Помогать своим ребятам в зоне; нанимать адвокатов, если потребуется; устраивать погибшим пацанам пышные похороны... (Огонёк, 1990, 32.)

ГРЕНУЛЯ, -и, м. и ж. Чистюля, аккуратный человек. = Такая гренуля, аж противно.

ГРЕСТ*И*, гребу, гребёшь, несов., сов. Угрест*и*. Уходить. = А-ну, греби отсюда! Да по-быстрому, пока я не передумал.

ГРИБ*Ы***ГРИБЫ РАСКАТАТЬ. Размечтаться, понадеяться. = Ага, раскатал грибы: сейчас сама прибежит! Да она таких, как ты, видала - и через себя кидала!

ГРИН, -а, м. Доллар. = За "гринами" гоняются молодки, путаны, валютные девочки.

ГРОМИЛА, -ы, м. Грабитель. = Жили-были два громилы, гоп-перебумбия! Один - я, другой - Гаврила, гоп-перебумбия! (из песни).

ГР*О*ХАТЬ, -аю, -аешь, несов., сов. Гр*о*хнуть. Убивать. = Ну, ладно, Николашку... А царят зачем было грохать?

ГР*О*ХНУТЬ, -ну, -нешь, сов., несов. Грохать. = Грохнули его под Можайском свои же кенты, а потом на рельсы подложили.

ГРОШИ**КЛАСТЬ ГР*О*ШИ НА ПР*О*ВОЛОКУ. Посылать деньги почтовым переводом или телеграфом. = Пропадал иногда по неделям и всегда аккуратно переводил домой деньги по почте. "Клал гроши на проволоку", по выражению блатных. (Демин. Блатной.)

ГРУДЯНКА, -и, ж. Грудь. = А потом парень стукнет Амёбу в грудянку и захохочет: "Таких земляков западло иметь". (Габышев. Одлян.)

ГРУЗЧИК, -а, м. Осуждённый, взявший на себя вину за преступление. = Петрик грузчиком пошел, чтоб группы не было, а то б влепили всем по завязку, на всю катушку!

ГРУППА, -ы, ж. Преступление, совершенное группой лиц (рассматривается правосудием как отягчающее вину обстоятельство). = Если группу не пришьют, годика три повесят, ну, пять.

ГРЫЗЛО, -а, ср. 1. Рот. = Жамочку захотел? А вафлю в грызло не хочешь? 2. Горло. = Кто ему грызло так расписал? - На проволоку налетел: шутники какие-то в переулке натянули. Думали, коньки отбросит.

ГРЫЗУН*Ы*, -ов, мн. Дети. = Сама б пошла и задавилась, а потом с этими грызунами что будет? Хочешь не хочешь, жить надо.

ГРЯЗНАЯ, -ой, ж. Женск. к Грязный. = Смотри, чудак, она же грязная, И глаз подбит, и ноги разные. (Высоцкий.)

ГРЯЗНЫЙ, -ого, м. Больной венерической болезнью. = Среди негритосов грязных полно, в два счёта схватить можешь.

ГРЯЗЬ, -и, ж. Тушь. = Ищи грязь. Чернилом хреново наколку делать. А чего хочешь наколоть?

ГУД*Е*ТЬ, гужу, гудишь, несов. Пьянствовать. = Сегодня опять гудеть будете? - А ты что, принёс, что спрашиваешь?

ГУД*Е*ТЬ 2, гужу, гудишь, несов. Ворчать. = Заткнись! Не гуди! И так рыгать охота!

ГУД*Е*ТЬ 3, гужу, гудишь, несов., сов. Загуд*е*ть. 1. Отбывать наказание. = Ты за что гудел, за бакланку? 2. Подвергаться высылке. = А-а! Ему гудеть не привыкать! Только с северов вернулся, обратно туда загудит!

ГУД*Е*Ж, -а, м. Пьянка. = Гудёж намечается, ты как?

ГУЖАНУТЬСЯ, -анусь, -анёшься, сов. Развлечься. = С такой крошкой гужануться можно!

ГУЖЕВ*А*ТЬСЯ, -уюсь, -уешься, несов. Развлекаться, пировать. = Дальше мы едем с ней в её трехкомнатную квартиру и гужуемся. Три дня. (Шукшин. Версия.)

ГУЖ*О*ВКА, -и, ж. Гулянка, пирушка. = После гужовки ещё не отошел: башка трещит, и в ротике бяка.

ГУЖ*О*Н, -а, м. Деликатесные продукты. = Они отправились в малярку. Отозвали шустряков и велели быстро принести несколько банок сгущёнки, консервов или другого гужона, какой будет. (Габышев. Одлян.)

ГУЛЯШ ПО ПОЧКАМ. Избиение, побои. = Попал в капызуху, так там первым делом гуляш по почкам и отбивные по рёбрам. Умеют метелить, мать их за ногу!

ГУМАН*О*К, -нка, м. Ср. Гомон*о*к.

ГУМЗ*А*, -ы, м. и ж. Больной венерической болезнью. = Гумзе, небось, какому-то дала, теперь на уколы мотается.

ГУМО́ЗНИК, -а, м. Ср. Гумза́. = Фиксатый - гумозник, у кожника лечился. Что он ему вылечит?

ГУМО́ЗНИЦА, -ы, ж. Женск. к Гумо́зник.

ГУНЧИ́К, -а, м. Десятикопеечная монета. = Давай гунчик, звякнуть в одно место надо.

ГУНДЕ́ТЬ, гундю́, гунди́шь, несов. Ср. Гудеть 2. = Да не гунди ты, надоела!

ГУСА́К, -а, м. Стальной прут или полотно по верху стены заграждения. = По верху стен через равные промежутки торчали железные гусаки, на которых в четыре струны щерилась иголками колючая проволока. (К новой жизни.)

ГУСА́Р, -а, м. Шулер. = Картёжные мошенники представлены "катранщиками", "гусарами", "паковщиками" ... (Лебедев - 1989.)

ГУСИ́НАЯ ЛАПА. Приспособление для взлома сейфов, инструмент взломщика. = Раньше "медвежатники" "гусиной лапой" царские рубли добывали, а сейчас - деревянные...

ГУСЬ, -я, м. Доносчик. = Осведомителей по-разному называют: "куры", "гуси", "утки"...

ГУ́ТА, -ы, ж. Лекарства, растворённые в воде. = Чем только не "колются": кодеином, уротропином, этаминалом. На "фене" - это гута.

ГУТАЛИ́НЩИК, -а, м. Токсикоман, употребляющий с целью опьянения компоненты гуталина. = "Гуталинщики" намазывают на хлеб гуталин, кладут на батарею, чтоб согрелся. Потом гуталин снимают, а хлеб едят.

Д

ДАВАЛКА, -и, ж. 1. Гулящая. = Что ты заладила: блядь да блядь. Не блядь, а честная давалка. 2. Женский половой орган. = Я б дала, да давалка не выросла...

ДАВАТЬ, даю, даёшь, несов., сов. Дать. Отдаваться. = Песенка есть про Зиночку. Как там, погоди: " Я ножки сжала, я не давала, Мяч пролетел, я проиграла..."

ДАВАТЬ**ДАВАТЬ (НА) ВСЮ КАТУШКУ. Ср. Дать всю катушку.

ДАВАТЬ**ДАВАТЬ ПЕТУХА. 1. Протягивать руку. = Ну, давай петуха, я отчаливаю. 2. Мириться. = Ладно, дело прошлое, давай петуха!

ДАВАТЬ**ДАВАТЬ ПЕТУШКА. Ср. Давать петуха.

ДАВИТЬ, давлю, давишь, несов. Спать. = Что, всё ещё давит? Буди! Солнце встало выше ели, время срать, а мы не ели!

ДАВИТЬ**ДАВИТЬ КОСЯКА. Подсматривать, незаметно наблюдать. = Старуха заседательница... заметила мой "не тот, не наш" взгляд, которым я давил косяка на Кырлу Мырлу... (Алешковский. Кенгуру.)

ДАВИТЬ**ДАВИТЬ ЛИВЕР. Ср. Давить косяка.

ДАВИТЬ**ДАВИТЬ МАЯК. Подсказывать жестом (во время карточной игры). = Один сидит вроде, просто так, не играет. А он играет, маяк давит!

ДАВИТЬ**ДАВИТЬ САКА. Бездельничать. = Что делаем? Сака давим. А ты что, против что-то имеешь?

ДАЛЬНЯК, -а, м. 1. Антоним слову Домашняк. 2. ИТК, расположенная в удалении от населенного пункта. = На дальнике тянуть спокойней было. 3. Ср. Дольняк.

ДАМА, -ы, ж. То же, что Пидор.

ДАМКА, -и, ж. Женщина лёгкого поведения, гулящая. = Дамка не мамка: не спросит, где были, только б не били!

ДАРМОВИК, -а, м. Преступник, не принимающий непосредственного участия в преступлении. = Да он всю дорогу в "дармовиках" ходил! Для дела кишка тонка!

ДАРМОВОЙ, -ого, м. Задний брючный карман. = У фрайера в дармовом точно гроши были!

ДАТЬ, дам, дашь, сов., несов. Давать.

ДАТЬ**ДАТЬ В ЗУБЫ, ЧТОБ ДЫМ ПОШЁЛ. Угостить сигаретой, папиросой. = Дай-ка быстренько в зубы, чтоб дым пошёл!

ДАТЬ**ДАТЬ ВИНТА. Ср. Винта нарезать.

ДАТЬ**ДАТЬ (НА) ВСЮ КАТУШКУ. Дать полной мерой, без учета смягчающих вину обстоятельств. = Каждому из них (а их здесь было двое) дали по двадцать пять лет - всю катушку. (Демин. Блатной.)

ДАТЬ**ДАТЬ ДРОЗДА. Пустить ветры. = Кто-то такого дрозда дал, аж в носе свербит!

ДАТЬ**ДАТЬ ДУБА. Ср. Врезать дуба. =Во холодрыга! Пока дошёл, такого дуба дал, чуть конец не отвалился!

ДАТЬ**ДАТЬ ДУБАРЯ. Ср. Врезать дубаря. = Скорей бы Грибатый дубаря дал! И не пришьёт же никто падлу!

ДАТЬ**ДАТЬ ЖИЗНИ. То же, что Поставить на уши.

ДАТЬ**ДАТЬ (В) ЛАПУ. Дать взятку. = Сколько ж ты ему в лапу дала? Полкуска?

ДАТЬ**ДАТЬ ОБОРОТКУ. Нанести ответный удар, избить напавшего. = Сунется, такую оборотку дам, мало не покажется!

ДАТЬ**ДАТЬ ОТВЁРТКУ. Украсть, воспользовавшись невнимательностью продающего. = Визжала шматок взял. Дал бабцам отвёртку. Не хрен сопли жевать!

ДАТЬ**ДАТЬ ПО БАЛДЕ. Ударить по голове. = По балде чем-то дали, я и вырубился!

ДАТЬ**ДАТЬ ПО БАТАРЕЯМ. Ударить по рёбрам. = По батареям как дали, враз кайф словил! Мудохать менты умеют, учить не надо.

ДАТЬ**ДАТЬ ПО РОГАМ. Сбить спесь с кого-либо. = Ну что, дали по рогам? Теперь умней будешь, а то всё норовишь голой жопой на ежа сесть!

ДАТЬ**ДАТЬ ПОД ДЫХ. Ударить в солнечное сплетение. = Дал ему под дых, а потом еще штыком в лыч - он сразу с копыт долой!

ДАТЬ**ДАТЬ ПОД ДЫХАЛО. Ср. Дать под дых. = Ай, молодца! Дай ему под дыхало, не то по ушам дадут!

ДАТЬ**ДАТЬ ПО УШАМ. Ср. Дать по рогам. = Если подписался, надо делать, не то по ушам дадут!

ДАТЬ**ДАТЬ ПЯТЬ. Ср. Давать петуха. = Ладно, замнём для ясности! Дай пять! - Будешь блядь, передашь другому!

ДАТЬ**ДАТЬ СРОК. Осудить. = За бабу срок дали: чувырлу какую-то трахнул, а та его сдала. Не понравился, значит...

ДАТЬ**ДАТЬ СТРАНЕ УГЛЯ. Удивить. = Ну, ты даёшь стране

угля: один троих уделал!

ДАТЬ**ДАТЬ ТОРЦА. Ударить кулаком в лицо. = Пахану вчера в забегаловке кто-то торца дал и шнобель на сторону свернул. А бог не фрайер, он всё видит.

ДАТЬ**ДАТЬ ЦИНК. Ср. Цинкануть.

ДАТЬ**ДАТЬ ШОРОХУ. 1. Накуролесить. = Дал ты вчера шороху, гони гусей! Совсем офонарел! 2. Отчитать. = Ну, я ему шороху дам: болтается тут, как говно в проруби, и ещё выступать начинает!

ДАТЬ**ДАШЬ НА ДАШЬ. Баш на баш. = Ты - мне, я - тебе, баш на баш. Я тебе пёрышко, а ты мне что? От хуя уши? Так не пойдёт. Дашь на дашь...

ДАЧКА, -и, ж. Передача осуждённому. = Две дачки раскуроченные были, поживился кто-то.

ДАЧНИК, -а, м. Преступник, обворовывающий дачные домики. = Летом и осенью "дачников" полно. До того владельцев довели, что те им продукты и выпивку оставляют, лишь бы ничего не ломали...

ДВИГАНУТЬ**ДВИГАНУТЬ ФУФЛО. Смухлевать. = Он последний раз тоже хотел фуфло двигануть, волчара!

ДВИГАНУТЬ**ДВИГАНУТЬ ФУФЛОМ. Уклониться, избежать. = Тут тебе фуфлом двигануть не выйдет, не сачканёшь!

ДВИГАТЬ**ДВИГАТЬ ФУФЛО. Мухлевать. = Когда это я фуфло двигал? Полегче на поворотах!

ДВИГАТЬ**ДВИГАТЬ ФУФЛОМ. Уклоняться, изворачиваться. = Теперь-то чего фуфлом двигаешь? Было дело, так и говори, не темни, тут, вроде, все свои.

ДВИГАТЬСЯ, -аюсь, -аешься, несов., сов. Двинуться. Вдыхать пары токсичных веществ. = Кто чем "двигается". Чаще всего нюхают ацетон. Из целлофанового пакета.

ДВИНУТЬ**ДВИНУТЬ ЛАПШУ НА УШИ. 1. Дать ложные показания. = Я куму лапшу на уши двинул, а клюнул он или нет, хер его знает. 2. Обмануть. = Кому ты лапшу двинуть хочешь! У меня с ушей всё сваливается!

ДВИНУТЬ**ДВИНУТЬ ФУФЛО. Ср. Двигать фуфло.

ДВИНУТЬ**ДВИНУТЬ ФУФЛОМ. Ср. Двигать фуфлом.

ДВИНУТЬСЯ, -нусь, -нешься, сов., несов. Двигаться.

ДВОЙКА, -и, ж. Общепринятое название ИТК по номерам: "однёрка", "двойка". = Служил он в войсках МВД здесь, в Тюмени.

Охранял зону общего режима. Двойку. Потому и попросился в ментовскую камеру. (Габышев. Одлян.)

ДВОЙН*И*К, -а, м. Камера на двоих. = Мы знали, что Пауэрс сидит в камере - "двойнике" на втором этаже больничного корпуса. (Марченко. Мои показания.)

ДВУСТВ*О*ЛКА, -и, ж. Девушка. = Двустволку вон ту хорошо б распять! - Можно и раз шесть, если стоять будет!

ДЕЖУРН*Я*К, -а, м. Дежурный помощник начальника караула = С дежурняком выведу! - вскипел нарядчик. (Демидов. Дубарь.)

ДЕКАБР*И*СТ, -а, м. Осуждённый за мелкое хулиганство. = Осуждённых за мелкое хулиганство зовут "декабристами", "дерзкими на руку".

ДЕК*А*ШКА, -и, ж. См. Ч*и*рик.

Д*Е*ЛАТЬ, -аю, -аешь, несов., сов. Сделать и Уделать. Брать на себя. = Отошли пацаны, отошли... Я его делаю. - Бригадир стал подходить к Ваньке. (Шукшин. Танцующий Шива.)

Д*Е*ЛАТЬ**Д*Е*ЛАТЬ ДЛЯ БЛИЗ*И*РУ. Делать вид, притворяться. = Да брось ты, делает он так, для близиру, понт бьёт. Чувак!

Д*Е*ЛАТЬ**Д*Е*ЛАТЬ ДЛЯ ФОРТЕЦ*Е*ЛА. Ср. Делать для близ*и*ру.

Д*Е*ЛАТЬ**Д*Е*ЛАТЬ КЛ*О*УНА. Безобразить лицо, изменять его черты. = Ему клоуна и делать не надо: обгорел, как головешка!

Д*Е*ЛАТЬ**Д*Е*ЛАТЬ Л*О*МКУ. Допрашивать обвиняемого, добиваясь признания в совершении преступления. = Начальник дело туго знал. Ломку делал по всем правилам, но не подфартило фрайеру!

Д*Е*ЛАТЬ**Д*Е*ЛАТЬ Л*Ы*ЖИ. Совершать побег. = Бывает, что "лыжи делают", но редко. Погуляют недельку, потом все равно попадаются.

Д*Е*ЛАТЬ**Д*Е*ЛАТЬ М*У*СОР. Избивать до потери сознания. = Не из таких мусор делал, ясно? - Гляди, чтоб из самого мусор не сделали!

Д*Е*ЛАТЬ**Д*Е*ЛАТЬ Н*О*ГИ. Ср. Делать л*ы*жи.

Д*Е*ЛАТЬ**Д*Е*ЛАТЬ Р*О*ЗОЧКУ. Наносить удар полуотбитой бутылкой. = Отбиваешь горлышко у бутылки и делаешь фрайеру розочку на долгую память!

Д*Е*ЛАТЬ**Д*Е*ЛАТЬ Р*О*ЩУ. Разбрасывать напавших. = Мочи их, Кардон, делай рощу!

Д*Е*ЛАТЬ**Д*Е*ЛАТЬ Т*Ё*МНУЮ. Избивать, предварительно накинув на голову кусок материи, одежду и т.д. = Да сейчас не то что на "зоне", в школах "тёмную делают". В газете недавно читал: пятикласснице одной пальто на голову накинули и так избили, что в больницу попала.

Д*Е*ЛО, -а, ср. "Работа", совершаемая вором, грабителем и т.д. = Но преступник отбывает за "дело", а контролер? (Огонёк, 91, 38.)

ДЕЛОВ*О*Й, -ого, м. Активный участник Дела. = Много на себя берёшь! Ты что, деловой, что ли, что тебе больше всех надо!

Д*Е*МБЕЛЬ, -я, м. Освобождение из ИТУ. = Он после дембеля намыливался к кентам мотануться.

ДЕМОКРАТИЗ*А*ТОР, -а, м. Дубинка. = Их пропускали по одному через стоявших в две шеренги солдат МВД с дубинками - так называемыми "демократизаторами". Тех, кто падал, поднимали дубинками и гнали дальше. (Комсомольская правда, 1990, 278.)

ДЕРБ*А*НИТЬ, -ню, -нишь, несов., сов. Раздерб*а*нить. Делить. = Кто будет дербанить? Давай на пальцах бросим!

ДЕРЖ*А*ЛО, -а, ср. Ложка. = Беру ложку, выдали на сборке - держало с обломанным черенком. (Светов. Тюрьма.)

ДЕРЖ*А*ТЬ**ДЕРЖ*А*ТЬ БАЗ*А*Р. Вести разговор. = За что базар держите, если не секрет?

ДЕРЖ*А*ТЬ**Д*Е*РЖАТЬ БАН. Воровать на вокзале. = Пряник бан держал, пока не слинял на юга.

ДЕРЖ*А*ТЬ**ДЕРЖ*А*ТЬ ЗА КОГ*О*-ЛИБО. Считать кем-либо. = Слушай, толстомясый! Не держи меня за фраера. Видно, с нервов да с голодухи не все сечёшь. (Лавровы. Следствие ведут знатоки.)

ДЕРЖ*А*ТЬ**ДЕРЖ*А*ТЬ З*О*НУ. Иметь власть в колонии. = Пацаны всегда зону держали, так и хозяину спокойней.

ДЕРЖ*А*ТЬ**ДЕРЖ*А*ТЬ Л*А*ГЕРЬ. Ср. Держ*а*ть з*о*ну.

ДЕРЖ*А*ТЬ**ДЕРЖ*А*ТЬ М*А*ЗУ. Защищать, поддерживать. = Да кто за него мазу держать будет, за трепездона!

ДЕРЖ*А*ТЬ**ДЕРЖ*А*ТЬ МАСТЬ. Иметь власть над группировкой заключённых. = Кока и на воле был куражный, и на зоне масть держал.

ДЕРЖ*А*ТЬ**ДЕРЖ*А*ТЬ ПОД ПР*И*МУСОМ. Угрожать физической расправой. = Меня под примусом держали. Пером, "маслиной" грозились. (Нетесова. Фартовые.)

ДЕРЖ*А*ТЬ**ДЕРЖ*А*ТЬ ПЯТЬ. Привет! = Ну, держи пять, я пошёл, к электричке надо успеть.

ДЕРЖ*А*ТЬ**ДЕРЖ*А*ТЬ С*А*ДКУ. Воровать при посадке в общественный транспорт, на остановках. = Ты эту садку никогда не держал, кому ты мозги пудришь! Ты туда и не сунешься!

ДЕРЖА́ТЬ**ДЕРЖА́ТЬ СТО́ЙКУ. Сохранять спокойствие, держаться с достоинством. = Что ж, молодец! Смелый мужик, стойку держишь! Афганец, что ли?

ДЕРЖА́ТЬСЯ**ДЕРЖА́ТЬСЯ ЗА СВА́ЙКУ. Онанировать. = Некоторые шкурёхи специально на бугор вылезали в хорошую погоду, с ветерком. После такого сеанса ползоны за свайку держалось!

ДЕ́РЗКИЙ НА РУ́КУ. Хулиган. = Горластый крикун, драчун, не дурак выпить, "дерзкий на руку", как говорят на блатном языке, Заводник лучшие годы, свою страсть, оправдание жизни, вложил в рейды, в бои, атаки. (Шаламов. Перчатка или КР-2.)

ДЕ́ТСКИЙ, -ая, -ое. Небольшой, незначительный. = Он повёл меня за койкой, по дороге расспрашивая о том о сём: откуда родом, за что попал, какой срок. Узнав, что шесть лет, он ухмыльнулся: "Срок детский!" (Марченко. Мои показания.)

ДЕШЁВКА, -и, ж. 1. Гулящая. = Боб снова с Людкой-дешёвкой гужуется, на пятачке вчера видал. 2. Брань. = Что ж ты, дешёвка столичная, баки забиваешь! Нет там никакой Нинки!

ДЁРГАТЬ, -аю, -аешь, несов., сов. Дёрнуть. Убегать, скрываться. = Дёргать надо отсюда по-быстрому!

ДЁРНУТЬ, -ну, -нешь, сов., несов. Дёргать. = Куда это он дёрнул, раздолбай?

ДЁРНУТЬ 2, -ну, -нешь, сов. Совершить половой акт. = Дёрнул он её или нет, мне-то что!

ДЁРНУТЬ**ДЁРНУТЬ ГУСЯ́. Сонанировать. = Осталось только спеть: "Вставай, проклятьем заклеймённый..." и гуся дёрнуть!

ДЖО́НКА, -и, ж. Головной убор заключённого. = Бычок под джонкой был. Рассыпался, вся ряшка в табаке. Поржали от души!

ДИКА́РЬ, -я, м. Мусульманин. = Дикарю робу показал, рукой зажатую, чтоб на поросячье ухо похоже было, во тот крыл!

ДИНА́МА**ДИНА́МУ КРУТИ́ТЬ. Обманывать. = Что ты мне динаму крутишь! Я сам твой шпалер видал!

ДИНАМИ́СТ, -а, м. Обманщик. = Собрал шалупонь какую-то и мозги ей пудрит! Динамист задрюченный! Мне тоже обещал: с кентами свести могу...

ДИНАМИ́СТКА, -и, ж. Женск. к Динами́ст.

ДЛЯ МЕ́БЕЛИ, нареч. На всякий случай. = Лису свою прихвати, для мебели сойдёт.

ДОГНА́ТЬ, -гоню, -гонишь, сов., несов. Догонять. Понять. =

Догнал, чего я тут ошивался?

ДОГОНЯТЬ, -няю, -няешь, несов., сов. Догнать. = Чернуху ему лепят, как хотят, а тот всё не догоняет!

ДОЗНЯК, -а, м. Доза наркотика. = Сколько же раз я точно так, без всякой надежды на успех, пытался вколоть себе очередной дозняк. (Война с наркомафией.)

ДОКТОР, -а, м. Защитник, адвокат. = Матка всё к доктору ездила, скощуху хлопотала. Голый вассер!

ДО ЛАМПОЧКИ. То же, что До фени. = Сегодня вы мене не пачкайте, Сегодня пьянка мне до лампочки... (Высоцкий.)

ДОЛБАНУТЬ, -ану, -анёшь, сов. Задолбать. Мучить. = Успокойся, кто тебе долбает, кому ты надо!

ДОЛБАТЬ, -аю, -аешь, несов., сов. Задолбать. Мучить. = Успокойся, кто тебя долбает, кому ты надо!

ДОЛБАТЬСЯ, -аюсь, -аешься, несов., сов. Задолбаться. Возиться. = Скоро ты бросишь долбаться с этой хреновиной!

ДОЛБИТЬ, долблю, долбишь, несов., сов. Отдолбить. Сношать. = Да давно он шкурёху эту долбит!

ДОЛБИТЬ**ДОЛБИТЬ В ДёЖКУ. Ср. Долбить.

ДОЛБИТЬСЯ, долблюсь, долбишься, несов. Совокупляться. = Долбится чувиха по-чёрному, станок рабочий!

ДОЛЬНЯК, -а, м. Туалет. = - В тюрьме порядок, - говорит Андрюха, - когда кто ест или открыт телевизор, на дольняк нельзя.

ДОЛЬНЯК 2, -а, м. То же, что Общак 2.

ДОМАШНИК, -а, м. Ср. Домашняк.

ДОМАШНЯК, -а, м. Заключённый, отбывающий наказание в пределах области, края и т. д., в которых он ранее проживал. = Гога через год домашняком заделался, даже домой из зоны мотался!

ДОМАШНЯЧКА, -и, ж. Женск. к Домашняк.

ДОМИК, -а, м. То же, что Джонка.

ДОМНЫЙ, -ая, -ое. Местный. = Например, заключённые из русских были в большинстве все бродяги, бездомные: а эстонцы - местные, стало быть, "домные". (Леви. Записки Серого Волка.)

ДОМУХА, -и, ж. Квартирная кража. = Квартирных краж сейчас больше стало. На той неделе в Садках была "домуха".

ДОМУШНИК, -а, м. Квартирный вор. = Ошиблась ты со мной, Раиса! Я же вор! Квартирный вор. Как ты не догадалась? По-староблатному - домушник. (Лавровы. Следствие ведут знатоки.)

ДОМУШНИЦА, -ы, ж. Женск. к Домушник.

ДОПЕРЕТЬ, допру, допрёшь, сов., несов. Допирать. Понять. = Допёр, чем дело?

ДОПИРАТЬ, -аю, -аешь, несов., сов. Доперéть. = Не допирают ни хрена! Во чмо!

ДОПЛЫВАТЬ, -аю, -аешь, несов., сов. Доплыть. Обессилевать. = На заготовках кое-кто и доплывал, всякое было.

ДОПЛЫТЬ, -плыву, -плывёшь, сов., несов. Доплывать. = Человек может доплыть в две недели... (Шаламов. Перчатка или КР-2.)

ДОРОГА, -и, ж. Канал связи. = ... ты напиши своим, пусть деньжат на свиданку привезут. "Дорога" у нас надёжная... (К новой жизни.)

ДОСКА, -и, ж. Икона. = Не бей в колокола раньше обедни. Эксперт по доскам нам всё равно требуется. (Абрамов. Два узла на полотенце.)

ДОСКАРЬ, -я, м. Спекулянт иконами. = - О ком же ещё? Фирмач отменный. И доскарь к тому же. Если заинтересуется, лучшего эксперта по иконописи даже искать не нужно. (Абрамов. Два узла на полотенце.)

ДОСРОЧКА, -и, ж. Условно-досрочное освобождение. = Паук из-за досрочки и сраку порвать готов. Не пора ли анархию поднять? (Габышев. Одлян.)

ДОСТАВАТЬ, достаю, достаёшь, несов., сов. Достать. Выводить из себя. = Давно меня так никто не доставал, как этот мусор!

ДОСТАТЬ, достану, достанешь, сов., несов. Доставать. = Достал ты меня своей простотой! Заглохни!

ДОСТАТЬ 2, достану, достанешь, сов. Отомстить. = Фраера того я еще достану, он своё получит!

ДО ФЕНИ. Наплевать, безразлично. = Мне его приколы до фени. Нахальство - второе счастье, а бабы - первое.

ДО ФОНАРЯ. См. До Фени. = Мне оно шло и ехало, всё до фонаря, короче... Жадность, как ты понимаешь, не одного фраера уже сгубила!

ДОХЛИК, -а, м. Слабосильный, болезненный человек. См. Фитиль.

ДОХНУТЬ, -ну, -нешь, несов. Спать. = Дохнет и дохнет, чёрт с ним, вмажем на двоих.

ДОХОДЯГА, -и, м. и ж. 1. Человек в крайней степени физического истощения. = Доходяга, тот, кто... "доплыл", не делает этого за один день. (Шаламов. Перчатка или КР-2.) 2. Тяжелобольной, умирающий. = Витька долго не протянет. Все внутри ацетоном себе пожёг. Утром сам не всегда и встать может, доходяга...

ДРАКОНИТЬ, -ню, -нишь, несов., сов. Раздраконить. Злить. = Чего ты её драконишь? В жопе свербит?

ДРАТЬ, деру, дерёшь, несов., сов. Отодрать. Сношать. = Не, за просто так я б её не стал драть, у меня на неё не встал бы...

ДРЕФЛО, -а, ср. Трус. = Сантёр твой такое же дрефло! Небось, у первого очко сыграло!

ДРОЧИТЬ**ДРОЧИТЬ ПИСЬКУ. См. Выступать. = Ты на кого балон катишь? На кого ты письку дрочишь, салабон!

ДРОЧИТЬСЯ, дрочусь, дрочишься, несов. Намереваться. = Он давно дрочился в Питер смотаться, погудеть.

ДРУЖОК, -жка, м. См. Мент. = Гля-ка, дружки канают!

ДРЫН, -а, м. Толстая палка. = Дрыном его огрел разок по хребтине, он у меня винтом пошёл!

ДРЮКАНУТЬСЯ, -анусь, -анёшься, сов. Спрыгнуть. = Я на подъёме дрюканулся, нормалёк! Шнобель чуток поцарапал.

ДРЮКАТЬСЯ, -аюсь, -аешься, несов., сов. Дрюкнуться. = Сколько раз с поезда дрюкался! По первой очканул маленько, а потом - ни хрена!

ДРЮКНУТЬСЯ, -нусь, -нешься, сов., несов. Дрюкаться. Ср. Дрюкануться.

ДРЮЧИТЬ, -чу, -чишь, несов., сов. Отдрючить. Сношать. = Хором её дрючили, а потом ещё шишку задом наперёд в манду заткнули! Во визжала, небось, когда назад тащили!

ДРЮЧИТЬСЯ, -чусь, -чишься, несов. Совокупляться. = Видишь сивую? Дрючится, как кошка! ёбарей меняет через день!

ДРЮЧКА, -и, ж. Девушка. = Дрючку с собой приволок, которую только в голодный год за сорок пончиков харить!

ДРЯНЬ, -и, ж. То же, что Анаша. = Я б не поехал, лучше месяц ждать вертолёта; оставайся и жди, ночуй у меня, завтра я дряни на косяк достану, пыхнем, а? (Новый мир, 1989, 8.)

ДУБ, -а, м. Рубль. = Раньше всё удовольствие два дуба не стоило!

ДУБ 2, -а, м. Дурак. = Что ты ему толкуешь! Это ж дуб от комля!

ДУБАК, -а, м. Надзиратель. = Дубак всё грозился козу заделать Фарсику. Тот его подкалывал всю дорогу!

ДУБАН, -а, м. Ср. Дубак.

ДУБАРНО, нареч. Холодно. = У них всю дорогу дубарно, вода в вёдрах замерзала! И хоть бы хны!

ДУБАРЬ, -я, м. Покойник, мертвец. = Бригады могильщиков... комплектовались из тех, кто уже не годился более для работы на полигоне и сам был кандидатом в дубари. (Демидов. Дубарь.)

ДУБАЧИТЬ, -чу, -чишь, несов. Сторожить, охранять. = Кто в гаражах дубачит сейчас, сменщики?

ДУБАЧКА, -и, ж. Женск. к Дуб*а*к.

ДУБ*О*К, дубка, м. Стол. = - Бери ложку, бери хлеб! - румяная весёлая рожа скалит зубы. - Очистить дубок! - кричит спортсмен. (Светов. Тюрьма.)

ДУБОР*Е*З, -а, м. Судебно-медицинский эксперт. = Говорят, Берман сам раньше дуборезом был, жмуров потрошил.

ДУНДУК, -а, м. Дурак. = Что ты ему талдычишь, дундуку покровскому! И так обойдётся! На хрена козе гармонь!

ДУН*У*ТЬ, дуну, дунешь, сов., несов. Дуть. Предать, донести. = Лёха думал, что это я дунул? - Да не трепездонь ты!

ДУПЕЛЬ, - я, м. Ср. Дундук.

ДУПЛ*Е*Т, - а, м. Полый каркас, имитация чемодана. = Похищают эти вещи по-разному. Один из самых остроумных и надёжных способов - так называемый "дуплет". Для этой цели употребляется фальшивый чемодан; специальный полый каркас, обтянутый сверху дерматином или кожей. (Демин. Блатной.)

ДУПЛ*И*ТЬ, дуплю, дуплишь, несов., сов. Отдупл*и*ть. Избивать. = Пять дней дуплил помогальник Хитрого Глаза. Иногда ему помогал бугор, иногда рог отряда санитаров. Дуплили его не жалея. (Габышев. Одлян.)

ДУПЛ*И*ТЬ 2, дуплю, дуплишь, несов., сов. Отдупл*и*ть 2. Совершать акт мужеложства. = Отдуплят как два пальца... Не волнуйся!

ДУПЛ*О*, - а, ср. Анальное отверстие.= Темно тут, как у негра в дупле! - И всё-то ты знаешь, и везде-то ты уже побывал!

ДУРА, -ы, ж. 1. Пистолет. = Менты дуру с собой не таскают. Набивают в кобуру чего-то для понта. 2. Оружие. = Жмура ему, вроде, простили - как самооборону. А дуру пришили: разрешения нет, незаконная.

ДУРДИЗЕЛЬ, -я, м. Заключённый-ударник. = Фартовые не любят работать, для них - дураков работа любит! А если кто работает нормально - тот дурдизель, рабочая машина.

ДУРКА, - и, ж. Женская сумочка. = "Дурку разбить" - украсть из женской сумочки. "Дурка" - сумочка.

ДУРМАШИНА, - ы, ж. Шприц медицинский. = Сколько кубиков в такую дурмашину влезает?

ДУРОГОН, - а, м. Обманщик, лжец. = Дурогон наплёл тебе хрен знает что, а ты ухи развесил! У него сроду таких бабок не было!

ДУРЦА, - ы, ж. Ср. Дурь. = Раньше дурцу можно было хоть сменять. На верёвку. А сейчас поприжали чурок, так просто ни хрена не продадут.

ДУРЬ, -и, ж. То же, что Анаша. = Дурь женатая? Анаша с табаком вперемешку, для легкого кайфа.

ДУТЬ, дую, дуешь, несов., сов. Дунуть.

ДУХАРИК, - а, м. Храбрец, смельчак. = Видали мы таких духариков: на одного всей шоблой!

ДУХАРИТЬСЯ, - рюсь, - ришься, несов. 1. Храбриться. = Не духарись, не духарись! За жопу возьмут, запоёшь! 2. Веселиться. = Духарился тут один такой, только его не так звали. Теперь не духарится! Лыбиться бросил!

ДУХАРЬ, - я, м. Ср. Духарик. = Вообще-то Бакума против меня в драке не сдюжит - он, во-первых, не духарь, а во-вторых, я драку знаю. (Вайнеры. Гонки по вертикали.)

ДУХОВКА, - и, ж. См. Дупло.

ДУША ** ДУШУ ОБОСРАТЬ. Испортить настроение. = Ты, падла, всю душу обосрала своей простотой.

ДУША ** ДУШУ ТРАВИТЬ. Напоминать. = Ладно, не трави душу: было, да сплыло! Что теперь, усраться и не жить?

ДЫБАТЬ,-аю,-аешь,несов.Идти,ходить.=Чего он тут дыбает, чего он тут ошивается?

ДЫБАТЬ, - аю, - аешь, несов., сов. Надыбать. Искать. = Заначку мою дыбала, что ль?

ДЫМ, - а, м. Денатурированный спирт, денатурат. = На заводе трое алкашей дыму нажрались, и все трое копыта откинули!

ДЫРКА, - и, ж. Женщина. = Ладно, из-за дырки хоть не базарьте!

ДЫРКА 2, - и, ж. Расстрел. = Так что ему, дырка? - А чёрт его знает: тебе бы за двух жмуров точно бы дырка была, а легаш, может, и червонцем отделается...

ДЫХ, - а, м. Солнечное сплетение, ложечка. = Дал ему разок штыком в дых. Он шнифты вылупил, варежку раскрыл и стоит! Ни бэ, ни мэ, ни ку-ка-ре-ку!

ДЫХАЛО, - а, ср. Ср. Дых. = Он мне под дыхало ногой саданул, аж искры полетели. Если бы хоть было за что, я ж его не знаю даже!

ДЫХНУТЬ, - ну, - нёшь, сов. Курнуть. = "Дыхнуть" - курнуть раз - всё-таки, наверное, мало яда и много мечтательности, удовлетворения. (Шаламов. Перчатка или КР-2.)

ДЫШАТЬ, дышу, дышишь, несов. Жить. = Хотя зачем же сдыхать с таким наваром! Теперь только и дышать! (Нетесова. Фартовые.)

ДЫШЛО ** ДЫШЛО ВАМ В РОТ. Брань. = Четвертовать первым, дышло вам в рот, а вас всех опосля! (Иванов. В тоске по идеалу.)

ДЯДИНА ДАЧА. Тюрьма (устар.) = Нервическое потрясение оказалось столь велико, что из тюремной конторы Бероеву прямо отправили в лазарет, который для женщин помещается в верхнем этаже их "дядиной дачи". (Именем закона.)

ДЯТЕЛ, дятла, м. Дурак. = Чего этот дятел приходил? - Эй, дятел, тебе чего?

ДЯТЕЛ 2, дятла, м. См. Гриномес. = Фука - дятел ещё тот, оддолбит - глазом не моргнёшь!

Е

ЕЛДА, - ы, ж. Мужской половой член больших размеров. = Чвили свою елду как вывалил - до колена!

ЕЛДАК, - а, м. Ср. Елда.

ёРШ, - а, м. См.Вигоневый. = А Олег мне потом объяснил, что Сашка Ташкентский был, мол, "ершом" - предателем, значит. "ёрш" - человек когда-то изгнанный из воровского сословия, так сказать, лишённый звания, но продолжающий выдавать себя за вора в "законе" там, где его не знают. (Леви. Записки Серого Волка.)

ёРШ, - а, м. Карманный вор (устар.) = Первое упоминание об этом находим у М. М. Максимова, который изучал быт профессиональных преступников в России, способы совершения ими деяний, традиции и обычаи и дал характеристику около 20 профессий. На первом месте среди них "ерши", таскающие из карманов деньги, вещи и платки - наудачу. (Лебедев - 1989.)

Ж

ЖАБРЫ, - ов, мн. Рёбра. = И мне по жабрам разок досталось от ментяры.

ЖАЛО, - а, ср. Язык. = Клёвая чувиха, такой можно жалом по секелю поводить!

ЖАЛО 2, - а, ср. Нос. = Что? Жало отморозил? Нафрайерился, пижон вяземский.

ЖАЛО 3, - а, ср. См. Пешня.

ЖАМАЧИ, - ей, мн. Пряники. = Зубы не поломай! Жамачи как железные, не укусишь!

ЖАМОЧКА, - и, ж. Булочка. = Прими сто пятьдесят, жамочкой занюхаешь.

ЖАРИТЬ, - рю, - ришь, несов., сов. Отжарить. Сношать. = Какую бабу они там в подвале жарили? Чего она так орала?

ЖАТЬ, жму, жмёшь, несов., сов. Зажать. Тискать. = Салажата заловили чувиху какую-то в парке и жмут... Шобла приличная, штук шесть, подзажали её крепко!

ЖАТЬСЯ, жмусь, жмёшься, несов. Обниматься, ласкаться. = Вечером как в подъезд зайдёшь - жмутся на всех площадках... - Тебе-то что, завидки берут, что ли? Пусть жмутся!

ЖБАН, - а, м. Голова. = У чурки жбан здоровый, а хомут жидкий - смехота...

ЖЕВАЛКИ, - лок, мн. Челюсти. = Ну, что ты жевалками шевелишь, рожай скорее, чего надо?

ЖЕЛЕЗНЫЙ ЗАНАВЕС. Наружные въездные ворота ИТУ. = Нет, пусть бы вдвое меньше жить привелось, но только не знать, не видеть Колымы, - думал Аслан, въезжая за железный занавес, как называли ворота зэки зоны. (Нетесова. Колымский призрак.)

ЖЕНИЛКА, - и, ж. Мужской половой орган небольших размеров. = Женилка-то с гулькин нос. С плоскогубцами, небось, в сортир ходишь?

ЖЕНИХ, - а, м. Жертва шулера. = Игроков этих я уже потом встретил. Вернее - узнал. Мигнул: "Спуститесь в туалет. Есть жених". Ну и завертелось... (Словин. Мой позывной - "Двести первый"...)

ЖЖЁНКА,-и, ж. Самодельная тушь для татуировки, приготовленная из резины. = Туши не было, жжёнкой делали, а смотрится ништяк!

ЖИГАН, - а, м. Рецидивист-главарь. = Обладая более высоким

интеллектуальным уровнем и организаторскими способностями, "бывшие" стали инициаторами объединения. Они же нередко становились во главе различных группировок преступников, такие лица стали именоваться в преступном мире "жиганами". (Лебедев - 1989.)

ЖИГАН 2, - а, м. Бесправный заключённый. = Одно из беднейших "сословий" тогдашней тюрьмы - "жиганы", категория самая многочисленная. Несмотря на довольно бедственное положение "жиганов", они находились всё же не на последней ступени преступной иерархии. (Лебедев - 1989.)

ЖИГАНИТЬ, - ню, - нишь, несов. Шиковать, транжирить. = Привык жиганить, а у самого ни копья! Но не халявошник.

ЖИГАНЧИК, - а, м. Молодой преступник. = Родила мама Зиночку, купила ей "корзиночку", Сказала Зине мама: "Не ломай!" Пришли раз как-то мальчики, те мальчики - жиганчики, и затащили Зиночку в сарай... (из песни).

ЖИД, - а, м. Жадина. = У жида этого ни хрена не выпросишь, голый вассер!

ЖИДИТЬ, жидю, жидишь, несов., сов. Зажидить. 1. Жилить. = Он вечно жидит, валенок сибирский! 2. Беречь, приберегать. = Пусть хоть старое сверло даст, если новое жидит.

ЖИДИТЬСЯ, жидюсь, жидишься, несов., сов. Зажидиться. То же что Жидить.

ЖИДЮГА, - и, м. и ж. Ср. Жид.

ЖИДЯРА, - ы, м. Еврей. = Жидяры сыплются, как тараканы из щелей; усекли, что тут ловить нечего ни с Горбатым, ни с Грибатым...

ЖИМ-ЖИМ, межд. в знач. сказуемого. Употребляется по значению глагола сжиматься. = Что очко жим-жим? Обхезался, небось, со страху?

ЖИРНАЯ, - ой, ж. Женск. к Жирный.

ЖИРНЫЙ, - ого, м. Осуждённый торговый работник. = Аслан проехал по участку трассы, который делали "жирные", - так в зоне звали работников торговли. (Нетесова. Колымский призрак.)

ЖИТЬ ** ЖИТЬ ПОЛОЖНЯКОМ. Пользоваться авторитетом у заключённых. = Зачем, говорит, мне на волю? Я на зоне положняком живу, уже второй десяток...

ЖЛОБ, - а, м. См. Жид. = Я к жлобу тому сколько раз хэдила, упрашивала, чтоб продал. Мне, говорит, самому нужно... а потом натурой предложил расплатиться. А я ему: - Если уж дать, так чтоб пизда радовалась, а не такому хмырю... 2. Ср. Амб*а*л. = Выходили из избы здоровенные жлобы, порубили все дубы на гробы. (Высоцкий.)

ЖЛОБИТЬСЯ, жлоблюсь, жлобишься, несов. 1. Жадничать. = Ладно, не жлобься, доставай пузырь! 2. Завидовать. = А тебе чего? Жлобишься, что тебе не досталось? Смотри, как бы жадность фраера не сгубила!

ЖЛОБНИК, - а, м. Завистник. = Жлобником заделался на старости лет, чужое счастье спать не даёт...

ЖМУР, - а, м. Покойник. = А мы скажем, что не убивали. Вот и всё, - предложил Трубочист. - Если не убивали Скальпа, то почему Гиена - "жмур"? - Не знаем, кто её грохнул, - стоял на своём Журавлев. (Нетесова. Утро без рассвета. Сахалин.)

ЖМУР ** ЖМУРОМ ДЕЛАТЬ. Убивать. = - Всё ясно, он напал на след. Со Скальпа - на Гиену вышел, - ответил Беник. - А чем он докажет? - встрял Вовка. - Что доказывать? - Ну, Скальпа? Положим, были. Ну и что, а "жмуром" не делали. Не видели его. (Нетесова. Утро без рассвета. Сахалин.)

ЖМУРИК, - а, м. Ср. Жмур. = Ведь может и убийца не наш. Жмурик не ножом убит. Не по-нашему. Интеллигент какой-то работал. (Нетесова. Утро без рассвета. Сахалин.)

ЖОПНИК, - а, м. См. Дармов*о*й.

ЖОРИК, -а, м. Молодой заключённый. = У жорика молоко ещё на губах не высохло, а меня жизни учить собрался! Я б эту гниду враз бы опущенным сделал!

ЖОХ, - а, м. Проходимец, пройдоха. = Прокуда такой жох, что держите меня!

ЖУЙ, - я, м. Овсяная каша. = Жуй у меня не задерживается: пошамал - и в сортир...

ЖУЛИК, - а, м. Вор в законе. = Это синоним "вора в законе", "авторитета". У нас на зоне их называли "жулики". (Огонёк, 1991, 17.)

ЖУЛЬБАН, - а, м. Вор-подросток. = В комиссии работаю по делам несовершеннолетних. "Жульбанов" на путь истинный наставляю, вот такие пироги.

ЖУЛЬ*Е*Н, - а, м. См. Грач. = Где ты сейчас такого жульена откопаешь, чтоб он тебе два куска отслюнил?

ЖУЛЬМАН, - а, м. Начинающий вор. = Изображение орла, впившегося когтями в руки человека, накалывает себе "генерал" - наставник воров-подростков, который сам обычно не ворует, а живёт за счёт добычи своих учеников - "жульманов". (Столица, 1991, 1.)

ЖУРАВЛЬ, - я, м. Вольнонаёмный сотрудник ИТК, проносящий на территорию колонии запрещённые предметы по поручениям заключённых. = В любой зоне журавля найти можно, были б бабки...

ЖУЧКА, - и. ж. Женщина-воровка. = И мы вас, мальчики, и мы вас! Ух, как любим! Особенно я люблю. По ходу ехали жучки. У литера повело побледневшую харю. (ЛГ, 13.02.91)

ЖУЧОК, - а, м. Игра. = Вы двое садитесь на скамейку, на головы вам накидываем фуфайку, а потом, через фуфайку бьём вас по головам. Вы угадываете, кто ударил. Это та же игра, что и жучок. Вернее сказать - тюремный жучок. (Габышев. Одлян.)

ЖУЧОК, - чка, м. Молодой хулиган. = Надо учесть, что около блатных постоянно трётся всякая мелочь - пацаны, молодое хулиганьё, различные шкодники. У нас их называют "жучками". (Демин. Блатной.)

З

ЗАБАДЯЖИТЬ, - жу, - жишь, сов., несов. Бадяжить. = Заскочим? Может,чего забадяжила, похавать охота!

ЗАБАЗАРИТЬ, - рю, - ришь, сов. Начать Базарить.

ЗАБАЗЛАТЬ, - аю, - аешь, сов. Начать Базлать.

ЗАБАЛДЕТЬ, - ею, - еешь, сов., несов. Балдеть. (в первом значении) = С чего ты забалдел? Там же пить не хрен было!

ЗАБАЛТЫВАТЬ, - аю, - аешь, несов., сов. Заболтать. Заваривать, ставить брагу. = Без меня не забалтывай, не надо.

ЗАБЗДЕТЬ, - бздю, - бздишь, сов., несов. Бздеть. = Ну, поплыли? Или забздел?

ЗАБИВАТЬ, - аю, - аешь, несов., сов. Забить. Резервировать, занимать. = Кто на них забивал? Ничего не знаю, отвали!

ЗАБИРОХА, - и, м. См. Громила. = Наиболее отчаянной и подготовленной в профессиональном мире преступников того времени была категория "забирох" или "громил" - лиц, совершающих грабежи и разбойные нападения. (Лебедев - 1989.)

ЗАБИТ, - а, - о, кратк. ф. страд. прич. прош. от глаг. Забить. = Там что, тож забито?

ЗАБИТЬ, - бью, - бьёшь, сов., несов. Забивать.

ЗАБИТЬ 2 - бью, - бьёшь, сов. Употребляется в значении глагола Наплевать. = Да забил я на это дело!

ЗАБИТЬ ** ЗАБИТЬ КОСУХУ. Выкурить самокрутку с Анашой. = Чего? После такой ишачки косуху забить - кайф!

ЗАБИТЬ ** ЗАБИТЬ КОСУЮ. То же, что Забить косуху.

ЗАБИТЬ ** ЗАБИТЬ КОСЯК. То же, что Забить косуху.

ЗАБИТЬ ** ЗАБИТЬ ШМОТКИ. Продать вещи. = Кому ты шмотки забил? - А тебе чего? Не тебе ж, наверно...

ЗАБЛАТОВАТЬ, - блатую, - блатуешь, сов. Начать Блатовать.

ЗАБЛАТОВАТЬ 2, - блатую, - блатуешь, сов., несов. Блатовать 2. Уговорить. = Кого-нибудь точно заблатует.

ЗАБОЛТАТЬ, - аю, - аешь, сов., несов. Забалтывать.

ЗАБРАЛО, - а, ср. То же, что Намордник.

ЗАБУРЕТЬ, - ею, - еешь, сов., несов. Буреть.

ЗАБУРИТЬ, - рю, - ришь, сов., несов. Бурить.

ЗАБУРИТЬСЯ, - рюсь, - ришься, сов., несов. Забуряться. Оказаться в трудной ситуации. = Смотри, сам не забурись, мужики ушлые.

ЗАБУРЯТЬСЯ, - ряюсь, - ряешься, несов., сов. Забуриться. = Сколько раз уже забурялся, думал - хана!

ЗАБУХАТЬ, - аю, -аешь, сов. Начать Бухать.

ЗАБУХТЕТЬ, - тю, - тишь, сов. Начать Бухтеть.

ЗАБЫЧКОВАТЬ, - кую, - куешь, несов., сов. Бычковать. Сохранить окурок. = Забычкуй, потом посмолим. Надо топать!

ЗАВАЛИВАТЬ, - аю, - аешь, несов., сов. Завалить. Выдавать, предавать. = ... и в тот же день он уже заваливал квартиры и участников заговора. (Солженицын. Архипелаг ГУЛаг.)

ЗАВАЛИВАТЬ 2, - аю, - аешь, несов., сов. Заваливать 2. Убивать. = Никого он не заваливал, понт гонит, салабон!

ЗАВАЛИВАТЬСЯ, - аюсь, - аешься, несов., сов. Завалиться.

ЗАВАЛИТЬ, - лю, - лишь, сов., несов. Заваливать. = Не, этот не завалит, иначе самому - хана!

ЗАВАЛИТЬ 2, - лю, - лишь, сов., несов. Заваливать 2. = Скорей всего, свои и "завалили". А там чёрт его знает...

ЗАВАЛИТЬСЯ, - люсь, - лишься, сов., несов. Заваливаться. Попасться. = Где будешь? - Не знаю. Найду кого-нибудь. Как же вы так - завалились-то? (Шукшин. Калина красная.)

ЗАВАФЛИТЬ, -лю, -лишь, сов., несов. Вафлить. = Шкура, что надо: так завафлит, шары на лоб лезут...

ЗАВЕРТУХАТЬСЯ, - аюсь, - аешься, сов. Начать Вертухаться.

ЗАВОЗНИКАТЬ, - аю, - аешь, сов. Начать Возникать.

ЗАВОСЬМЕРИТЬ, - рю, - ришь, сов. Начать Восьмерить.

ЗАВОСЬМЕРЯТЬ, - ряю, - ряешь, сов. То же, что Завосьмерить.

ЗАВЫПЕНДРИВАТЬСЯ, - аюсь, - аешься, сов. Начать Выпендриваться.

ЗАВЫСТУПАТЬ, - аю, - аешь, сов. Начать Выступать.

ЗАВЯЗАТЬ, - вяжу, - вяжешь, сов., несов. Завязывать и Вязать. Прекращать. = Что-то не очень верится, в то, что он, как говорится, "завязал". Не похоже.

ЗАВЯЗЫВАТЬ, - аю, - аешь, несов., сов. Завязать.

ЗАВЯНУТЬ, - ну, - нешь, сов. Замолчать. = Ты еще со своими подколами! Завянь!

ЗАГАШНИК, - а, м. 1. Маленький брючный карман. = Глянь, у него в загашнике чирик должен быть. 2. Тайник. = У тебя в загашнике пузырь точно есть! Не жидься!

ЗАГИБ ИВАНЫЧ. Смерть. = Например, вместо "смерть" говорят: "Загиб Иваныч", "Загиб Петров"... (Лихачев - 35.)

ЗАГИБ ПЕТРОВ. Ср. Загиб Иваныч.

ЗАГЛОХНУТЬ, - ну, - нешь, сов, несов. Глохнуть. = — Я-то заглохну, только после тебя, понял?

ЗАГНАТЬ, - гоню, - гонишь, сов., несов. Загонять. Перепродать. = Шмотки уже загнала кому-то...

ЗАГНАТЬ ** ЗАГНАТЬ В ПУЗЫРЬ. Ср. В бутылку загнать.

ЗАГОНЯТЬ, - яю, - яешь, несов., сов. Загнать.

ЗАГРЕБАТЬ, - аю, - аешь, несов., сов. Загрести. Арестовывать. = А за что меня загребать? - Было бы за что, давно б загребли...

ЗАГРЕМЕТЬ, - гремлю, - гремишь, сов. Угодить. = А еще через полгода загремел в тюрягу и уже из колонии написал Зосе открыточку, не очень-то надеясь получить ответ. (Вайнеры. Гонки по вертикали.)

ЗАГРЕСТИ, - гребу, - гребёшь, сов, несов. Загребать. = - Вы нам Корякина Сашу не позовёте? - улыбнувшись, спросила Лисицкая... - Не-ет... понимаете ли... загребли его. (Пересунько. Жаркое лето.)

ЗАГРУЖАТЬСЯ, - аюсь, - аешься, несов., сов. Загрузиться.

ЗАГРУЗИТЬ ** ЗАГРУЗИТЬ ЛИШКУ. Перепить, выпить лишнего. = Я перед этим лишку загрузил... (Высоцкий)

ЗАГРУЗИТЬСЯ, - жусь, - зишься, сов., несов. Загружаться. Получить срок заключения, стать заключённым. = О себе он говорит: "Загрузился на пятнадцать лет, выйду во втором году". (К новой жизни.)

ЗАГУДЕТЬ, - гудю, - гудишь, сов. Начать Гудеть.

ЗАГУДЕТЬ 2, - гудю, - гудишь, сов. Начать Гудеть 2.

ЗАГУДЕТЬ 3, - гудю, - гудишь, сов., несов. Гудеть 3.

ЗАГУНДЕТЬ, - гундю, - гундишь, сов. Начать Гундеть.

ЗАДЕЛАТЬ, - аю, - аешь, сов. Сделать. = Заделаешь мне пёрышко такое ж?

ЗАДЕЛАТЬ ** ЗАДЕЛАТЬ КОЗУ. Подкузьмить. = Ничего, будет и на нашей улице праздник! Я тебе, падла, еще козу заделаю!

ЗАДЕЛАТЬ ** ЗАДЕЛАТЬ СКАЧОК. Обворовать квартиру без

наводки. = Они по-пьяни раз скачок заделали, чуть не попухли...

ЗАДЕЛАТЬ ** ЗАДЕЛАТЬ СКОК. Ср. Заделать скачок.

ЗАДЕЛЫВАТЬ, -аю, -аешь, несов., сов. Заделать.

ЗАДНАВА, нареч. Заодно. = Брось, все они заднава! Мозги пудрят вашему брату!

ЗАДОК, -дка, м. Прежняя судимость. = У него два "задка" уже было, только статья другая.

ЗАДОЛБАТЬ, -аю, -аешь, сов., несов. Долбать. = Задолбал ты, чувак! Иди, водички попей!

ЗАДОЛБАТЬСЯ, -аюсь, -аешься, сов., несов. Долбаться. Измучиться. = Слушай, задолбался он там вконец!

ЗАДОЛБИТЬСЯ, -долблюсь, -долбишься, сов. Начать Долбиться. = Как задолбятся, стенка ходуном ходит!

ЗАДРОЧЕННЫЙ, -ая, -ое. Употр. в знач. прил. Хилый. = Мне б уж какого-нибудь, хоть самого задроченного...

ЗАДРЫГА, -и, ж. и м. Брань. = Да ты знаешь, салабон, где эта задрыга уже побывала?

ЗАДРЮЧЕННЫЙ, -ая, -ое. То же, что Задроченный. = Чего она такая задрюченная? Не жрёт, что ль, ни хрена?

ЗАДРЮЧИТЬ, -дрючу, -дрючишь, сов. Начать Дрючить.

ЗАДРЮЧИТЬСЯ, -дрючусь, -дрючишься, сов. Начать Дрючиться.

ЗАДУБАРЕТЬ, -рею, -реешь, сов. Замёрзнуть. = Погреться есть чего? Задубарел по-чёрному?

ЗАЖАТЬ, -жму, -жмёшь, сов., несов. Жать.

ЗАЖИГАЛКА, -и, ж. Пистолет. = У него зажигалка-самодел, патроны от мелкашки подходят.

ЗАЖИДИТЬ, -жидю, -жидишь, сов., несов. Жидить.

ЗАЖИДИТЬСЯ, -жидюсь, -жидишься, сов., несов. Жидиться.

ЗАЖИМАТЬСЯ, -аюсь, -аешься, несов. Ласкаться. = Чувиха как начнёт зажиматься, у меня трещит всё...

ЗАИГРАТЬ, -аю, -аешь, несов., сов. Заигрывать. Проиграть. = Могут запросто кого-нибудь "заиграть"...

ЗАИГРАТЬ 2, -аю, -аешь, сов., несов. Заигрывать 2. Присвоить. = Ты никак мою долю заиграть решил, шустряк?

ЗАИГРЫВАТЬ, -аю, -аешь, несов., сов. Заиграть.

ЗАИГРЫВАТЬ 2, -аю, -аешь, несов., сов. Заиграть 2.

ЗАК, -а, м. Ср. Автоз*ак*.

ЗАКАДР*И*ТЬ, -рю, -ришь, сов., несов. Кадр*и*ть. = Да, неслабую чувиху закадрил! Что ты теперь с ней делать будешь?

ЗАК*А*ПЫВАТЬ, -аю, -аешь, несов., сов. Закоп*а*ть.

ЗАКЕМ*А*РИТЬ, -рю, -ришь, сов., несов. Кем*а*рить. Заснуть. = Он прямо там возле стенки и закемарил.

ЗАКИД*О*Н, -а, м. Проверка. = Ему так закидон сделали, что он и не врубился!

ЗАКИД*О*Н 2, -а, м. Причуда, каприз. = Давай только без закидонов, лады?

ЗАК*И*ДЫВАТЬСЯ, -аюсь, -аешься, несов., сов. Зак*и*нуться. Глотать таблетки, содержащие наркотические вещества. = Он уже года два как закидывается.

ЗАК*И*НУТЬСЯ, -нусь, -нешься, сов., несов. Закидываться.

ЗАКЛ*А*ДЫВАТЬ, -аю, -аешь, несов., сов. Залож*и*ть. = Нас кто-то всю дорогу закладывал, а концов так и не нашли. Ушлый, зараза, был!

ЗАКЛ*Е*ИВАТЬ, -аю, -аешь, несов., сов. Закл*е*ить. Знакомиться. = Заклеивал он тут одну разведёнку. Что у них получится, не знаю.

ЗАКЛ*Е*ИВАТЬСЯ, -аюсь, -аешься, несов., сов. Закл*е*иться. То же, что Заклеивать. = Заклеивался к какой-то мокрощелке, а она не приняла...

ЗАКЛ*Е*ИТЬ, -клею, -клеишь, сов., несов. Кл*е*ить и Закл*е*ивать.

ЗАКЛ*Е*ИТЬСЯ, - клеюсь, - клеишься, сов., несов. Заклеиваться и Кл*е*иться.

ЗАКОЛЕБ*А*ТЬ, -аю, -аешь, сов., несов. Колеб*а*ть. Утомить. = Заколебал ты уже своими хохмочками!

ЗАКОЛЕБ*А*ТЬСЯ, -аюсь, -аешься, сов., несов. Колеб*а*ться. Измучиться. = Заколебался я уже эту тачку делать. Выкрасить да выбросить, барахло железное!

ЗАК*О*Н, -а, м. 1. Кодекс, правила. = - А ты знаешь наш воровской закон. Когда могут влипнуть все, кто-то один может вытянуть кентов, - говорил Клещ. (Нетесова. Утро без рассвета. Сахалин.) 2. Фавор. = Тебе известно, что Клещ и я "в законе". А ты? Кто ты? Налётчик мелкий. Выручить нас - честь для тебя. (Нетесова. Утро без рассвета. Сахалин.)

ЗАК*О*ННИК, -а, м. См. Вор в зак*о*не. = Что же касается этих "законников", они сперва относились ко мне свысока и насмешливо, но скоро признали меня. (Леви. Записки Серого Волка.)

ЗАКОНТА́ЧЕННЫЙ, -ого, м. Опозоривший себя вступлением в контакт с педерастом = Если "опущенный" воспользуется вещами другого осуждённого, тот считается "законтаченным" и должен либо смыть позор кровью "петуха", либо признать таковым и себя. (Кречетников. Жизнь за решёткой.)

ЗАКО́ННЫЙ, -ая, -ое. 1. Прил. к Закон. 2. Настоящий, хороший. = Пёрышко у него законное видал, с клапана. 3. Надёжный. = Барыгу надо законного надыбать, понял?

ЗАКОПА́ТЬ, -аю, -аешь, сов., несов. Зака́пывать. Усугубить чьё-то положение, свалив на него свою вину. = И вот однажды вводят новеньких, я смотрю, а среди них Будровский. Толя Будровский, мой подельник, который закопал меня, чтобы выкарабкаться самому! (Марченко. Мои показания.)

ЗАКОПЫ́ЗИТЬСЯ, -зюсь, -зишься, сов., несов. Копы́зиться. Возмутиться, запротестовать. = Чегой-то ты вдруг закопызился? Что тебе не по нутру?

ЗАКОСИ́ТЬ, -кошу, -косишь, сов., несов. Коси́ть. Притворяться. = Чугрей тот всё норовил под больного закосить, чтоб на крест попасть и не пахать.

ЗАКРЕСТИ́ТЬ, -щу, -стишь, сов., несов. Крести́ть.

ЗАКРЫ́ТКА, -и, ж. Тюрьма. = ... зоопарк, не что иное, как лагерь, он же закрытка, он же централ, он же БУР, он же ЗУР, он же пожизненный кандей бедных и милых птиц и зверей, сотворённых Богом для существования на вечной свободе! (Алешковский. Кенгуру.)

ЗАЛА́МЫВАТЬ, -аю, -аешь, сов., несов. Залома́ть. Побеждать, одолевать. = Не таких заламывали! Тоже мне амбал - жопа шире плеч!

ЗАЛЕПИ́ТЬ, -леплю, -лепишь, сов., несов. Лепи́ть. Сказать. = Манька той на ухо залепила что-то, у той чуть матка не выпала...

ЗАЛЕПИ́ТЬ 2, -леплю, -лепишь, сов., несов. Лепи́ть 2. Сделать. = Он себе пёрышко залепил с наборной ручкой, закачаешься!

ЗАЛЕПИ́ТЬ ** ЗАЛЕПИ́ТЬ СКАЧО́К. Ср. Заделать скачок.

ЗАЛЕПИ́ТЬ ** ЗАЛЕПИ́ТЬ СКОК. Ср. Заделать скок.

ЗАЛЕТА́ТЬ ** ЗАЛЕТА́ТЬ НА СРОК. Оказываться в заключении. = На срок ни разу не залетал? Тогда не вякай!

ЗАЛЕТЕ́ТЬ ** ЗАЛЕТЕ́ТЬ НА СРОК. Ср. Залета́ть на срок.

ЗАЛОВИТЬ, -ловлю, -ловишь, сов., несов. Ловить. Найти. = Куда на хрен денется! Заловим этого фрайера как нечего делать!

ЗАЛОВИТЬ**ЗАЛОВИТЬ ПРИХОД. Опьянеть (от спиртного, наркотиков). = А-а! Брось! Он уже приход заловил, с ним каши не сваришь!

ЗАЛОВИТЬСЯ, -люсь, -ишься, сов., несов. Ловиться. Попасться, быть пойманным. = Стоило вору заловиться - и сразу же его окружала вопящая, бушующая, остервенелая толпа.. (Демин. Блатной.)

ЗАЛОЖИТЬ, -ложу, -ложишь, сов., несов. Ложить и Закладывать. = Сядь, сволочь! - рявкнул "президент". - Заложим давайте! А вдруг его убил такой же мокрожопый, как ты, по слову сильного вора! А мы давайте продадим обоих! Так, что ли? (Нетесова. Утро без рассвета.)

ЗАЛОМАТЬ, -аю, -аешь, сов., несов. Заламывать. = Таких как ты, троих заломаю, понял?

ЗАЛОМИТЬ**ЗАЛОМИТЬ КСИВУ. Проверить документы. = Менты решили, наверное, ксиву заломить, а бичина залупаться стал...

ЗАЛОМИТЬ**ЗАЛОМИТЬ РОГА. Помчаться. = Куда этот придурок рога заломил? Только пятки сверкают...

ЗАЛОМИТЬ**ЗАЛОМИТЬ РОГА 2. Заупрямиться. = Теперь его танком не пробьешь! Рога заломил - и ни в какую! Тяжельше хрена, говорит, ничего в руки не возьму...

ЗАЛУПА, -ы, ж. 1. Головка мужского полового члена. = Вышел Миша на крыльцо. Почесать своё яйцо, Химия, химия - вся залупа синяя... (из рифмовок). 2. Брань. = Да залупа ты конская. Что ты развыступался, падла!

ЗАЛУПА**ЗАЛУПУ СОСАТЬ. 1. Оставаться ни с чем. = Я-то что буду делать, умник, залупу сосать? 2. Брань. = В колхозной столовой собрался народ: "Налей-ка нам супу!" А Манька стоит и мандою трясёт: "Сосите залупу!"

ЗАЛУПАТЬСЯ, -аюсь, -аешься, несов., сов. Залупиться. Задираться. = Брось, не залупайся! Тебе ж дело говорят, а ты в пузырь чего-то лезешь...

ЗАЛУПИТЬСЯ, -луплюсь, -лупишься, сов., несов. Залупиться. = Он первый залупился, понял! Борзота!

ЗАЛЫБИТЬСЯ, -лыблюсь, -лыбишься, сов. Начать Лыбиться.

ЗАЛЮБИТЬ, -люблю, любишь, сов. Взлюбить. = Не выступай, сопи в дырочку! Могу не залюбить!

ЗАМАНДРАЖИРОВАТЬ, -рую, -руешь, сов. Начать

Мандражи́ровать. = Что, корявый, замандражировал? Это тебе не жопой гвозди дёргать?

ЗАМАНДЯ́ЧИТЬ, -чу, -чишь, сов., несов. Мандя́чить. Смастерить. = Он себе такую фиксу замандячил, как у Лёхи.

ЗАМАРЬЯ́НИТЬ, -ню, -нишь, сов., несов. Марья́нить. Уговорить. = Вроде уже замарьянил чуву, а ни хрена подобного, прокинула!

ЗАМАСТЫ́РИТЬ, -рю, -ришь, сов., несов. Мастырить. 1. Совершать акт членовредительства. = Он себе, кажется, хлеба между рёбер насовал, чтобы температура поднялась, абсцесс начался, одним словом, "замастырил", как они говорят. Чтобы в больницу попасть. 2. Сделать, смастерить. = А ну, покажь, чего ты там замастырил! Что за хреновина?

ЗАМЕСТИ́, -мету, -метёшь, сов., несов. Мести́. Задержать, арестовать. = Надо было как следует обдумать создавшееся положение. Впрочем, здесь нечего было и думать. Вывод был один: ОБХСС "замела" этого парня из "Берёзки" - и он, видимо, раскололся. (Пересунько. Жаркое лето.)

ЗАМЕТА́ТЬ, -аю, -аешь, сов.. Начать Мета́ть.

ЗАМЁТАНО, нескл., страд. прич. от глаг. Замета́ть. Договорено. = Сказала - любит! Все замётано! А мне плевать на то, что врёт она! (Высоцкий.)

ЗАМЁТЫВАТЬ, -аю, -аешь, несов. Плутовать, мухлевать. = ... там шла игра, трещали карты, раздавались отрывистые, похожие на заклинания слова: "Иду по кушу". "Не замётывай! "Четыре с боку - ваших нет!" (Демин. Блатной.)

ЗАМИНЖЕВА́ТЬСЯ, -жуюсь, -жуешься, сов. Начать Минжева́ться. = Ну что? Согласился чувак или опять заминжевался?

ЗАМИНИ́РОВАННЫЙ, -ого, м. См. Мастёвый.

ЗАМИНИ́РОВАТЬСЯ, -уюсь, -ешься, сов. Стать Заминированным.

ЗАМОЛОТИ́ТЬ, -молочу, -молотишь, сов., несов. Молоти́ть. Обворовывать. = Ларёк второй раз "замолотили" за этот год.

ЗАМОЧИ́ТЬ, -мочу, - мочишь, сов., несов. Мочи́ть. Ударить. = Пару раз замочил ему в шнобель - тот сразу кровянку пустил...

ЗАМОЧИ́ТЬ 2, -мочу, -мочишь, сов., несов. Мочи́ть 2. Убить. = Я не хочу, чтоб меня кто-то замочил...

ЗАМОЧИ́ТЬ**ЗАМОЧИ́ТЬ РОГА́. Выдать, предать. = Точняк, замочил кто-то рога! Сивого замели!

ЗАНА́ЧИВАТЬ, -аю, -аешь, несов., сов. Зана́чить. Прятать. = Твоё какое собачье дело? Не ты заначивал, не тебе и брать, понял? Раскатал грибы.

ЗАНА́ЧКА, -и, ж. 1. Тайник. = У неё в заначке, как пить дать, должно быть. В стенке куда-то хоронит... 2. Клад. = Не смешите, Софья Рашидовна. Он женился, чтобы выгрести ваши заначки. (Лавровы. Следствие ведут знатоки.)

ЗАНА́ЧНИК, -а, м. Клад. = Отдай мой заначник, - кричит Клещ. Но Скальп, порывшись в кармане, достаёт перстень с чёрным бриллиантом, крутит его перед лицом Бени. (Нетесова. Утро без рассвета. Камчатка.)

ЗАНО́ЗА, -ы, ж. Любовница. = Ну а в нашей колонии народ совсем отпетый. Один, к примеру, застал у занозы любовника, схватил её годовалого ребёночка и выбросил в окно на снег... (Безуглов. Факел сатаны.)

ЗАНЫ́КАТЬ, -аю, -аешь, сов., несов. Заны́кивать. 1. Украсть. Что, барахло заныкали? А чего ж сопли жевал! 2. Спрятать. = И заныкал, вроде, ничтяк, а она один хрен надыбала, нюх собачий у стервозы.

ЗАНЫ́КИВАТЬ, -аю, -аешь, несов., сов. Заны́кать.

ЗАНЫ́ЧКА, -и, ж. То же, что Зана́чка.

ЗАНЮ́ХАННЫЙ, -ая, -ое в знач. прилаг. Грязный, затасканный. = Надыбал где-то барахло занюханное и мне приволок.

ЗАНЮ́ХАННЫЙ 2, -ого, м. Наркоман-хроник. - Этому другу всё равно: ацетон, таблетки, анаша. Хроник он, "занюханный"...

ЗАНЮ́ХАТЬ, -аю, -аешь, сов., несов. Занюхивать. Понюхать. = Дай чего-нибудь занюхать, не пошло чего-то...

ЗАНЮ́ХИВАТЬ, -аю, -аешь, несов., сов. Занюхать.

ЗАПАДЛО́, нареч. Унизительно. = Как я его только не упрашивал, чтоб на работу устраивался... "Выйди вон, сволочь! Мне западло на мусоров пахать!"

ЗАПА́Л, -а, м. Провал. = "Опасность для жизни" означает, что стукач на грани запала и в связи с этим его может постигнуть возмездие. (Империя страха.)

ЗАПАСТИ́, -пасу, -пасёшь, сов., несов. Пасти́. Выследить. = Запас я, где она шмурдяк держит и разговелся.

ЗАПИСА́ТЬ, -пишу, -пишешь, сов., несов. Писать. = Костя! Где Манок? Запишу, сука драная, где Манок!

ЗАПОЛУЧИ́ТЬ**ЗАПОЛУЧИ́ТЬ СКАНДАЛ. Употребляется в значении выражений: Вот тебе! Вот вам! = Ага! Очко сыграло, не железное! Заполучите скандал, падлы!

ЗАПРЕТКА, -и, ж. Запретная зона. = - Бежать я согласен, - ответил Глаз. - Но как убежишь? Днём через запретку не убежишь - сразу схватят. (Габышев. Одлян.)

ЗАПУЛИВАТЬ, -аю, -аешь, несов., сов. Запулить. Заходить. = Запуливаю в гадюшник, решил по пиву ударить, а там ни хрена нет!

ЗАПУЛИВАТЬСЯ, -аюсь, -аешься, несов., сов. Запулиться. Вваливаться, заходить. = Вдруг две эти шмары запуливаются, уже под банкой, весёленькие... На палочку...

ЗАПУЛИТЬ, -лю, -лишь, сов., несов. Запуливать.

ЗАПУЛИТЬСЯ, -люсь, -лишься, сов., несов. Запуливаться.

ЗАРИК, -а, м. Кубик для игры в нарды. = — Видишь зарик, щенок? Что на нём? - Ну три. - А здесь — что? - Пять. (Светов. Тюрьма.)

ЗАРЫВАТЬ, -аю, -аешь, несов., сов. Зарыть.

ЗАРЫТЬ, -рою/-рыю, -роешь/-рыешь, сов. несов. Зарывать. Избавиться от кого-либо, чего-либо. = Моя сучара не пишет. Думает, небось, зарыла.

ЗАРЯДИТЬ, -ряжу, -рядишь, сов., несов. Заряжать. Соврать. = У меня не заржавеет: зарядил ей чего-то про трудное детство и погубленную молодость. Клюнула!

ЗАРЯЖАТЬ, -аю, -аешь, сов., несов. Зарядить.

ЗАРЯЖАТЬ**ЗАРЯЖАТЬ ПУШКУ. Рассказывать анекдоты. = Чувак как начнёт пушку заряжать, матка выпадает!

ЗАСАДИТЬ, -сажу, -садишь, сов., несов. Засаживать. Проигрывать. = Все бабки засадили, пока дотащились

ЗАСАДИТЬ 2, -сажу, -садишь, сов., несов. Засаживать 2. См. Вгарнуть. = Я тебе "засажу"... всю поляну цветами, Хоть давно не "стоит"... даже роза в стакане... (из рифмовок).

ЗАСАЖИВАТЬ ", -аю, -аешь, несов., сов. Засадить 2.

ЗАСАЖИВАТЬ**ЗАСАЖИВАТЬ ФУФЛО. Обманывать, мухлевать. = Что? Скажешь, фуфла никогда не засаживал? Да пошёл ты! Будешь кому-нибудь еще мозги компосировать!

ЗАСВЕТИТЬСЯ, -свечусь, -светишься, сов., несов. Засвечиваться и Светиться. Обнаружить себя, выдавать себя. = Товарищ полковник, в последнее время Михайлишин стал заметно нервничать. Складывается впечатление, что он чего-то боится. - Может, твои ребята "засветились"? (Гладкий. По следу змеи.)

ЗАСВЕЧИВАТЬСЯ, -аюсь, -аешься, несов., сов. Засветиться.

ЗАСОПЛИВЕТЬ, -ею, -еешь, сов. Заболеть венерической болезнью. = Этот сперматозавр трахается каждый день с разными и не засопливел ни хрена! А Клим раз конец помочил - и подхватил удовольствие...

ЗАСТУКАТЬ, -аю, -аешь, сов. Поймать, уличить. = - Они что, нас на деле застукали? Деньги не пахнут, товар мы без лишних свидетелей толкнули. (Гладкий. По следу змеи.)

ЗАСЫПАТЬ, -сыплю, -сыпешь, сов., несов. Засыпать и Сыпать. Выдать, предать. = Ну, а твой тоже в Южном был! Начальничек-то! Мой мне паспорта с рук в руки не давал. Ни хрена не знает. А вот твой! Он и "засыпал". Ему есть чего бояться, - подал голос Трубочист. (Нетесова. Утро без рассвета. Сахалин.)

ЗАСЫПАТЬ, -аю, -аешь; несов., сов. Засыпать.

ЗАСЫПАТЬСЯ, -сыплюсь, -сыплешься, сов., несов. Засыпаться и Сыпаться. Попасться. = Я не скажу, ничего не скажу! - Уж знаем, как с тобой бывает... Сам засыплешься, и нас затянешь... (Нетесова. Утро без рассвета. Сахалин.)

ЗАСЫПАТЬСЯ, -аюсь, -аешься, несов., сов. Засыпаться.

ЗАТАРИВАТЬСЯ, -аюсь, -аешься, несов., сов. Затариться. Обеспечиваться. = Ты что, на всю жизнь затариваешься, что ль?

ЗАТАРИТЬСЯ, -рюсь, - ришься, сов., несов. Затариваться.

ЗАТАЩИТЬСЯ, -усь, -ишься, сов., несов. Тащиться. Испытать удовольствие, насладиться. = - Я, я! - крикнул земляк, вскакивая. Все опять затащились. (ЛГ, 13.02.91.)

ЗАТОРЧАТЬ, -торчу, -торчишь, сов., несов. Торчать. Охмелеть. = Чувак сразу заторчал, дохликом оказался!

ЗАТОЧКА, -и, ж. Остро заточенный металлический предмет. = "Заточки" из гвоздей делают, например, для "мастырки". В прошлом году конвоира закололи такой штукой...

ЗАТРУХАННЫЙ, -ого, м. Онанист. = Ну как этот затруханный поживает? Или бросил дрочить?

ЗАТРУХАТЬСЯ, -аюсь, -аешься, сов. Устать Трухать.

ЗАТРЮМОВАТЬ, -трюмую, -трюмуешь, сов., несов. Трюмовать и Трюмить. Посадить в штрафной изолятор. = С ним лучше не залупаться: перед этим двоих уже затрюмовал не за фик собачий!

ЗАТУФТИТЬ, -туфтю, -туфтишь, сов., несов. Туфтить. Схалтурить. = Доктор приказал мне проверить потом, не затуфтил ли похоронщик? (Демидов. Дубарь.)

ЗАТЫ́РИТЬ, -рю, -ришь, сов., несов. Тырить. Спрятать. = Затырь в надёжном месте, чтоб ни одна собака не надыбала.

ЗАТЫ́РКА, -и, ж. То же, что Заначка (в 1-м знач.). = Чего у него там в затырке было, позеленел весь!

ЗАТЫ́РКА 2, -и, ж. Сообщник карманного вора. = Тот, кто толкается, отвлекает на себя внимание в момент кражи, это "затырка"; так "помощничка" зовут...

ЗАУХЛИ́ТЬ, -лю, -лишь, сов., несов. Ухлить. Заметить (устар.). = ...чужие зеньки не заухлят. (Именем закона.)

ЗАФАЛОВА́ТЬ, -лую, -луешь, сов., несов. Фаловать. Уговорить. = Покочевряжилась для понту, чтоб я её, вроде как, зафаловал, шкурёху!

ЗАФРАЙЕ́РИТЬ, -рю, -ришь, сов. Начать Фрайерить.

ЗАФРАЙЕ́РИТЬСЯ, -рюсь, -ришься, сов. Начать Фрайериться.

ЗАХА́ВАТЬ, -аю, -аешь, сов., несов. Хавать.

ЗАХАМИ́ТЬ, -хамлю, -хамишь, сов., несов. Хамить. Занять, захватить. = Каждый хочет должность захамить, авторитет заиметь и бабки!

ЗАХЕ́ЗАННЫЙ, -аю, -ое. Употр. в знач. прил. Загаженный, грязный. = Прошло время, когда я по захезанным подъездам шлялся, удачу поджидал!... Теперь она меня ждёт!

ЗАХЕ́ЗАТЬ, -аю, -аешь, сов. Начать Хезать.

ЗАХЕ́ЗАТЬ 2, -аю, -аешь, сов., несов. Хезать. = Захезали всё на свете, всю душу обосрали, давить буду. Мочить!

ЗАХИПЕ́ЖИТЬ, -жу, -жишь, сов. Начать Хипежить. = Тут я, Коля, захипежил нечеловеческим голосом: - Рог не отпиливал! Первый раз слышу! Мусора! Шьёте лишнее дело! Ваша масть бита! (Алешковский. Кенгуру.)

ЗАХМЕЛИ́ТЬСЯ, -люсь, -лишься, несов., сов. Захмеляться. Выпить спиртного. = — Ну и лады, —сказал он, — отдыхай... Может захмелиться хочешь? ((Демин. Блатной.)

ЗАХМЕЛЯ́ТЬСЯ, -ляюсь, -ляешься, несов., сов. Захмелиться.

ЗАХОБО́ТАТЬ, -аю, -аешь, сов., несов. Хоботать. Задержать. = Захоботали его не за фик собачий! Забазарил в сортире с каким-то литером, помахались. Тому - ни хрена, а Коку захоботали мусора!

ЗАХО́Д, -а, м. Раз. = Лёва по третьему заходу осуждённый на принудительное лечение, радовался вчера, что мало дали. (К новой жизни.)

ЗАХОМУТА́ТЬ, -аю, -аешь, сов. Ср. Захоботать. = Только куда же я попрусь со своей рожей? Меня любой мент захомутать может. (Пересунько. Жаркое лето.)

ЗАХОРОШЕ́ТЬ, -ею, -еешь, сов. 1. Захмелеть. = С двух пузырей так захорошели, что дверь найти не могли... 2. Безл., кому. О состоянии опьянения. = Ему, небось, уже захорошело, больше не надо.

ЗАЧА́ЛИТЬСЯ, -люсь, -лишься, сов., несов. Ча́литься. Отбыть наказание. = ...Они на пересылке зачалются, не поедут в шахты, в рудники, в тайгу. (Солженицын. Архипелаг ГУЛаг.)

ЗАЧЕКЕ́РИТЬ, -рю, -ришь, сов., несов. Чекери́ть. Задержать. = Муху зачекерили за хулиганку. Хахеля не поделила с одной чувихой, ну и уделала её.

ЗАЧИФИ́РИТЬ, -рю, -ришь, сов., несов. Чифи́рить. То же, что Зачифиря́ть.

ЗАЧИФИ́РИТЬ 2, -рю, -ришь, сов. Начать Чифири́ть.

ЗАЧИФИ́РИТЬСЯ, -рюсь, -ришься, сов. То же, что Зачифиря́ться.

ЗАЧИФИРЯ́ТЬ, -ряю, -ряешь, сов., несов. Чифиря́ть. Выпить крепко заваренного чая. = Для начала зачифиряли, полпачки на чайник, хорошо пошло, кайф!

ЗАЧИФИРЯ́ТЬ 2, -ряю, -ряешь, сов. Начать Чифиря́ть. = Не, как начнут, тогда голяк! - Чего начнут, зачифиряют, что ль?

ЗАЧИФИРЯ́ТЬСЯ, -ряюсь, -ряешься, сов. Увлечься распитием крепко заваренного чая. = Чувак, видать, до того зачифярился, что с лица сбледнул.

ЗАЧУ́ХАННЫЙ, -ая, -ое, употр. в знач. прил. Пугливый, забитый. = Баба у него зачуханная какая-то, всего дрейфит, лишнего вякнуть боится.

ЗАЧУХО́ВАННЫЙ, -ая, -ое. Ср. Зачуханный.

ЗАЧУ́ШИТЬ, -чушу, -чушишь, сов., несов. Чуши́ть. Оскорбить, унизить. = Но тут Глаз заколебался. Ведь, прежде чем ударить Алмаза тазиком, придётся окатить его помойной водой. Глаз не только зачушит Алмаза, но и зачушит ребят... (Габышев. Одлян.)

ЗАШЕБУРШИ́ТЬ, -шу, -шишь, сов. Начать Шебурши́ть. = А если зашебуршит клиент? - Пизда тебя родила, а ты говоришь: "Мама"... Хайло заткнёшь, и всего делов!

ЗАШЕБУРШИ́ТЬСЯ, -шусь, -шишься, сов. Начать Шебурши́ться. = Чего они там зашебуршились? Пронюхали что ль про что? Пролетают, как фанера по Парижу!

ЗАШЕСТЕР*И*ТЬ, -рю, -ришь, сов. Начать Шестер*и*ть. = Ничто, спина молодая, значит прогибается ещё, раз зашестерил...

ЗАШИБ*А*ТЬ, -аю, -аешь, несов., сов. Зашиб*и*ть.

ЗАШИБ*А*ТЬ 2, -аю, -аешь, сов., несов. Пьянствовать. = Не, теперь не зашибает, зашифровался.

ЗАШИБ*И*ТЬ, -бу, -бёшь, сов., несов. Зашиб*а*ть. Убить. = В зоне знали, как бить, и били с перерывом, чтоб пацан не потерял сознание. - Зашибу, падла, - сквозь зубы процедил бугор. (Габышев. Одлян.)

ЗАШУСТР*И*ТЬ, -рю, -ришь, сов. Начать Шустр*и*ть. = С чего-то он так зашустрил? На лапу пообещался дать фраеру?

ЗАШУХАР*И*ТЬ, -рю, -ришь, сов., несов. Шухар*и*ть. Выдать, предать. = Ты зашухарила всю нашу малину, и перо за это получай! (из песни).

ЗАШУХАР*И*ТЬСЯ, -рюсь, -ришься, сов., несов. Шухариться. Попасться. = Не тот человек, чтоб на липовой ксиве зашухариться. Что-то тут нечисто...

ЗАШУХЕР*И*ТЬ, -рю, -ришь, сов. Начать Шухерить. = Миня, молоток, зашухерил, когда легашей усёк, а то б тёпленькими взяли...

З*А*ЯЦ, зайца, м. Уводящий преследователей по ложному следу. = Как сумели ловко обвести лягавых, пустив их на "зайца". (Нетесова. Фартовые.)

ЗВЕР*ё*К, -рька, м. Человек нерусской национальности. = - Делай, Москва, х... тут делиться. Ты на крутую идешь. Делай! Смотрю на коллегу-зверька. - Дэлай, Масква, дэлай! (ЛГ, 13.02.91.)

ЗВЕРЬ, -я, м. Ср. Зверёк. = Ну, что этот зверь черножопый надумал отчубучить?

ЗВОН*А*РЬ, -я, м. Цепная собака. = Меня, между прочим, сильно удивляло отсутствие в городе "звонарей" (на блатном языке так называются цепные собаки). (Демин. Блатной.)

ЗВОН*И*ТЬ, -ню, -нишь, несов., сов. Отзвон*и*ть. Отбывать наказание. = Чеху звонить еще и звонить, как медному котелку! Только загремел...

ЗВОНК*О*ВАЯ СТАТЬ*Я*. Статья, на которую не распространяется возможность условно-досрочного освобождения. = У них там почти у всех статьи звонковые - от звонка до звонка.

ЗВОНК*О*ВЫЙ, -ая, -ое. Прил. к Звон*о*к 2.

ЗВОН*О*К, -нка, м. Ср. Звон*а*рь. = Вдоль забора только с двух сторон звонки на цепи, одна - чистая...

ЗВОН*ОК* 2, -нка, м. Конец вынесенного судом срока лишения свободы. = До звонка доживём, а там посмотрим, чего загадывать.

ЗЕК, -а, м. Заключенный. = "Зэки" делают безделушки всякие на потребу: письменные приборы, ручки, кружечки деревянные вырезают.. Народное творчество, одним словом.

ЗЕК*А*, нескл., м. Заключённый. = Ведь пробивали, мол, башку, каждому - куда ж проклятый зэка делся? ("з/к" — так нас, заключённых, когда-то звали-писали). (Гребенников. Мои университеты.)

ЗЕК*А* 2, нескл. ж. Собир. к Зек. = Вставала волна штормовая, от качки страдала зека... (из песни).

З*Е*КАТЬ, -аю, -аешь, несов., сов. Зекнуть. Глядеть. = Чувиха напротив сидит, и зекает, и зекает... "Профура, что ль?" - думаю.

З*Е*КОВСКИЙ, - ая, -ое. Прил. к Зек. = Петухов начал с того, что приказал всех боссов подстричь и одеть в зековское х/б общего образца, ибо они ходили неподстриженными "под ноль", одеты были не в зековское, вольное, питались хорошо и не страдали. (Империя страха.)

З*Е*КНУТЬ, -ну, -нешь, сов., несов. З*е*кать. = Я в сторону зекнул, вроде никого. Ну никого и никого - запулил туда банку.

ЗЕЛ*Ё*НКА, -и, ж. Высшая мера наказания. = А что за "зелёнка", - спрашиваю, - чем он тебя пугает? - У них легенда: когда расстреливают, лоб мажут зелёнкой - номер пишут, чтоб мертвяков не путать. (Светов. Тюрьма.)

З*Е*НКИ, -ок, мн. То же, что Шнифт*ы*. = Зенки лупает на меня, как будто ей три рубля должен!

З*Е*НЬКИ, -ек, мн. Глаза (устар.) Ср. З*е*нки. = - Главная причина в том, - продолжал Фомушка, - что ходить далеко не надо: прямо от Сладкоедушки и перелезем - чужие зеньки не заухлят. (Именем закона.)

З*Е*ЧКА, -и, ж. Заключённая. = Нет, настоящей "зечкой" я так и не стала, на "фене" не "ботаю".

ЗК, нескл., м. Ср. Зек*а*.

ЗМЕЙ, -я, м. Подлец. = Если змей этот опять припрётся, чердак точно растащу: что в руках будет, то и на балде!

ЗМ*Е*ЙКА, -и, ж. Ножовочное полотно. = Змейкой в одном месте подпилишь сам, не барин!

ЗМЕ*Я*, -и, ж. Татуировка. = - Главное - это змея. Удав у него от пупка и до затылка вился. Как живой. Страшно было смотреть. А удав - символ коварства и силы. Такое ставили лишь тем, кто в руках своих не одну, а добрую дюжину шаек имел. В чьих руках воры дрожали. (Нетесова. Утро без рассвета. Колыма.)

ЗМЕЯ 2, -и, ж. Поезд, железнодорожный состав. = Давай быстрей, вон змея ползёт, а то пешком по шпалам топать будешь!

ЗОЛОТАЯ РОТА. Профессиональные биллиардные игроки (устар.) = Его попятило назад: он живо вспомнил былые времена и лихого капитана золотой роты. (Именем закона.)

ЗОЛОТОРОТЕЦ, -тца, м. Профессиональный игрок в биллиард (устар.) = Помимо профессиональных воров, были в преступном мире XIX в. и профессиональные мошенники, среди которых особой "квалификацией" отличались картёжные, бильярдные игроки ("золоторотцы"), игроки в "кости" и другие азартные игры. (Лебедев - 1989.)

ЗОНА, -ы, ж. Место заключения (колония). = По заключению работников исправительных учреждений (он содержался во многих, в разных республиках) в зону допускать его нельзя: "Склонен к сплочению преступных групп, подбивает заключенных к неповиновению..." (СС, 1990.)

ЗОНА БОЛЬШАЯ. Окружающий мир, исключая места заключения. = На большой зоне ещё устроиться надо, поунижаться, хвостом повилять перед шишкой каждой...

ЗОНА КРЫТАЯ. Ср. Крытая.

ЗОННЫЙ, -ая, -ое, прил. к Зона.

ЗОНОВСКИЙ, -ая, -ое, Прил. к Зона. = Как стукач я "рос" от агента зоновской оперчасти до агента, непосредственно работавшего на ГУИТУ СССР, то есть стучал на всех подряд. (Империя страха.)

ЗОНТИК, -а, м. Крышка от Параши. = Зонтик хреново закрывался, такая вонища стояла, блевать всю дорогу тянуло!

ЗОНТИК**ЗОНТИКОМ НАКРЫТЬСЯ. Пропасть. = Ну что, фраер этот зонтиком накрылся?

ЗОНТИК С РУЧКОЙ. Брань. = Зонтик ты с ручкой, понял! Куда руки-то смотрят?

ЗУБАСТЫЙ, -ого, м. Ср. Зуботыка. = Зубастый с братаном двух бабцов грохнул, и концы в воду...

ЗУБОТЫКА, -и, м. Прокурор. = Зуботыка с дурой был, а тот, вроде, пошутить хотел, по плечу хлопнул. Ну тот его и грохнул... И ни хрена - самозащита...

ЗЫБАТЬ, -аю, -аешь, сов., несов. Курить. = Зыбать — значит

курить.

ЗЫРИТЬ, -рю, -ришь, сов., несов. Зыркнуть. Смотреть. = Что ты зыришь, своих не признаёшь?

ЗЫРКНУТЬ, -ну, -нешь, сов., несов. Зырить. = Он только зыркнул на них, те сразу заглохли!

ЗЭК, -а, м. Ср. Зек. = В общем, попала в наш лагерь партия насильников. Всякого возраста. Среди них - дед! Тоже в кобели попался. Уж не знаю, за что... И что ни слово - мат или брехня. Ну и решили зэки его проучить. (Нетесова. Утро без рассвета.Колыма.)

ЗЭКОВСКИЙ, -ая, -ое. Прил. к Зэк.

ЗЭКОВСКИЙ 2, -ая, -ое. Хороший. = Пряник перышко показал, зэковская штучка: ручка с ртутью...

ЗЮГА, -и, ж. Двушка. = В особенности следует подчеркнуть конкретность счета. Отвлечённых числительных в воровском языке нет, (один, два, три и т.д.); есть лишь счет денежных, картёжных единиц, либо вообще связанный с какими-то предметами. Примеры: "зюга", "зюжка", "2 копейки"... (Лихачев - 35.)

И

ИВАН, -а, м. 1. Тюремный авторитет. = ... верхнее положение занимали "Иваны" - главные носители тюремных традиций, тюремные старожилы, арестантская аристократия. (Лебедев - 1989.) **2.** Главарь = .. мой Иван тебя завалит в тёмном переулке... А теперь веди в камеру. Не видишь, что ли, невменяемая я! (Незнанский. Ярмарка в Сокольниках.)

ИГЛА, -ы, ж. См. Пер*о*. = Ты с ним особо не залупайся, на иглу недолго нарваться. Одного уж поронул, батька откупался...

ИГЛА 2, -ы, ж. Медицинский шприц. = Лепила, наверное, целую иглу бициллина Гоге всадил. Добегался, котяра.

ИГЛА**НА ИГЛУ ПОСАДИТЬ.** Ср. Посад*и*ть на игл*у*.

ИГЛА**НА ИГЛЕ СИДЕТЬ.** Ср. Сид*е*ть на игл*е*.

ИГЛА 3, -ы, ж. Мужской половой член. = Ну и решили зэки его проучить. Поначалу прозвище дали - мол, чем насиловал, такова и кличка тебе. А он не унимается. Требует уважения к своему возрасту. Сам же забыл по какой статье попал. Ну и однажды, когда зэки под кайфом были, начал о женщинах всякие непристойности нести. Не пожалели воры пойла и для Иглы. (Нетесова. Утро без рассвета. Колыма.)

ИГРА НА РОЯЛЕ. Снятие отпечатков пальцев. = Для одной только "игры на рояле" мёртвое тело придется отогревать при комнатной температуре больше суток... (Демидов. Дубарь.)

ИГРАТЬ**ИГРАТЬ В БИЛЛИАРД.** Держать руки в карманах брюк. = Брось ты в бильярд играть, мудила!

ИГРАТЬ**ИГРАТЬ НА ЗУБАРИКАХ.** Голодать. = Интеллигенты были большие любители на зубариках играть. Как что не по ним - голодовку объявляли, а хозяину это - серпом по яйцам...

ИГРАТЬ**ИГРАТЬ НА ИНТЕРЕС.** Играть в карты или другие азартные игры на вещи или на исполнение желания. = Играют и "на интерес": прокукарекать, на лампочку полаять, бывает кое-что и похуже...

ИГРАТЬ НА ПИАНИНЕ. Дактилоскопироваться. = И "на пианине" надо играть, как зэки шутят: отпечатки делать.

ИГРАТЬ**ИГРАТЬ НА РОЯЛЕ.** Ср. Игр*а*ть на пиан*и*не.

ИГРАТЬ**ИГРАТЬ НА СКРИПКЕ.** Перерезать вены. = Чтобы в больницу попасть, чего только не делают: "мастырят", "на скрипках играют", вены, то есть, перерезают, под припадочных "косят"...

симулируют.

ИГРАТЬ**ИГРАТЬ ПОД ИНТЕРЕС. Ср. Играть на интерес.

ИГРАЮЩИЙ, -его, м. То же, что Шулер. = Хороший игрок в карты ("играющий") ценится не меньше, чем хороший вор. (Лихачев - 35.)

ИГРОВОЙ, -ого, м. То же, что Исполнитель. = Это ты на игрового нарвался, сам не усёк, что ль?

ИГРУЛЯ, -и, м. Дилетант, профан. = Чего ты сел тогда, если не волокёшь, игруля!

ИГРУШКА, -и, ж. Пистолет. = Ментам игрушек не дают или сами они дрейфят. В Можайске одного прямо на улице пришили и игрушку увели.

ИДТИ**ИДТИ В НЕСОЗНАНКУ. Отказываться от причастности к преступлению. = Да и никто о преступлении не болтает сокамерникам, особенно те, кто идёт в несознанку. Вдруг в камере будет утка. Не дай Бог. (Габышев. Одлян.)

ИДТИ В ПОБЕГ. Бежать. = Если вас еще не довели до забвения самого себя и вы хотите и способны испытать упоение жизни, идите в побег! (Кураев. Петя по дороге в царствие небесное.)

ИДТИ**ИДТИ В РАЗНОС. Звереть. = Он как поднаберётся, в разнос идёт, что называется: раздайся, море - говно плывёт!

ИДТИ**ИДТИ НА ЗОНУ. Направляться в ИТУ. = В челябинской тюрьме этап помыли в бане. И Глаза бросили к малолеткам. Все шли на зоны. (Габышев. Одлян.)

ИДТИ**ИДТИ НА МОКРОЕ ДЕЛО. Решиться на убийство. =Я не вольтанулся, чтоб из-за неё на мокрое дело идти.

ИДТИ**ИДТИ НА МОКРУХУ. Ср. Идти на мокрое дело.

ИКОНА, -ы, ж. Правила внутреннего распорядка ИТУ. = Всё должно быть по иконе, ты что! Шаг вправо, шаг влево - побег! Прыжок вверх - измена Родине...

ИКОНА 2, -ы, . Фотография. = Видел, возле ментовки иконы понаразвешивали? Ищут...

ИМЕТЬ, -ею, -еешь, несов., сов. Поиметь. Получать прибыль. = И что с того буду иметь? - А что ты хочешь с того иметь?

ИМЕТЬ**ИМЕТЬ В ВИДУ. Игнорировать. = Имел я их всех в виду.

ИМЕТЬ**ИМЕТЬ ПРОТИВ. Недолюбливать кого-либо, испытывать неприязнь к кому-либо. = Хотя Витя и не терпит меня...

Я, между прочим, так и не понял: за что? И сейчас не понимаю. Что он, собственно, против меня имеет? (Демин. Блатной.)

ИНДИЯ, -и, ж. См. Кандей.

ИНДЮК, -а, м. См. Наседка. = Сотрудничающих зэки птицами называют: "наседка", "утка", "индюк"...

ИНСТРУМЕНТ, -а, м. Мужской половой член. = Зинка любит мужика за инструмент подержать, очко, небось, играет...

ИНТЕРЕС, -а, м. Игра в карты на материальные ценности или на исполнение желания. = Только карт не было у нас в камере, сурово сейчас в камере за карты, не каждый решится. А как увлечены - спорят, горячатся, всю ночь игра - и никакого "интереса". Какой "интерес" - едим вместе, курим вместе, больше для разговора, для подначки. (Светов. Тюрьма.)

ИСПОВЕДЬ, -и, ж. Допрос. = Начальник любил на исповеди за жизнь побазарить, а сам дело туго знал... Битый мент!

ИСПОЛНИТЕЛЬ, -я, м. Опытный карточный игрок, шулер. = Был на зоне исполнитель, хошь в "секу", хошь в "стос"... За дырку залетел, кажись. Головастый был, змей.

К

КАБЗД*Е*Ц, а, м. То же, что Кобзд*е*ц.

КАБ*У*Р, -а, м. Подкоп под стену или пролом стены. = Втихаря стенку разобрали, сделали "кабур", вынесли все подчистую и смылись.

КАБ*У*РИТЬ, -рю, -ришь, несов. Делать Каб*у*р.

КАБ*У*РКА, -и, ж. Камера медвытрезвителя. = Посадят в кабурку, в холодную, там особо не помахаешься!

КАБ*У*РЩИК, -а, м. Взломщик, использующий Каб*у*р.

КАГ*А*ЛОМВСЕМ КАГ*А*ЛОМ**. Группой, все вместе. = Они всем кагалом куда-то рванули.

К*А*ДР, -а, м. Приятель. = Мадам опять со своим кадром прикандыбала, будет весело, я чую.

К*А*ДРА, -ы, ж. Женск. к Кадр. = Кадру видал Лёхину? Чувырла какая! Страшней атомной войны!

КАДР*И*ТЬ, -рю, -ришь, несов., сов. Закадр*и*ть. Добиваться близких отношений. = Во Рыжий какой станок кадрит, что пульмановский вагончик.

КАДР*И*ТЬСЯ, -рюсь, -ришься, несов. Ср. Кадр*и*ть. = Кадрился он к ней, кадрился, а она бросила его через жопу, и вся любовь...

КАД*Ы*ККАДЫК*О*М СТУЧ*А*ТЬ**. Шуметь. = - Ну, ты чё, в натуре, долго кадыком стучать будешь?! - это обычное обращение контролера к заключённому. В переводе оно означает: "Не шуми!" (Огонек, 1991, 38.)

КАЗ*А*К, -а, м. Контролёр в ИТУ. = На шмоне казак один упирался, только что в задницу не залез.

КАЗ*А*ЧИЙ, -чья, -чье. Прил. к Каз*а*к.

КАЗ*А*ЧИТЬ, -чу, -чишь, несов., сов. Оказ*а*чить. Грабить. = Казачили нас по-чёрному и дальше казачат как хотят...

КАЗЁННЫЙ ДОМ. Место лишения свободы. = Цыганка мне нагадала и дальнюю дорогу, и казённый дом...

К*А*ЙФ, -а, м. Удовольствие. = Не жизнь, а вечный кайф! Что б я так жил!

К*А*ЙФКАЙФ ЛОВ*И*ТЬ**. Испытывать удовольствие. = Она перед ним буферами трясёт, а тот кайф ловит, балдит!

К*А*ЙФКАЙФ СОРВ*А*ТЬ**. Испортить настроение. = Падла эта чуть кайф весь не сорвала, копызиться стала чего-то...

КАЙФАНУТЬ, -ану, -анёшь, сов., несов. Кайфов*а*ть. Потерять сознание. = Бугор поставил Хитрому Глазу еще две моргушки по вискам, и он опять крепко кайфанул. (Габышев. Одлян.)

КАЙФОВАТЬ, -ую, -уешь, несов., сов. Кайфанут́ь. = Увидев, что Хитрый Глаз теряет сознание, а по-колонийски - кайфует, он перестал его бить... (Габышев. Одлян.)

КАЙФОЛ*О*М, -а, м. Зануда. = Ну что, кайфолом, повеселел?

КАЛГАН, -а, м. Голова. = Что твой дурной калган еще умудрил? Ты долго думал?

КАЛИКИ, -ов, мн. См. Колёса.

КАМНИ, -ей, мн. Бриллианты. = Уважающий себя вор на это не смотрит. Вот в Одессе, к примеру, в магазинах есть всё, что душа пожелает. И золото, и камни, и деньги! (Нетесова. Утро без рассвета. Камчатка.)

КАМ*О*К, -а, м. Комиссионный магазин. = В камке балалайку одну видал, куска на два потянет.

КАМУШКИ, -ов, мн. Бриллианты. = - Вы считаете возможной его причастность к убийству? - Маловероятно, но камушки-то у него Лаевский покупал. (Назаров. Хамелеоны.)

КАНАРЕЙКА, -и, ж. Патрульная машина. = Возле кабака канарейка всю дорогу паслась, бухарей отлавливали.

КАНАТ, -а, м. Цепочка из благородного металла. = На чурке канат был клёвый. Полштуки, не меньше.

КАНАТЬ, -аю, -аешь, несов. Идти. = Канай сюда, парниша: ножками, ножками...

КАНАТЬ**КАНАТЬ НА ХВОСТ*Е*. Идти следом. = Мне почудилось, вроде как кто на хвосте канает. Я ходу оттуда!

КАНАТЬ**КАНАТЬ ПАРОВ*О*ЗОМ. Ср. Паров*о*з.

КАНАТЬ**КАНАТЬ ПО Д*Е*ЛУ. Привлекаться к уголовной ответственности. = Сам будешь по делу канать - всё узнаешь.

КАНАТЬ**КАНАТЬ ПО-Н*О*ВОЙ. Повторно привлекаться к уголовной ответственности. = Вовка на зоне раскрутился, по-новой канает...

КАНД*Е*Й, -я, м. Штрафной изолятор, помещение камерного типа (ПКТ). = За неподчинение левой ноге дежурняка - пожалуйте в кандей, отдохнуть...

КАНД*е*ХАТЬ, -аю, -аешь, несов. Идти, плестись. = Кандёхай веселей, что застрял там?

КАНДЫБА́ТЬ, -а́ю, -а́ешь, несов. Ср. Шкандыба́ть.

КАНТ, -а, м. Отдых, безделье. = - Ты на прииске в похоронной бригаде кантовался? - Тебе бы такой кант! (Демидов. Дубарь.)

КАНТОВА́ТЬСЯ, -ту́юсь, -ту́ешься, несов. Отдыхать, бездельничать. = Полжизни рабосил, полжизни положено теперь кантоваться.

КАНТО́ВКА, -и, ж. Отдых. = Как говорится: день кантовки, день шамовки - и понесло кота на случку...

КА́ПНУТЬ****КА́ПНУТЬ НА ЖА́ЛО**. Дать взятку. = Капнуть кому надо на жало - и всё будет в ажуре, не бэ!

КАПУ́СТА, -ы, ж. Доллары. = Капуста нужна? - Сколько ты хочешь? - Цена известная - четвертной.

КАПУ́СТА 2, -ы, ж. Кондилома. = У негра был сифилис - у Харджиева в заднем проходе были кондиломы - сифилитические разращения, пресловутая "капуста". (Шаламов. Перчатка или КР-2.)

КАР, -а, м. Мужской половой член. = Минжа кара не боится, кар на дыбки становится! (из рифмовок).

КАРА́СЬ, -я, м. То же, что Ры́ба.

КАРА́СЬ****КАРАСЕ́Й ЛОВИ́ТЬ**. Очищать отхожее место в Бо́ксе. = Чтоб тебе всю жизнь в боксе карасей ловить, шалупонь задрюченная!

КАРЗУ́БЫЙ, -ая, -ое. Щербатый. = Чего-то ты такой карзубый? Кто тебе зубы выпердел?

КАРМА́Н, -а, м. Карманная кража. = Гога на кармане чуть не попух, успел ноги сделать.

КАРМА́ННИК, -а, м. Карманный вор. = Были мы домушники, были мы карманники, корешок мой Сенечка и я. (из песни).

КАРМА́ННИЦА, -ы, ж. Женск. к Карма́нник. = Больше шестидесяти процентов женщин сидят здесь за кражи личного имущества граждан. Большинство - карманницы. (Огонёк, 1990, 27.)

КАРМА́НЩИК, -а, м. то же, что Карма́нник. = ... в Кохтла он впервые, деньги потерял, или их украли, разумеется украли, кошельки в Кохтла не теряют, их крадут. Это понятно всякому, кто знает, сколько в Кохтла золотых карманщиков... (Леви. Записки Серого Волка.)

КАРТИ́НКА, -и, ж. Фигура в игральных картах. = Проще всего: три карты... Картинка - десять очков, туз - одиннадцать. У кого больше - выиграл. По копеечке! (Словин. Мой позывной - "Двести первый"...)

КАРТОЧКА, -и, ж. Лицо. = Карточку Васе малень испортили: шнобель пряжкой развалили...

КАРУША, -и, м. Ср. Кар.

КАТАЛА, -ы, м. Игрок. = Кто с этим каталом ни сядет, вчистую обносит!

КАТАТЬ, -аю, -аешь, несов., сов. Скатать. Играть в карты. = Катаешь в очко? Давай скатаем!

КАТАФАЛК, -а, м. Татуировка на пальце. = Это самые опасные подонки, сплошь садисты. И убивают с особой жестокостью. Вот и метка их - широкое чёрное кольцо. Она символизирует их дела - ничего светлого, ни одного пятнышка. И называется - катафалк. (Нетесова. Утро без рассвета. Колыма.)

КАТИТЬ**КАТИТЬ БОЧКУ. Ср. Бочку катить.

КАТИТЬ**КАТИТЬ ШАРЫ. То же, что Катить бочку. = Против кого ты шары катить намылился?

КАТРАН, -а, м. Помещение или место, в котором собираются шулеры для игры в карты.

КАТРАНЩИК, -а, м. Карточный мошенник. = Картёжные мошенники представлены "катранщиками"... (Лебедев - 1989.)

КАТУШКИ, -ек, мн. Ноги. = Петя одному фрайеру как замочил, тот сразу кровянкой умылся и с катушек долой! Вырубил в один момент!

КАЧАЛОВО, -а, ср. Спор. = Ладно, качалово потом будете разводить: кто кому чего должен...

КАЧАТЬ**КАЧАТЬ ПРАВА. Доказывать свою правоту, оправдываться. = Мне было бы тошно и скучно качать права с кухарками, руководящими государством. (Алешковский. Кенгуру.)

КАЧАТЬСЯ**КАЧАТЬСЯ В КИЧЕ. Находиться под следствием. = Она в киче-то почти не качалась. Закрыли дело добрые дяди.

КАЧОК, -чка, м. Физически сильный хулиган. = Трудновато порой приходится милиционерам против тренированных "качков". (Огонёк, 1990, 30.)

КАША, -и, ж. То же, что Болтанка.

КАШАГЛОТ, -а, м. Обжора. = Во, кашаглот! Жрать - не работать! К Рождеству заколем!

КВАРТАЛЬНЫЙ, -ого, м. Участковый инспектор милиции. = Квартальный на мотике куда-то рванул с бабой, только пыль столбом!

КВИТОК, -тка, м. Лицевой счёт осуждённого. = У меня на квитке к дембелю полкуска было.

КЕВТУХА, -и, ж. Ср. Квиток.

КЕМАРИТЬ, -рю, -ришь, несов., сов. Закемарить. Спать. = В сарае кемарит, где ему быть.

КЕМАРНУТЬ, -ну, -нёшь, сов. Поспать. = Я троху кемарнул, а то башка дурная какая-то.

КЕНТ, -а, м. 1. Приятель, друг. = Надо с кентами сконтачиться для начала, а там видно будет... 2. Обращение. = — Вот посмотрите, кенты, на старого хорька. Он опять Бондарю трепался про нас. (Нетесова. Утро без рассвета. Колыма.)

КЕНТЕЛЬ, -я, м. Голова. = Вот уж огорошил всех, натянул бугру на кентель парашу. (Нетесова. Колымский призрак.)

КЕНТОВАТЬСЯ, -уюсь, -уешься, несов., сов. Скентоваться. Дружить. = Актив с ворами жили дружно. Мужду собой кентовались, так как почти все были земляки. (Габышев. Одлян.)

КЕНТОВСКИЙ, -ая, -ое. Прил. к Кент.

КЕНТОРА, -ы, ж., собир. Друзья, приятели. = С кенторой к бабам колёса катим. Джон - первый, Джек - второй.

КЕНТЯРА, -ы, м. То же, что Кент.

КЕРА, -ы, ж. Выпивка. = Обратно без керы припрётся, халявочник. Стопарь набулькать можешь, и харэ.

КЕРЗУХА, -и, ж. Перловая каша. = С керзухой ребята расправились быстро, выпили чай, и дежурный скомандовал выйти на улицу. (Габышев. Одлян.)

КЕРОГАЗ, -а, м. Огнестрельное оружие. = Лезут на наши хазы. "Перо" и "керогаз" без ума в ход пускают. (Нетесова. Фартовые.)

КЕРОСИН, -а, м. Спиртное. = Керосину набрали с собой и гудели три дня.

КЕРОСИНИТЬ, -ню, -нишь, сов. Пьянствовать. = Вчера керосинили: понамешивали всего, башка трещит.

КЕША, -и, м. См. Кент (в 1-м знач.).

КЕШЕЛЬ, -я, м. Узел, узелок. = Перед эшелоном Глазу дали свиданку. Он повидался с матерью и отцом. Они принесли ему здоровенный кешель еды. (Габышев. Одлян.)

КИДАЛА, -ы, м. Мошенник. = Промышляли они... на здешнем автомобильном рынке, назывались "кидалы... То вместо денег "куклу" подсунут, то вообше умыкнут. (Огонёк, 1990, 19.)

КИДАНУТЬ, -ану, -анёшь, сов., несов. Кидать.

КИДАТЬ, -аю, -аешь, несов., сов. Кинуть и Киданути.

КИДАТЬ**КИДАТЬ ЛОЩА. Льстить. = Это он лоща кидает. Ты что, купился на эту чернуху?..

КИДАТЬ**КИДАТЬ ПАЛКУ. То же, что Бросать палку. = Сколько палок кидаешь? Или лучше доской?

КИДНЯК, -а, м. Обман, мошенничество. = Брось, кидняк всё это. Нашли дешёвок!

КИЛЬДОН, -а, м. То же, что Кент.

КИЛЬДЫМ, -а, м. Притон. = Что такое кильдым? Кильдым - это барак, где живёт самый отвратительный народ. Вымогатели, картёжники, отказчики - основное население. Там в одном углу режутся в карты, в другом - за ширмой из одеял ещё чем-то занимаются; там, глядишь, кто-то спит совсем голый, всё с себя поиграл. (Леви. Записки Серого Волка.)

КИЛЬТОН, -а, м. Ср. Кильдон.

КИМ, -а, м. Сон.

КИМ**КИМ ДЕРЖАТЬ. Спать. = Если же повезёт, уйдут оба, то потом будет несравненно легче вдвоём, взять тот же сон, держать ким можно по очереди. (Кураев. Петя по дороге в царствие небесное.)

КИМАРИТЬ, -рю, -ришь, несов., сов. Кимарнуть. Ср. Кемарить.

КИМАРНУТЬ, -ну, -нёшь, сов., несов. Кимарнуть. Ср. Кемарнуть.

КИНУТЬ, -ну, нешь, сов., несов. Кидать.

КИНУТЬ**КИНУТЬ ЧЕРЕЗ ЖОПУ. Отшить. = Мудила этот к ней всё кадрился, а она его через жопу кинула на третий вечер.

КИПЕШ, -а, м. Ср. Хипеш. = С чего кипеш тут у вас? Кого не поделили?

КИПЕШИТЬ, -ую, -уешь, несов. Ср. Хипежить. = "Сынок, сынок, спокойно, не кипешуй, тебе еще жить, тебя еще девочки любить будут" - это Коля-Ваня. (ЛГ, 13.02.91)

КИРА, -ы, ж. Ср. Кера.

КИРНУТЬ, -ну, -нёшь, сов., несов. Кирять. Выпить. = Кирнули не слабо с кентами за встречу.

КИРЮХА, -и, м. Собутыльник-приятель. = — Сижу я у кирюхи в кочегарке, пришёл потрепаться и за хлебом. (Марченко. Мои показания.)

КИРЯТЬ, -яю, -яешь, несов., сов. Кирнуть.

КИСА, -ы, ж. Обращение к девушке, женщине. = И тут Рест доказал, что существуют на свете истинные джентльмены. - Вот тебе кусок, киса, - говорит он ей и подаёт деньги. (Леви. Записки Серого Волка.)

КИСЛОРОД, -а, м. Деньги. = - К тому ж без отпуска остался. А без "кислорода" кого сфалует? - согласился Берендей. (Нетесова. Фартовые.)

КИЧА, -и, ж. Ср. Кичман.

КИЧМАН, -а, м. 1. Штрафной изолятор. = Понимаешь, было это на проверке. Построили нас, ну и надзиратель один стал считать. Раз, два, три, дошел до меня, уставился на мой нос и говорит: "Ну и шнобель, ай да шнобель..." Тогда поддал мне ногой в зад и послал на "кичман"... (Леви. Записки Серого Волка.) 2. Тюрьма. = - Но учти, миленький, ихние тюрьмы другие. В российском кичмане ты, как блатной, имеешь свои привилегии. (Демин. Блатной.)

КИЧМАННЫЙ, -ая, -ое. Прил. к Кичман.

КИШКИ, -ек, мн. Одежда. = Глаз с Томильцем переглянулись. Кишки были лучше, чем на них. Надо раздеть этих ребят. Ишь, прибарахлились. Глаз таких шмоток на воле не носил. (Габышев. Одлян.)

КЛАДАНУТЬ, -ану, -анёшь, сов. Донести, выдать. = Точняк, кто-то уже кладанул! С чего б они так шустро прикатили!

КЛАСТЬ, кладу, кладёшь, несов., сов. Кладануть. Доносить, выдавать. = Кладёт какая-то падла по-чёрному, а концы ни хрена найти не можем, хоть ты сдохни!

КЛЁВО, нареч. Хорошо. = Пискун раньше клёво бацал, на чём хошь мог!

КЛЁВЫЙ, -ая, -ое. Хороший. = Шкары на чуваке клёвые были, видал?

КЛЕИТЬ, клею, клеишь, несов., сов. Заклеить. = - Не скучай, Марь Ивановна! С нами ложись, - крикнула Санька, - капитан небось уже связистку клеит. (Корнилов. Девочки и дамочки.)

КЛЕИТЬ**КЛЕИТЬ ДЕЛО. Обвинять в совершении преступления. = — Начальник, видать, клеил ему чужое дело, для процента...

КЛЕИТЬСЯ, клеюсь, клеишься, несов., сов. Заклеиться.

КЛЕЯТЬ, -яю, -яешь несов., сов. Отклеять. Отходить, приходить в себя. = Ну чего, клеяешь помалу? Ничо, к утру отклеяешь, всё будет нормалёк!

КЛИКУХА, -и, ж. Прозвище, кличка. = Как звать уже не помню, кликуха его Цыган.

КЛИМАТИТЬ, климатит, несов. Подходить, нравиться. = Мне здесь не климатит, сорвусь куда-нибудь.

КЛИФТ, -а, м. Пиджак. = Чувак хиловатый, чуть из клифта не выпадает, а баба - как пульмановский вагон.

КЛИЧУХА, -и, ж. Ср. Кликуха.

КЛОП, -а, м. Кнопка для звонка. = Медвежьи глазки поднимается в воздух, голова глухо брякается о кафельный пол сортира, он сползает на пол. Боря уже у двери, жмёт на "клопа". (Светов. Тюрьма.)

КЛЫК, -а, м. Зуб. = Чего клыки выставил парниша? Лишние, что ль имеешь?

КНОКАТЬ, -аю, -аешь, несов., сов. Кнокнуть. Глядеть. = Сижу, кнокаю на Кидаллу, и он тоже косяка на меня давит, ворочает в мозгах своих, окантованных воспоминаниями. (Алешковский. Кенгуру.)

КНОКНУТЬ, -ну, -нешь, сов., несов. Кнокать.

КНОПАРЬ, -я, м. Нож. = Кнопарь - это нож, обычно с наборной ручкой.

КНУТ, -а, м. То же, что Дура.

КНУТ 2, -а, м. Брань. = Кнут ты долбаный, понял?

КОБЕЛИХА, - и, ж. Активная лесбиянка. = У этих "кобелих" воспалительные процессы бывают очень часто. Особенно, кому больше пяти сидеть...

КОБЕЛЬ, -я, м. То же, что Кобёл (в 1-м знач.). = Если припрёт, так и сами себя обслуживают. "Кобель" - эта за мужика, "кобелиха", придумают же, стервозы...

КОБЁЛ, кобла, м. 1. Активная лесбиянка. = - Кто-кто с вами шел? - переспросил высокий белобрысый парень. - Да кобёл, говорю. - А что такое кобёл? - А вы по какой ходке? - спросил Глаз. (Габышев. Одлян.) 2. Брань. = Какого ты еще тут! Кобёл! Сопи в дырку и не возникай!

КОБЗДЕЦ, -а, м. Конец, смерть. = Тут ему и кобздец пришел, допрыгался, козёл безрогий!

КОБЛИХА, -и, ж. Ср. Кобелиха.

КОБЛУХА, -и, ж. Ср. Коблиха. = Партнёрши, играющие в лесбийских парах мужскую роль, - так называемые "коблухи", - начинают называть себя мужскими именами, говорить нарочито грубым и низким голосом, подражать мужской походке. (Кречетников. Жизнь за решёткой.)

К*О*БРА, -ы, ж. То же, что Вафлёрша.

КОБЫЗД*Е*Ц, -а, м. Ср. Кобзд*е*ц.

К*О*ВАНЫЙ, -ая, ое. Краплёный, меченый. = - Понимаешь, я за ним давно наблюдаю. И видит Бог, мне всё время кажется, что карты у него кованые. (Демин. Блатной.)

КОВЫРН*У*ТЬ, -ну, -нёшь, сов., несов. Ковырять. Обокрасть со взломом. = По зоне прошел слух, что кто-то ковырнул посылочную и забрал часть продуктов. (Габышев. Одлян.)

КОВЫР*Я*ЛКА, -и, ж. Лесбиянка. = "Ковырялки" приревновали одну, или одного, не знаешь, как и сказать, и отомстили...

К*О*ДЛА, -ы, ж. Ср. Кодло.

К*О*ДЛО, -а, ср. Шайка. = Бакума - вор, такой же, как я, злой, спокойный блатняга. Понимаешь, он вор, настоящий вор в законе, и ушел из кодла только потому, что понимал - со мной ему работать и наваристей и спокойней... (Вайнеры. Гонки по вертикали.)

К*О*ЖА, -и, ж. Бумажник. = Кожа без бабок была, бумагой набита.

К*О*ЖА 2, -и, ж. То же, что Шал*а*ва.

КОЖ*А*Н, -а, м. Ср. К*о*жа.

КОЗ*ё*Л, -а, м. Член отряда охраны общественного порядка в колонии. = Есть такой, прошу прощения, отряд "козлов", как их на зоне называют, то есть формально он называется "отряд охраны общественного порядка". И вот подходит "жулик" к "козлу"... (Губин. От тюрьмы, от сумы и от страха.)

КОЗ*ё*Л 2, -а, м. Пассивный педераст. = Каждого пидера мы не станем охранять. Дерут их зэки и правильно. Я им за такое по бутылке выставлял бы. А козлов в расход, и рука не дрогнула бы. (Нетесова. Колымский призрак.)

КОЗЛОД*ё*РКА, -и, ж. Помещение для контролёров в ИТК. = Когда заканчивался срок 15 суток, осуждённого выводили из камеры в козлодёрку, где проходили все экзекуции... (Огонёк, 1990, 36.)

КОЗЛ*Я*ТНИК, -а, м. Актив осужденных в ИТУ. = - Будут тянуть в "козлятник", - поучал меня Степанов по кличке Хрипатый, - откажись. (К новой жизни.)

К*О*ЗОЧКА, -и, ж. Ср. Р*о*зочка. = Вылепив механику сотню отборных матов, пообещал пощекотать "козочкой" (так называли острие граней разбитой бутылки), если тот не захлопнется. (Нетесова.

Колымский призрак.)

КОКИ, -ов, мн. Яички. = Все коки себе отбил по такой дороге!

КОКИ-ЯКИ, -ов-ов, мн. Ср. К*о*ки. = Коки-яки, забияки, бьют девчоночку по сраке!

КОКН*А***Р**, -а, м. Наркотик, приготавливаемый из маковой соломки. = Варят с уксусом, а потом так пьют.

КОКУШКИ ТЕБ*Е***.** Фига с маслом. = Кокушки тебе, а не стиры, раскатал грибы!

КОЛ, -а, м. Рубль. = Пары колов мне б хватило, а чувак зажал. Пришлось врезать разок.

КОЛЕБ*А***ТЬ**, -аю, -аешь, несов., сов. Заколеб*а*ть.

КОЛ*ё***СА**, колёс, мн. Таблетки, содержащие наркотические вещества. = Колёса - это таблетки. Всякие: какими они пользуются, чтоб "кайф словить"... Например? Теофедрин, снотворное любое.

КОЛ*ё***СА 2**, колёс, мн. Обувь (ботинки, сапоги). = Колёса сымай, я только марафет навёл!

КОЛ*ё***СА**КОЛ***ё***СА КАТ***И***ТЬ.** Идти. = Куда колёса катишь?

КОЛЛ*Е***ГА**, -и, м. См. Подельник.

КОЛОН*У***ТЬ**, - ну, -нёшь, сов., несов. Кол*о*ть. 1.Разоблачить. = Его колонуть, не хрен делать было. У ментов все козыри в руках. 2. Добиться чего-то, завладеть чем-либо. = Колонул фраера на папиросы.

КОЛОН*У***ТЬСЯ**, -нусь, -нёшься, сов., несов. Кол*о*ться. Сознаваться. = Он не дурак раскалываться. Если он колонётся, ему срок горит, да и немалый. Значит, с Генкой тоже всё железно. (Габышев. Одлян.)

КОЛОТ*У***ШКИ**, -ек, мн. См. Бой.

КОЛ*О***ТЬ**, колю, колешь, несов., сов. Колонуть и Раскол*о*ть.

КОЛ*О***ТЬСЯ**, -люсь, -лешься, несов., сов. Колонуться и Раскол*о*ться.

КОЛ*О***ТЬСЯ 2**, -люсь, -лешься, несов., сов. Укол*о*ться. 1. Вводить наркотик в вену. = Давно не кололся, не было ничего. 2. Стать наркоманом. = Да у них уже почти все колются, нашёл чем удивить!

КОЛ*О***ТЬСЯ 3**, -люсь, -лешься, несов., сов. Прикол*о*ться. Приставать к кому-нибудь. = К ней кололся один тут, пришлось немного поучить борзоту...

КОЛУП*А***ТЬ**, -аю, -аешь, несов., сов. Колупнуть.

КОЛУПН*У***ТЬ**, -ну, -нёшь, сов., несов. Колуп*а*ть. Взломать с целью ограбления. = Поставят охранять склад - что ж, будешь охранять... Ну, а вдруг в этот склад полезут урки, захотят колупнуть его, а? (Демин. Блатной.)

КОЛЫ, -ов, мн. Деньги. = Ты, небось, опять без колов?

КОЛЫХАТЬ, колышет. Волновать. = Меня это не колышет.

КОЛЮЧКА, -и, ж. См. Запретка.

КОМАНДИРОВКА, -и, ж. Лагерь. = Послышались вопросы: "Кто такие? Масть? Воры есть?" Кое-кто из прибывших вышел вперёд и тоже спросил: "Какая командировка (лагерь, стало быть)? Воровская или?.."(Леви. Записки Серого Волка.)

КОМИССАР, -а, м. Преступник, переодевшийся в милицейскую форму. = Эту квартиру ограбили так называемые "комиссары": переодетые милиционерами грабители. Одного уже задержали.

КОМОК, комка, м. Ср. Камок.

КОМПОТ, -а, м. Инвалюта. = Его дважды задерживали дружинники за спекуляцию книгами, и вот во второй раз при досмотре у него было обнаружено немного "компота": доллары, франки, западногерманские марки. (Пересунько. Жаркое лето.)

КОМСТРОЛИТЬ, -лю, -лишь, несов., сов. Прикомстролить. Убивать. = - Сколько за тобой мокрых дел? - Да много, - отмахнулся Девка, - ну вот! Комстролил людей - ни о чём таком не задумывался, а теперь вдруг... (Демин. Блатной.)

КОНВЕЙЕР****ДЕРЖАТЬ НА КОНВЕЙЕРЕ**. Подвергать непрерывному допросу. = Абдуллина держали на конвейере двое суток непрерывно. (Гинзбург. Крутой маршрут.)

КОНВЕРТ, -а, м. См. Кандей.

КОНВЕРТ****НАЛОЖИТЬ В КОНВЕРТ**. Надавать по шее. = Сика Шиме по первое число в конверт наложил. Тот теперь сюда рыла не сунет, будь спок!

КОНДЕЙ, -я, м. Ср. Кандей.

КОНЕЦ, -нца, м. Мужской половой член.

КОНЕЦ****КОНЕЦ МОЧИТЬ**. Совершать половой акт. = Вяжи дрочить, пора конец мочить!

КОНЁК, -нька, м. Воровской инструмент. = Животные названия носят большинство воровских инструментов: "выдра", "рак", "конёк", "гусиная лапа", "птичка". (Лихачев - 35.)

КОНИ****КОНЕЙ ОТВЯЗАТЬ**. Помочиться. = Зашёл в подъезд, коней отвязал, сразу на душе полегчало.

К**О**НИТЬ, -ню, -нишь, несов., сов. Ск**о**нить. Трусить. = Ребята договорились в случае драки скопом кинуться на боксёра. Распределили кому хватать швабру, кому скамейки и табуреты. Ребята боксёра конили: здоровый был и по-мужицки крепок. (Габышев. Одлян.)

КОНОВ**А**Л, -а, м. Медбрат. = Пальцев тоже работал в медвытрезвителе, но медбратом, или, как говорят в армии, тюрьме и зоне, коновалом. (Габышев. Одлян.)

КОНТ**О**РА, -ы, ж. Отделение милиции. = Сантёра в контору вызвали через повестку.

КОНЧ**А**ТЬ, -аю, -аешь, несов., сов. Кончить. Эякулировать. = Как там Алка пела: "Я так хочу, я всё лето не кончала..."

К**О**НЧИТЬ, -чу, -чишь, сов., несов. Конч**а**ть.

К**О**НЬ, -я, м. Переписка в ИТУ между заключёнными, почта. = Первым делом Валентин пытается наладить с ней связь: перестукивается. Вечером закидывает "коня" - пошла почта! (Светов. Тюрьма.)

К**О**НЬ БЗДЕЛОВ**А**ТОЙ ПОР**О**ДЫ. Трус. = И шо этот конь бзделоватой породы тебе наврал?

КОНЬК**И****КОНЬК**И** ОТБР**О**СИТЬ. Умереть. = Да он давно уже коньки отбросил, точняк!

КОНЬК**И****КОНЬК**И** ОТКИНУТЬ. Ср. Коньк**и** отбр**о**сить.

КОП**Е**ЕЧКА, -и, ж. Азартная игра на деньги. = Давай в копеечку сгоняем от не хрен делать?

КОПЫЗ**И**ТЬСЯ, -зюсь, -зишься, несов., сов. Закопыз**и**ться.

КОП**Ы**ТА, копыт, мн. Ноги. = В лыч ему с ходу врезал, тот и с копыт долой...

КОП**Ы**ТА**КОП**Ы**ТА ОТКИНУТЬ. Ср. Коньки откинуть.

КОПЬ**ё**, -я, ср.Копейка. = Илюха вон Лопатин радикулит ездил лечить: корову целую ухнул, а приехал без копья. (Шукшин. Калина красная.)

КОРЕФ**А**Н, -а, м. Приятель. = - Понимаешь, Ирочка, друг тут один подвалил, корефан старый, хотели выпить, а магазин уже всё, тю-тю... (Пересунько. Жаркое лето.)

К**О**РЕШ, -а, м. Друг, приятель. = Я с корешами переговорю, может кто из них слыхал.

КОРЕШ**И**ТЬ, -шу, -шишь, несов. Дружить. = Мы с детства корешили с Серёгой.

КОРЕШИТЬСЯ, -шусь, -шишься, несов., сов. Скорешиться. Ср. Корешить.

КОРЕШОК, -шка, м. Ср. Кореш.

КОРМУШКА, -и, ж. Окошечко в двери камеры. = Когда открылось окошечко - "кормушка", я достал для заключенных книги и бесшабашно крикнул: "Здорово, орлы!". (Губин. От тюрьмы, от сумы и от страха.)

КОРОБОЧКА, -и, ж. Рот. = Закрой коробочку, не то яйцы простудить можно!

КОРОЛЬ, -я, м. Главарь. = По законам воровским у "короля" должен быть наследник, и, по одной из версий, он обязан принести клятву на прахе предшественника. Каковы нравы - таковы и законы. (Комсомольская правда, 28.03.1991.)

КОРОНОВКА, -и, ж. Процедура посвящения в Законника. = Всё чаще в зонах берутся верховодить самозванцы, никогда не проходившие "короновку", и именно они, не зная "закона", творят самый чёрный беспредел. (Кречетников. Жизнь за решёткой.)

КОРОЧКИ, -ек, мн. Туфли. = Корочки где-то себе оторвал, ты смотри, что делается!

КОРОЧКИ 2, -ек, мн. Документы. = На лайбу корочки можешь добыть или нет?

КОРЫ, кор, мн. Ср. Корочки.

КОРЫШ, -а, м. Ср. Кореш.

КОРЯЧИТЬСЯ, корячится, несов. Торчать, выступать. = Чо из кармана корячилось, не понял.

КОСАЯ, -ой, ж. Ср. Косяк.

КОСИТЬ, кошу, косишь, несов., сов. Закосить. Симулировать. = Он всё под больного косил, а как опустить пригрозили - враз поправился...

КОСТЫЛЬ, -я, м. См. Пайка.

КОСУХА, -и, ж. Ср. Косая.

КОСЯК, -а, м. Самокрутка с Анашой. = У меня на косяк осталось, хошь попробовать?

КОСЯК** КОСЯКА ДАВИТЬ. Подсматривать, наблюдать. = Покурив, он поднялся по обшарпанным ступенькам на мост и стал расхаживать, давя косяка на перрон, на котором стояли два генерала. (Габышев. Одлян.)

КОТ, -а, м. Любовник.= Анька с очередным котом спуталась, как я слыхал. Так? 2. Мошенник, использующий сожительницу (кошку) в качестве приманки с целью воровства. = Не последнее место в преступном мире конца XIX - начала XX вв. принадлежало "котам" и "кошкам", промышлявшим "хипесом" - обиранием любовников. (Лебедев - 1989.)

КОТËЛ, -а, м. См. Общ*ак* 2. = Дядя Митя - самый авторитетный вор, старый, с бородой; у него хранится воровской "общак", или "котёл", - касса, в которую каждый вор отдавал деньги, собранные с бригад. (Леви. Записки Серого Волка.)

КОТЛ*Ы*, -ов, мн. Наручные часы. = Котлы у него импортные, видал?

КОЦАНУТЬ, -ану, -анёшь, сов., несов. Коцать. Ударить. = Он мне по жопе хотел коцануть, да не попал...

К*О*ЦАНЫЙ, -ая, -ое. Краплёный, меченый. = У него коцаная колода, верняк, была.

К*О*ЦАТЬ, -аю, -аешь, несов., сов. Коцануть.

К*О*ЦЫ, -ов, мн. Ботинки, выдаваемые в ИТК. = - На прогулку я не пойду. У меня носков шерстяных нет и коцы здоровенные. (Габышев. Одлян.)

КОЧЕГ*А*Р, -а, м. Ср. Глином*е*с.

К*О*ЧЕТ, -а, м. См. Петух.

КОШЕЛ*ё*К, -лька, м. Один из ритуалов посвящения новичков в заключённые. = Старинным обычаем мест лишения свободы было посвящение в арестанты новичков... Ритуалы имели свои названия: "платочек", "крестики", "кошёлек", "напёрсток" и др. (Лебедев - 1989.)

К*О*ШКА, -и, ж. См. Хипесница.

КР*А*Б, -а, м. Рука. = Ладно, держи краба, я полетел.

КР*А*БЫ, -ов, мн. Часы наручные с металлическим браслетом. = Крабами хвалился, на полкуска.

• КРАНТ*Ы*, - ов, мн. Конец, безвыходная ситуация. = - А то ведь как может быть, - продолжает Жора. - Тот, что сзади, приготовил удавочку из тонкой лески... Заехали в тёмное место - раз - и кранты, сливай воду... (Лучковский. Частный детектив Эдуард Баранчук.)

КР*А*СНАЯ З*О*НА. ИТК, в которой доминирует Акт*ив*. = В зависимости от того, чьё влияние в колонии преобладает, зоны делятся на "красные", или "сучьи", и "воровские". (Кречетников. Жизнь за решёткой.)

КРАСНАЯ ШАПОЧКА. Название группировки блатного мира.= Бывшие же "воры в законе", "отколотые", оказавшись как бы между двух огней, образовывали новые группировки: "один на льдине", "ломом подпоясанные", "красная шапочка"... (Лебедев - 1989.)

КРАСНЕНЬКАЯ, -ой, ж. 1. Десятилетний срок заключения. = ... "стрюжка", "3 копейки" или "3 года заключения"; "зюмар" "20 копеек"; на "сдюку", "на здюм" "вдвоём"; "красненькая" "десятилетний срок заключения". (Лихачев - 35.) См. Чирик.

КРАСНЕНЬКАЯ**РАЗМЕНЯТЬ КРАСНЕНЬКУЮ. Отбыть половину десятилетнего срока заключения. = Разменять красненькую - означает пробыть в заключении половину из десятилетнего срока. (Лихачев - 35.)

КРАСНОВЩИК, -а, м. Ср. Краснушник. - Отец красновщиком был. - Что за профессия? - Контейнеры взламывал на железнодорожной станции. (К новой жизни.)

КРАСНОПЁРЫЙ, -ого, м. Охранник. = - Дураков, вызывай весь наряд! Краснопёрый рванулся в караулку. (ЛГ, 13.02.91.)

КРАСНОПОГОННИК, -а, м. То же, что Краснопёрый.

КРАСНУХА, -и, ж. Товарный железнодорожный состав, состав с контейнерами. = Поезда эти окрашены в кирпично-красный цвет (помните: "струятся, словно кровь державы, красные товарные составы") и на воровском жаргоне именуются "краснухами". (Демин. Блатной.)

КРАСНУЧКА, -и, ж. Ср. Красючка.

КРАСНУШНИК, -а, м. Обворовывающий, грабящий товарные железнодорожные составы. = Краснушники имеют дело с миллионными ценностями. Но добывать их не так-то легко! Вскрывать пломбированные, надёжно охраняемые грузовые вагоны приходится, как правило, на полном ходу. (Демин. Блатной.)

КРАСЮК, -а, м. Красавец. = Вася парень красивый, красюк, девки любят.

КРАСЮЧКА, -и, ж. Женск. к Красюк.

КРАХ, -а, м. Нищий. = Какое-то время она скиталась по югу страны вместе с бродягами и нищими (блатные их весьма метко называют "крахи"), ночевала на вокзалах и пустырях, отдавалась за ломоть хлеба, за одну затяжку анаши... (Демин. Блатной.)

КРАХМАЛИТЬ, -лю, -лишь, несов., сов. Накрахмалить. Пропитывать кусок ткани токсичным веществом. = "Крахмалят" носовой платок - и под шапку. Через некоторое время уже "торчат".

КРЕГЛИ, -ей, мн. Руки. = Чего ты крегли растопырил? Помахаться захотелось?

КРЕПОСТНОЙ, -ого, м. Заключённый. = Вот и всё, дуй теперь с ним на кладбище. Да не на вольное, гляди! Потомственному крепостному на нём не место. Крепостной - заключённый. (Демидов. Дубарь.)

КРЕСТ, -а, м. Санчасть. = Милое дело - лечь на крест: лежишь себе балдеешь...

КРЕСТ**НА КРЕСТ ВЫНЕСТИ. Положить в санчасть. = Парень в этом случае должен кого-то порезать или убить... уйдя на второй срок, или резать лезвием себе вены, живот, чтобы вынесли на крест, то есть в больницу. (Огонёк, 1990, 35.)

КРЕСТИКИ, -ов, мн. Один из ритуалов Прописки. = Ритуалы имели свои названия: "платочек", "крестики", "кошелёк", "напёрсток" и др. (Лебедев - 1989.)

КРЕСТИТЬ, крещу, крестишь, несов., сов. Закрестить. Судить. = На общем сходе решают, крестят, судят, иначе говоря.

КРЕСТНЫЙ, -ого, м. Следственный или судебный орган. = - У нас с вами крёстные разные: у вас МВД, а у меня КГБ. (Марченко. Мои показания.)

КРОВАВАЯ МЭРИ. Смесь водки с томатным соком. = Джек уважает исключительно "кровавую Мэри". Русский коктейль из водки и томатного сока.

КРОВЬ, -и, ж. Личное имущество. = Так напр., нижнее бельё, брюки, подушка и одеяло, которые по воровским правилам ни в коем случае не должны проигрываться в карты, носят название "кровь". (Лихачев - 35.)

КРОВЯНКА, - и, м. Кровь. = Все, от нас до почти годовалых, Толковище вели до кровянки, А в подвалах и полуподвалах Ребятишкам хотелось под танки. (Высоцкий.)

КРОВЯНКА**КРОВЯНКУ ПУСКАТЬ. Избивать до крови. = Сколько раз ему уже кровянку пускали, а он опять копызится.

КРОШКА, - и, ж. Обращение к девушке, женщине. = Крошка, говорю, ползи на грудь, пупками потерёмся, поцарапаемся...

КРУТАНУТЬ, -ану, - анёшь, сов., несов. Крутить. Доказать виновность. = Как тяжело преступнику в первые минуты после того, как его раскололи. И как хорошо в эти минуты тому, кто его расколол... = - Всё кончено, крутанули, - сказал Глаз в камере. (Габышев. Одлян.)

КРУТИТЬ, кручу, крутишь, несов., сов. Крутануть и Раскрутить.

КРУТИТЬ****КРУТИТЬ ВОРГАНКУ**. Выдавать себя за вора. = Собирает сопляков, которым дома не сидится, и начинает рассказывать о своих похождениях, "ворганку крутит"...

КРУТИТЬ****КРУТИТЬ ДЕЛО**. Вести следствие. = Пока дело крутили, он коньки отбросил.

КРУТИТЬ****КРУТИТЬ ДИНАМУ**. Обманывать. = Чего ты тут динаму крутишь?

КРУТИТЬ****КРУТИТЬ ПЕДАЛИ**. Убираться. = Крути педали отсюда, да поживей.

КРУТИТЬ****КРУТИТЬ ПОГАНКУ**. Совершать подлость. = Если опять поганку крутит, хоть на четыре кости поставьте!

КРУТНЯК, -а, м. Большая, чрезмерная доза наркотика. = Попался, как пионер. А те сразу просекли фишку - пустили по вене крутняк и выкинули на улицу. (Война с наркомафией.)

КРЫСА, -ы, ж. Ср. Крыска.

КРЫСКА, -и, м. Заключённый, ворующий в ИТУ. = Бывает, опускают за доносы, а порою и "жуликов" за нарушение законов зоны - например, за воровство из тумбочек, это "крыски" так называемые... (Губин. От тюрьмы, от сумы и от страха.)

КРЫСОЛОВ, -а, м. Категория квартирных воров. = Так, среди квартирных воров выделяются категории "хвостовщиков", "наводчиков", "обходчиков", "балконщиков", "сычей", "крысоловов", "ходящих по соннику" и др. (Лебедев - 1989.)

КРЫСЯТНИК, -а, м. То же, что Крыска.

КРЫСЯТНИЦА, -ы, ж. Женск. к Крысятник.

КРЫТАЯ, -ой, ж. Тюрьма. = Он уже и в "крытой" побывал, как раскрутился на зоне. Теперь обратно на зоне.

КРЫТКА, -и, ж. Ср. Крытая. = Танкисту за такое преступление дали двенадцать лет, из них два года крытки. (Габышев. Одлян.)

КРЫТНИК, -а, м. Заключённый, отбывающий наказание на тюремном режиме. = Насмотревшись на полосатиков и на крытиков и наслушавшись воровских историй, Глаз прибыл в КПЗ. (Габышев. Одлян.)

КРЫША, -и, ж. Замок. = - Идёшь и за пять минут вскрываешь "крышу". Берёшь что нужно. (К новой жизни.)

КРЫША 2, -и, ж. См. Головка. = ... Ни мы, ни КГБ ещё и близко не подобрались к "крыше" - высшему эшелону организованной преступности. (Огонёк, 1990, 19.)

КР*Ы*ША**КР*Ы*ША ТЕЧ*е*Т. Не все дома. = У него точно крыша течёт, у придурка.

КР*Ю*К**НА КРЮК ВЗЯТЬ. Поставить в зависимость. = Как бы его на крюк взять? Скользкий мужик!

КР*Ю*К**НА КРЮК*У* БЫТЬ. Ср. На крючк*е* быть.

КР*Ю*ЧОК**НА КРЮЧК*Е* БЫТЬ. Быть в зависимости. = У воров Кроль давно "на крючке", и они помыкали им как хотели. (Шаламов. Перчатка или КР-2.)

КРЯКНУТЬ, -ну, -нешь, сов. Умереть. = - Ну что, крякнул? - весёлый, с мороза. - Кома, - грудной, прокуренный. (Светов. Тюрьма.)

КРЯКУШНИК, -а, м. См. Канд*е*й.

КСИВА, -ы, ж. 1. Паспорт. = А ксива? - Милый ты мой, где же я тебе сразу-то паспорт выправлю? (Пересунько. Жаркое лето.) 2. Записка. = Пропала тогда неожиданно, как в воду канула... Плотник по головке не погладит, если отмахнусь от Федькиной ксивы... (Тихонов. Случай на Прорве.)

КС*И*ВА**КС*И*ВУ ЛОМ*А*ТЬ. Проверять документы. = Пока менты у бухаря ксиву ломали, мы сдёрнули.

КСИВОЛ*О*МКА, -и, ж. Проверка документов. = На железке опять ксиволомка была. Кто-то опять из зоны ломанулся.

КУГУТ, -а, м. Крестьянин. = Слово заключает в себе презрительное отношение к крестьянину, как бы указание на то, что такого человека легко обокрасть... "Кугут" - основное значение крестьянин"... (Лихачев - 35.)

КУКАР*Е*ШНИК, -а, м. См. Канд*е*й.

КУКЛА, -ы, ж. Подлог. = Осторожно отогнув пинцетом края пакета, он раскрыл содержимое. На стол выпала пачка тщательно нарезанных прямоугольных кусков бумаги размером в денежные купюры. - "Кукла"?!- удивленно спросил Владимир Федорович... (Хлысталов. "Куклы".)

КУКН*А*Р, -а, м. Ср. Кокн*а*р.

КУКОЛЬНИК, -а, м. Мошенник, использующий Куклу. = На "чёрном" рынке "кукольников" полно, около автомагазинов. Где есть спрос на дефицит, короче говоря.

КУЛАК, -а, м. Побои. = - Знаю, - ответил он,— я в Одляне сидел, а Матросова от нас недалеко была. Она показательная. У нас кулак сильный, а в матросовской, говорят, ещё сильнее. (Габышев. Одлян.)

КУМ, -а, м. Оперуполномоченный в местах лишения свободы. = В милиции это преступление висит нераскрытым. Пойти к куму и рассказать, что я знаю нераскрытое убийство, свидетелем которого был. (Габышев. Одлян.)

КУМОВКА, -и, м. Осведомитель. = Почему идёт базар, что ты кумовка?.. И вообще, что это ты как барин живёшь и менты тебя не трогают?.. (Огонёк, 1990, 35.)

КУМПОЛ, -а, м. Голова. = Мне по кумполу раза два досталось дубинкой.

КУПИТЬ, -плю, -пишь, сов. Обмануть. = Купил я тебя, а? Очко-то сразу сыграло?

КУПИТЬ****КУПИТЬ РОЗОЧКУ**. Заболеть венерической болезнью. = Она не грязная? А то розочку купишь, как два пальца обоссать!

КУПИТЬСЯ, -плюсь, -пишься, сов. Обмануться.

КУРёХА, -и, ж. Курево. = Я выхожу с Мишкой. Мне, крытнику, положено собирать жратву, курёху и шмотки (еду к самым лишённым)... (ЛГ, 13.02.91.)

КУРКАНУТЬ, -ану, -анёшь, сов., несов. Курковать. Спрятать. = Я курканул пару банок, на всякий случай, про чёрный день.

КУРКАНУТЬСЯ, -анусь, -анёшься, сов., несов. Курковаться. Спрятаться.

КУРКОВАТЬ, куркую, куркуешь, несов., сов. Курканyть.

КУРКОВАТЬСЯ, куркуюсь, куркуешься, несов., сов. Курканyться.

КУРКУЛЬ, -я, м. Паразит (бран.) = Пришел бухой под вечер и орёт: "Куркули! Зажигаю!" Его там и повязали.

КУРОК, курка, м. Тайник. = Его курок кто-то надыбал, видать. Чего он с лица сбледнул?

КУРОЧИТЬ, -чу, -чишь, несов., сов. Раскурочить. Грабить. = Иногда так тесно, что и уркам несручно бывает курочить. (Солженицын. Архипелаг ГУЛаг.)

КУРСАТЬ, -аю, -аешь, несов. См. Ботать на фене.

КУРУХА, -и, ж. См. Наседка.

КУРЯТНИК, -а, м. Рот. = Чего курятник раскрыл? Фиксой блеснуть хочешь?

КУСМАН, -а, м. Кусок. = Была пара пузырей и кусман черняги.

КУСМАНИТЬ, -ню, -нишь, несов. Попрошайничать. = Только

осталось в подвалах кусманить.

КУС*ОК*, куска, м. Тысяча рублей. = - Пятьдесят кусков. - Что-о-о? - Поначалу даже не поняла Лисицкая. - Не будь дураком, дружок? Ты сам влип, навёл на себя хвоста, а теперь хочешь ободрать меня как липку?! (Пересунько. Жаркое лето.)

КУС*ОК* 2, куска, м. Прапорщик - контролер ИТУ. = Он бывший кусок, по морде видать сразу; краснопогонником был, прапором.

КУТ*ОК***КУТК*ОМ* ПРОТЯНУТЬ. Изнасиловать группой. = Кутком бы её протянуть, по-другому б запела...

КУТ*ОК* СУЧИЙ. Камера, в которой содержатся сотрудничающие с администрацией осуждённые. = Наседку в сучьем кутке держал, чтоб не пришили...

КУЧЕРЯВА, -ы, ж. Удача. = Ну, улыбнулась кучерява дикому фраеру?

КУЧЕРЯВИТЬСЯ, кучерявится, несов. См. Улыб*а*ться. = Мне не кучерявится небо в клеточку лупать...

Л

ЛАВКА, -и, ж. Магазин. = В лавку сгоняй, курнуть охота.

ЛАДЫ, нареч. Хорошо. = Так и сделаем, как обговорили, лады?

ЛАЖА, -и, ж. Ерунда, чепуха. = Хватит лажу пороть, говори дело.

ЛАЖАНУТЬ, -ану, -анёшь, сов. Унизить. = Он при всех меня лажанул, падла. Не прощу!

ЛАЖАНУТЬСЯ, -анусь, -анёшься, сов. Осрамиться. = Помнишь, как мент лажанулся? Очко сыграло!

ЛАЖАТЬ, -аю, -аешь, несов., сов. Облажать. Унижать. = Я его не лажал, я его в упор не вижу.

ЛАЖАТЬСЯ, -аюсь, -аешься, несов. Облажаться.

ЛАЖОВЫЙ, -ая, -ое. Прил. к Лажа. = Лажовое дело-то раз-раз - и на матрас!

ЛАЙБА, -ы, ж. Легковая автомашина. = В другой раз Эдик бы вступил в разговор: покалякать с этим стариком, помнящим еще "форды" и "амы" было одно наслаждение. Но сейчас он лишь хмуро обошёл свою лайбу, попинал так, от нечего делать каждый баллон и, ни слова не сказав товарищам по цеху, снова уселся на своё место. (Лучковский. Частный детектив Эдуард Баранчук.)

ЛАЙБОВСКИЙ, -ая, -ое. Прил. к Лайба.

ЛАЙТА, -ы, ж. Ср. Лайба.

ЛАКША, -и, ж. Ср. Локш.

ЛАНДЫРКА, -и, ж. Конфета. = Дай пацанке ландырку! Махру обтруси.

ЛАНТУХ, -а, м. Повязка нарукавная ДПНК. = Он думал, что раз лантух нацепил, так у всех сразу и матка выпала! Видали мы таких!

ЛАПА ГУСИНАЯ, Ср. Гусиная лапа.

ЛАПОШНИК, -а, м. Осуждённый за взяточничество. = Лапошников трясли всю дорогу как хотели.

ЛАПТИ, -ей, мн. См. Корочки.

ЛАПТИ**ЛАПТИ ОТКИНУТЬ. Ср. Копыта откинуть.

ЛАПТИ**ЛАПТИ СПЛЕСТИ. Привлечь к уголовной ответственности. = Сике запросто ещё могут лапти сплести за хулиганку, на него нечего рассчитывать.

ЛАПША**ЛАПШУ ДВИНУТЬ. Ср. Двинуть лапшу на уши.

ЛАФА, -ы, ж. Удача, везение. = Сике опять лафа: тёща скопытилась...

ЛАЩИТЬ, лашу, лащишь, несов. Ср. Лощить.

ЛЕБЕДИ, -ей, мн. Двадцатипятирублёвая купюра. = Пару лебедей за брезент надо. Пятьдесят колов, говорю...

ЛЕБЕДЬ, -и, ж. См. Шеша. = Во вмажем - и по лебедям... Как говорится, скидывай козу с кровати...

ЛЕБЛЯДЬ, -и, ж. Ср. Лебедь.

ЛЕГАВИТЬ, -влю, -вишь, несов., сов. Легнуть. Доносить. = Сейчас все легавят, все повязаны.

ЛЕГАВКА, -и, ж. Здание милиции. = Легавку построили рядом с кладбищем. Нормально, носить близко будет.

ЛЕГАВСКИЙ, -ая, -ое. Милицейский. = Легавскую форму я на нюх не переношу! Псы!

ЛЕГАВЫЙ, -ого, м. Милиционер. = Батюшка-легавый, как бы мне в больницу-то? - Я тебя, карга старая, момент туда отправлю!

ЛЕГАШ, -а, м. Ср. Легавый.

ЛЕГНУТЬ, -ну, -нёшь, сов., несов. Легавить.

ЛЕЗТЬ**ЛЕЗТЬ В ПУЗЫРёК. Ср. Лезть в бутылку. = На обычную же брань арестанты совершенно хладнокровно отвечают такою же, и если бы кто-нибудь поступил иначе и начал бы сердиться, то тюрьма сказала бы о нём на своем жаргоне, что он лезет в "пузырёк". (Столица, 1991, 5.)

ЛЕЗТЬ**ЛЕЗТЬ НА ВЫШКУ. Добиваться смертного приговора.= Я ж не дурак на вышку лезть!

ЛЕПЕНЬ, лепня, м. Пиджак. = Нет, куртку я себе возьму. - Но ты лепень путёвый берёшь. (Габышев. Одлян.)

ЛЕПЕШОК, -шка, м. Ср. Лепень.

ЛЕПёХА, -и, м. Ср. Лепень. = Взяточник, лагерный спекулянт, комбинатор, вечно связанный с ворами, которые носили ему "лепёхи и шхеры". (Шаламов. Перчатка или КР-2.)

ЛЕПИЛА, -ы, м. Медработник. = Тот сказал: "Ничего! Будешь там лепилой". "Лепила" - это фельдшер по фене. (Губин. От тюрьмы, от сумы и от страха.)

ЛЕПИТЬ, леплю, лепишь, несов., сов. Залепить. Говорить. = Я у неё спрашиваю: "Что ты будешь пить?" А она мне лепит: "Голова болит..." (из песни)

ЛЕПИТЬ 2, леплю, лепишь, несов., сов. Залепить 2.

ЛЕПИТЬ**ЛЕПИТЬ БАБКИ. Обогащаться, наживаться. = Фука бабки лепит, я тебе дам! Масть пошла!

ЛЕПИТЬ**ЛЕПИТЬ ГОРБАТОГО. Обманывать. = Любой словарь воровской речи русской или иностранной включает в свой состав большое количество словосочетаний, целых выражений... горбатого лепить "обманывать"... (Лихачев - 35.)

ЛЕПИТЬ**ЛЕПИТЬ ДЕЛО. См. Клеить дело.

ЛЕПИТЬ**ЛЕПИТЬ ТЕМНУХУ. Вводить в заблуждение. = Да в зоне легче темнуху лепить, - ухмыльнулся Гном. (Нетесова. Утро без рассвета. Колыма.)

ЛИВЕР, -а, м. Наблюдение.

ЛИВЕРИТЬ, -рю, -ришь, несов., сов. Ливернуть. Наблюдать, следить. = Пока ехали, он всё за ней ливерил. Пристал, как банный лист к жопе.

ЛИВЕРНУТЬ, -ну, -нёшь, сов., несов. Ливерить и Ливеровать.

ЛИВЕРОВАТЬ, -рую, -руешь, несов., сов. Ливернуть. То же, что Ливерить.

ЛИМОН, -а, м. Миллион рублей. = Но ведь именно ему - Юрочке Леонову - принадлежит этот "лимон", все эти вещички, все ценности, найденные в машине, а также при обыске у Волина и его родственников в квартирах! (Незнанский. Ярмарка в Сокольниках.)

ЛИНЯТЬ, -яю, -яешь, несов., сов. Слинять. Уходить. = Ну, что? Линять пора. Потопали по тихому.

ЛИПА, -ы, ж. Подделка, фальшивка.

ЛИПАНУТЬ, -ану, -анёшь, сов., несов. Липовать. Подделать. = Ему корочки липануть - раз плюнуть! Комар носу не подточит!

ЛИПАНУТЬ 2, -ану, -анёшь, сов. Соврать. = Липанул ей чего-то, а она баба битая; догнала, что к чему...

ЛИПИЛА, -ы, м. Ср. Лепила.

ЛИПНЯК, -а, м. Поддельные документы. = Спрячь свой липняк и не показывай никому. За версту липой пахнет!

ЛИПОВАТЬ, -ую, -уешь, несов., сов. Липануть.

ЛИПУХА, -и, ж. Печать. = Саня тебе липуху заделает в лучшем виде. Мастер!

ЛИСТ, -а, м. Игральная карта. = Игроки играли обычно в три листа...

ЛИ́ТЕР, -а, м. Лейтенант. = Начальником конвоя будет литер какой-то малахольный.

ЛИТЕРО́К, -рка, м. Ср. Ли́тер.

ЛИ́ЧНИК, -а, м. Длительное свидание с родственниками. = С личником его, кажись, прокинули, ну тот и завёлся. В ПКТ попал.

ЛИЧНЯ́К, -а, м. То же, что Ли́чник. = Ларёк, передачи, свидания... - Личняк? - он явно смеётся. (Светов. Тюрьма.)

ЛОБ, лба, м. См. Жлоб (во 2-м знач.) = Так и есть, он искал подходящий "лоб", а может быть, и несколько "лбов" для какой-то паскудной работёнки внутри лагеря... (Демидов. Дубарь.)

ЛОВИ́ТЬ, -влю, -вишь, несов., сов. Залови́ть и Слови́ть.

ЛОВИ́ТЬ**ЛОВИ́ТЬ КАЙФ. Ср. Кайф лови́ть.

ЛОВИ́ТЬ**ЛОВИ́ТЬ МАНДРА́Ж. Трусить. = Пускай они мандраж ловят, а нам не хрен бояться!

ЛОВИ́ТЬ**ЛОВИ́ТЬ МЫШЕ́Й. Быть в форме. = Пока ничтяк, мышей ловить ещё может!

ЛОВИ́ТЬ**ЛОВИ́ТЬ НЕ́ЧЕГО. Ср. Не́чего лови́ть.

ЛОВИ́ТЬ**ЛОВИ́ТЬ ПРИХО́Д. Ср. Залови́ть приход.

ЛОВИ́ТЬ**ЛОВИ́ТЬ СЕА́НС. Получать зрительное удовольствие. = Я лежу себе спокойно, сеанс ловлю: клёвые кадры подвалили.

ЛОВИ́ТЬСЯ, -люсь, -ишься, несов., сов. Залови́ться.

ЛОЖАНУ́ТЬ, -ану, -анёшь, сов. Ср. Лажану́ть.

ЛОЖИ́ТЬ, ложу, ложишь, несов., сов. Заложи́ть.

ЛОЖКА́РЬ, -я, м. Работник хозобслуги в столовой. = Ложкарь дело туго знал, потому и держался.

ЛОКА́ЛКА, -и, ж. Локальная зона в колонии. = Стас удалился на вахту, в отдалении маячила группа контролёров, наблюдая за локалкой, где находился я. (Империя страха.)

ЛОКШ, -а, м. Ноль, пустое место. = За такой срок можно женскую гимназию превратить в женскую консультацию имени Лепешинской, которая в вашей, небось, - говорю, - лаборатории из чистого локша получила живую клетку. (Алешковский. Кенгуру.)

ЛОМ, -а, м. См. А́мбал.

ЛОМАНУ́ТЬСЯ, -анусь, -анёшься., сов. Совершить побег. = Наручников, да ещё в паре, Глаз не предусмотрел. "Как же я ломанусь? Ладно. Спокойно. На вокзале снимут," - утешал себя Глаз. (Габышев. Одлян.)

ЛОМА́ТЬ, -а́ю, -а́ешь, несов., сов. Слома́ть. Вытаскивать. = Ты отвлекаешься на этом движении. Я кладу купюру сверху и вручаю тебе. Ты мне чеки... И в этот момент я "ломаю" половину пачки. Больше нельзя - "статья". (Огонёк, 1986, 15.)

ЛОМА́ТЬ 2, -а́ю, -а́ешь, несов., сов. Слома́ть 2. Приводить в повиновение. = ... "кумовья" во главе со Стасом избивали недовольных метровыми отрезками телефонного кабеля, то есть "ломали". Хотя в зоне не осталось сильных "бродяг" - их осудили или вывезли в другие колонии... (Огонёк, 1990, 35.)

ЛОМА́ТЬ 3, -а́ю, -а́ешь, несов., сов. Слома́ть 3. Прерывать. = Напр. "играющий" хорошо играющий в карты, шулер; "ломать" прерывать что-либо, кончать с чем-либо... (Лихачев - 35.)

ЛОМА́ТЬ**ЛОМА́ТЬ КСИ́ВУ. Ср. Кси́ву лома́ть.

ЛОМА́ТЬ**ЛОМА́ТЬ ЦЕ́ЛКУ. Лишать невинности. = Сахар белый, сахар белый, сахар беленький, песок, Девкам целки да ломают - Я им сделал из досок! (из рифмовок).

ЛОМИ́ТЬ**ЛОМИ́ТЬ КСИ́ВУ. Ср. Лома́ть кси́ву.

ЛОМИ́ТЬ**ЛОМИ́ТЬ РОГА́. Ср. Заломи́ть рога́.

ЛОМИ́ТЬСЯ, ломи́ться, несов., сов. Обломи́ться. Доставаться. = Пятёрка Масею ломится?

ЛО́МКА, -и, ж. Ср. Ксиволо́мка.

ЛО́МКА 2, -и, ж. Состояние наркомана, требующее введения в организм наркотика. = Несчастный актёр вынужден превращаться в собаку "на таланте" - ломка, по сравнению с которой наркотическая - суп с фрикадельками. (Столица, 1991, 4.)

ЛО́МКА 3, -и, ж. Кампания по борьбе с нарушителями Правил внутреннего распорядка. = С 1981 года в колониях страны начались "ломки", то есть кампании по борьбе с отрицаловкой. Людей начали бить, и очень сильно бить... (Огонёк, 1990, 36.)

ЛО́МОМ ПОДПОЯ́САННЫЕ. Название группировки блатного мира. = Бывшие же "воры в законе", "отколотые"... образовывали новые группировки: "один на льдине", "ломом подпоясанные"... (Лебедев - 1989.)

ЛОПА́ТНИК, -а, м. Кошелёк. = Румяный и Ташкентский начали меня усиленно обучать русскому языку, и я тут же узнал, что "мелодия" - это милиция, "лопатник" - кошелёк, а "фраер" - личность мужского пола, недоразвитая. (Леви. Записки Серого Волка.)

ЛОХ, -а, м. Глупый, наивный человек. = А через час-другой

возвращаются на свои постоянные места искать своих "лохов". Так эти люди называют владельцев чеков "Внешпосылторга". (Огонёк, 1988, 15.)

ЛОХМАТУХА, -и, м. Осуждённый за изнасилование. = Если б узнали, что лохматуха - отметелили б точно...

ЛОХМАТЫЙ СЕЙФ. Влагалище. = На этот лохматый сейф ещё кой-кто ножичек точил. И то ни хрена не вышло.

ЛОХМАЧ, -а, м. См. Козёл.

ЛОЩИТЬ, -щу, -щишь, несов. Ср. Кидать Лоща.

ЛУНА, -ы, ж. Электрическая лампочка. = Заставляли на луну, на лампочку, выть. А куда денешься - будешь выть...

ЛЫБИТЬСЯ, -люсь, -ишься, несов. Ухмыляться. = Харэ лыбиться, завязывай с мудянкой!

ЛЫЖИ**ЛЫЖИ ДЕЛАТЬ. Ср. Делать лыжи.

ЛЫТКАРИТЬСЯ, -рюсь, -ришься, несов. Заниматься лесбиянством. = Однажды я повздорила с человеком от администрации. И когда он узнал, что мы лыткаримся, то отомстил мне, перебросив Таню в другой отряд. (Огонёк, 91, 38.)

ЛЫЧ, -а, м. Морда. = В лыч ему - и все дела! Развыступался тут, вонючка столичная!

ЛЮСТРА, -ы, ж. Зеркало. = По люстре табуреткой трахнул и пошёл.

ЛЯГАВКА,- и, ж. Ср. Легавка.

ЛЯГАВСКИЙ, -ая, -ое. Ср. Легавский.

ЛЯГАВЫЙ, -ая, -ое. Ср. Легавый.

ЛЯГАШ, -а, м. Ср. Легаш.

ЛЯРВА, -ы, ж. Брань. = Она что, лярва-курва, подстилка татарская, чувырла, за длинными погналась?

М

МАГАЗУ́ХА, -и, ж. Магазин. = Чего магазуху опять закрыли? Ревизия обратно?

МА́ЗА, -ы, ж. Поддержка. = А я вам говорю - гадайте! Цыц! Цыц! На этой хате маза всегда за мной! (Вайнеры. Гонки по вертикали.)

МА́ЗА**МА́ЗУ ДЕРЖА́ТЬ. Ср. Держа́ть ма́зу.

МА́ЗАТЬ, мажу, мажешь, несов., сов. Вма́зать.

МА́ЗАТЬСЯ, мажусь, мажешься, несов., сов. Вма́заться.

МА́ЗЕЛ, мазла, м. Узелок. = Надо, говорит, прощупать, что у мужика за узел-мазел.

МАЗЛЯ́К, -а, м. Ср. Ма́зел.

МАЗУ́РИК, -а, м. Вор (устар.) = - Может, мазурики где забрались?- Какие тут мазурики, чего им тут взять? (Именем закона.)

МАЙДА́Н, -а, м. Вагон. = Менты в майдан влезли, а народу что людей! В сортире стояли! Облом у них вышел.

МАЙДА́ННИК, -а, м. Ворующий в поездах. = Кличка его, между прочим, Проныра, а зовут Мишей. Он "майданник" - в поездах промышляет. Это не значит, что он держится лишь за эту узкую "специальность", но это главная работёнка. В основном он "вертит углы"; в переводе на человеческий язык - ворует чемоданы... (Леви. Записки Серого Волка.)

МАЙДА́ННИЦА, -ы, ж. Женск. к Майда́нник.

МАЙДА́ННЫЙ, -ая, -ое. Прил. к Майда́н.

МАЙДА́НЩИК, -а, м. Ср. Майда́нник.

МАЙДА́НЩИЦА, -а, ж. Женск. к Майда́нщик.

МАКИ́ДРА, -ы, ж. Голова. = Макидру ему подними. Обрыгается, хер с ним. А то задавится ещё.

МАКИ́ТРА, -ы, ж. Ср. Маки́дра.

МАКЛЕВА́ТЬ, -люю, -люешь, несов. Устанавливать контакт. = Маклевать - значит, войти в контакт с нужным человеком.

МА́КЛИ, -ей, мн. Волосы на гениталиях. = Макли состригли, щекотится всё. Как на толчок итти - смехота!

МА́КЛИ 2, -ей, мн. Связи, контакты. = С ними макли найти надо, переговори с корешами.

МАЛОЛЕ́ТКА, -и, м. и ж. Несовершеннолетний осуждённый. = Что творится по тюрьмам советским, Трудно, граждане, вам рассказать, Как приходится нам, малолеткам, Со слезами свой срок отбывать. (Габышев. Одлян.)

МАЛ*И*НА, -ы, ж. 1. Воровской притон. = А какие рабочие специальности у воров? Где они обучались? В "малине"? (Нетесова. Утро без рассвета. Колыма.) 2. Воровская организация. = Я, конечно, могу блеснуть ловкостью, напасть на кого-нибудь, применить один-два из многочисленных подлых приёмов. Но разве этим покоришь такую женщину? Нет, этим восхищаются девицы из "малины", но не она. (Леви. Записки Серого Волка.)

МАЛ*Е*Ц, мальца, м. Валет, младшая фигура в игральных картах. = А мы его мальцом. - Ты что, совдепа мальцом? Задний ход!

МАЛ*ё*ВКА, -и, ж. Ср. Малява. = Дошло до того, что генералы преступного мира спохватились и разослали по всем следственным изоляторам и колониям "малёвку" - своего рода инструктивное письмо... (Кречетников. Жизнь за решёткой.)

МАЛЬЦ*Ы*, -ов, мн. Пальцы руки. = Шевели мальцами, как валюту считаешь!

МАЛЯВА, -ы, ж. Письмо или записка, миновавшие цензуру. = Друзья заключённых, оставшиеся на воле, ищут контакта с арестованными через контролера. Узнав о месте его работы, начинают вербовать. За передачу "малявы" (письма) с важной информацией дружки предлагают большие деньги. (Огонёк, 91, 38.)

М*А*МКА, -и, ж. Дама, третья по старшинству игральная карта с изображением женщины. = А виновая мамка у кого была? Не у тебя, что ль? Сидишь тут, сопли жуёшь!

МАМОЧКА, -и, ж. Воспитательница, командир отряда в женской колонии. = Хотя они по-прежнему называют нас то ментами, то мамочками,- говорила Т. В. Соломина, - мы, воспитатели, в целом относимся к ним намного лучше, чем они друг к другу. (Огонёк, 1990, 27.)

МАН*А*ТЬ, -аю, -аешь, несов., сов. Поман*а*ть. Относиться с пренебрежением, игнорировать. = Манал я это дело, ясно?

МАНДАВ*О*ШКА, -и, ж. Лобковая вошь. = Ну и эти, конечно, блошки-вошки-мандавошки! Антисанитария!

МАНДАВ*О*ШКА 2, -и, ж. Игра, напоминающая лото. = В последнее время в мандавошку играть пристрастились. Катают хлебные шарики, чертят клетки как в лото, и бросают эти шарики. Кому сколько очков выпадет. На зоне играют и даже в СИЗО.

МАНДАР*И*Н, -а, м. См. Лохм*а*тый сейф.

МАНДЁР, -а, м. Сообщник Шулера.

МАНДРАЖ, -а, м. Страх, нерешительность. = А меня чего-то такой мандраж взял, поджилки затряслись.

МАНДРАЖЕ, нескл., ср. Страх, испуг. = С чего мандраже? Как это, живого человека - таким елдаком, а?

МАНДРАЖИРОВАТЬ, -рую, -руешь, несов., сов. Смандражировать. Трусить. = Наша промашка. Но мандражировать нечего. Главное - не терять лицо. (Лавровы. Следствие ведут знатоки.)

МАНДРАЖИТЬ, -жу, -жишь, несов., сов. Смандражить. То же, что Мандражировать.

МАНДРАЖИТЬСЯ, -жусь, -жишься, несов., сов. Смандражиться. То же, что Мандражить.

МАНДРАЖНЫЙ, -ая, -ое. Прил. к Мандраж.

МАНДЯЧИТЬ, -чу, -чишь, несов., сов. Замандячить.

МАНЖЕТЫ, -ов, мн. Наручники. = Ему мешали наручники. Он попросил: - Сблочил бы манжеты. Или боишься, что винта нарежу? (Довлатов. Представление.)

МАНТУЛИТЬ, -лю, -лишь, несов. Выполнять тяжелую работу. = Я на севере пять лет мантулил. Спасибо товарищу Сталину за наше счастливое детство!

МАРА, -ы, ж. Ср. Шмара.

МАРАТЬСЯ, -аюсь, -аешься, Ср. Бараться.

МАРАФЕТ, -а, м. Кокаин. = Марафет нюхала, анашу курила. Глянь, я уже не человек!

МАРАФЕТ 2, -а, м. Морфий. = Марафетом бы колонуться, во был бы кайф!

МАРАФЕТ**МАРАФЕТ НАВОДИТЬ. Приводить в порядок, прибирать. = Ишь ты, какой марафет навёл! Харкнуть можно? Два харчка?

МАРАФЕТИТЬСЯ, -тюсь, -тишься, несов., сов. Намарафетиться. Краситься. = Харэ марафетиться, и так отворотясь не насмотришься! Пора валить!

МАРАФЕТЧИК, -а, м. Наркоман. = Кокаин мне нравился больше всего... Его, как известно, нюхают. Однако опытные марафетчики предпочитают не нюхать порошок, а втирать его в дёсны. (Демин. Блатной.)

МАРАФЕТЧИЦА, -ы, ж. Женск. к Марафетчик. = Ни капли. Она же марафетчица! Курит план... Ну, ещё колется иногда... Она и сейчас под марафетом. (Демин. Блатной.)

МАРЕССА, -ы, ж. Ср. Мара.

МАРВИХЕР, -а, м. Карманный вор высокой квалификации. = К концу века каждое профессиональное преступное сообщество имело свои традиции и обычаи. Так, представители одного из самых привилегированных воровских сословий - карманные воры "марвихеры" - совершали кражи только за пределами постоянного места жительства... "Марвихеры" опасались наказания, так как нахождение в одной среде с другими преступниками было ниже их воровского достоинства. (Лебедев - 1989.)

МАРОВОЙ, -ого, м. См. Жидяра.

МАРОМОЙКА, -и, ж. Брань. = Ругаются друг на дружку: "Ты, маромойка!.." А объяснить не умеют, сами не знают, что такое: брань и брань...

МАРОЧКА, -и, ж. Носовой платок. = Марочка чтоб из клифтика торчала, чин-чинарём.

МАРУХА, -и, ж. Сожительница, любовница. = ... наводчик всегда нужен, без него и дела не найдёшь. По пустякам мараться я не люблю. Барыга тоже нужен. Опять же стрёмщик. Ну и маруха! Как без неё? (Александров. Мы из розыска...)

МАРШРУТНИК, -а, м. Вор-гастролёр, крадущий в поездах. = Маршрутник - это тот, кто только в поездах "работает".

МАРЬЯЖИТЬ, -жу, -жишь, несов. Ср. Марьянить.

МАРЬЯНА, -ы, ж. Женщина. = Тоже был в беге, но втюрился в одну марьяну. Она думала, что он женится, а как он мог, он же в беге. (Леви. Записки Серого Волка.)

МАРЬЯНИТЬ, -ню, -нишь, несов., сов. Замарьянить.

МАСЛИНА, -ы, ж. Пуля. = Ты зашухарила всю нашу малину, так теперь маслину получай! (из песни).

МАСЛОКРАД, -а, м. Заключенный из бывших руководителей.= Полищук был "боссом", или, как еще называют в зоне "маслокрадом", умный, толстый, без болезни. (Империя страха.)

МАСЛЯТА, маслят, мн. Ср. Маслина.

МАСЛО**МАСЛО БИТЬ. См. Балду гонять.

МАСЛОБОЙ, -я, м. Онанист. = Эй, маслобой, снеси мой хер поссать, вставать неохота!

МАСТЕВОЙ, -ого, м. Ср. Мастёвый. = - Мастевые в колонии - самый отброс, можно сказать. Их и за людей не считают. Измываются как хотят. Нассать мастёвому в лицо - это еще самое безобидное. (Безуглов. Факел сатаны.)

МАСТЁВЫЙ, -ого, м. Пария. = Для таких воспитанников ложки были с отверстиями на конце. Чтобы - приметные. Такие ложки ложкари хранили отдельно и клали на стол мастёвым... (Габышев. Одлян.)

МАСТЫРИТЬ, -рю, -ришь, несов., сов. Замастырить.

МАСТЫРКА, -и, ж. 1. См. Заточка. 2. Членовредительство. = Они перебрали все способы, от которых можно закосить, но многие мастырки колонийским врачам были известны. (Габышев. Одлян.)

МАСТЫРЩИК, -а, м. Членовредитель. = Говорит: "Сидеть надоело. Думал, прокачусь, время пройдет." А не удалось. Тогда этот мастырщик как-то схимичил, положили в санчасть.

МАСТЫРЩИЦА, -ы, ж. Женск. к Мастырщик.

МАСТЬ, -и, ж. 1. Категория осуждённых. = Среди варварских традиций мира за решёткой важное место занимает "прописка". Это своего рода экзамен для новичка на самообладание и находчивость, во многом предопределяющий его будущую "масть". (Кречетников. Жизнь за решёткой.) 2. Клеймо. = В каждом отряде были воспитанники с мастью. Кого-то на тюрьме опетушили, кого-то здесь в зоне, сводили на толчок, и он заминировался. (Габышев. Одлян.)

МАСТЬ 2, -и, ж. Удача, везение. = Повезло фраеру, а? Масть привалила?

МАТРАСОВКА, -и, ж. Постель. = Как-то ночью разбудил меня: "У меня разговор, Серый, отойдем к дальняку". Вылез из матрасовки, иду за ним, вроде, все спят, тихо в камере. (Светов. Тюрьма.)

МАТРОГОН, -а, м. Матрос. = Матрогон порубинский Людку обхаживал, дембель. Кенты его прищучили разок.

МАТЧАСТЬ, -и, ж. Влагалище. = Жека ей елдой всю матчасть порвал, точняк! Визжала, как кошка!

МАТЮГАЛЬНИК, -а, м. Мегафон. = Мент крикнул что-то в матюгальник, но не было слышно из-за гула.

МАХАТЬСЯ, -аюсь, -аешься, несов., сов. Махнуться. Меняться. = Махаются у кого что есть: куревом, шмотками, жратвой, колёсами.

МАХАТЬСЯ 2, -аюсь, -аешься, несов., сов. Помахаться. Драться. = Фоня любил помахаться: ни одни блядки без драки не были...

МАХНУТЬСЯ, -нусь, -нёшься, сов., несов. Махаться.

МАХОВИК, -а, м. Кулак. =Будь на месте Чомбы Ян, его с ходу бы вырубили. Но Чомба сидел на шконке, держа на коленях огромные маховики. (Габышев. Одлян.)

МАХНОВЦЫ, -ев, мн. Одно из названий группировок блатного мира, члены которой перестали следовать воровским традициям.

МАЦАТЬ, -аю, -аешь, несов. Ощупывать. = Мацаю себя, вроде всё цело, а стать не могу.

МАШИНА, -ы, ж. См. Дура.

МАШИНА 2, -ы, ж. См. Игла 2.

МАШИНКА, -и, ж. Медицинский шприц. Ср. Машина 2. = Она кусает меня за ногу! И кровь хлещет, много крови из вены в машинку. Всё перепуталось. (Война с наркомафией.)

МАЯК, -а, м. Знак. = В случае чего, подмигни или, чего там, маяк дай!

МЕДВЕЖАТНИК, -а, м. Взломщик сейфов. = Когда кололи "медвежатнику", а они особым уважением у воров пользовались, его кожу обрабатывали поначалу мочой. (Нетесова. Утро без рассвета. Колыма.)

МЕЛОДИЯ, -и, ж. Отделение милиции. = ... и я тут же узнал, что "мелодия" - это милиция, "лопатник" - кошелёк, а "фраер" - личность мужского пола, недоразвитая. (Леви. Записки Серого Волка.)

МИНЕТ, -а, м. Ср. Миньет.

МИНЕТЧИК, -а, м. Ср. Миньетчик.

МИНЕТЧИЦА, -ы, ж. Ср. Миньетчица.

МЕНТ, -а, м. Служащий ОВД, милиционер. = - Менты, говорю, то же самое повторяют. Не верю... Не верю... Повязали меня однажды в Ростове, а следователь был мудак... (Довлатов. Представление.)

МЕНТОВКА, - и, ж. 1. Отделение милиции. = Ян стоял между милицией и хлебным магазином. "Стоп! Да ведь меня видно из окон ментовки". (Габышев. Одлян.) 2. Патрульная машина милиции. = Ментовка только из-за угла выезжать стала, сразу засекли и ходу, кто куда!

МЕНТОВСКИЙ, -ая, -ое. Прил. к Мент. = Робка с Генкой разбежались в разные стороны, а водитель схватил Яна за шиворот - Ян не заметил тогда его ментовскую, без погон, рубашку. (Габышев. Одлян.)

МЕНТЯРА, -ы, м. Ср. Мент. = - Ты, пидар, говно, ментяра поганый!- И покрыл его сочным матом, от которого у многих бы повяли уши. (Габышев. Одлян.)

МЕСИТЬ, месю, месишь, несов., сов. Смесить. Избивать. = Меси его в капусту, сучару! Бешбармак из него делай!

МЕСТИ, метут, несов., сов. Замести.

МЕТёНКА, -и, м. Ср. Мент.

МЕТАТЬ, мечу, мечешь, несов. Хлебать. = Мечи пореже. Здоровей будешь!

МЕТАТЬ**МЕТАТЬ АТАНДУ. Идти на попятную. = Веня сначала подписался, теперь атанду мечет, обхезался, падла!

МЕТАТЬ**МЕТАТЬ ИКРУ. Нервничать, беспокоиться. = Наверное, гнусная машина...выдала дело, которое я дожидался годами, меча икру... (Алешковский.Кенгуру.)

МЕТЕЛИТЬ, -лю, -лишь, несов., сов. Отметелить. Избивать. = Я и сам метелил, а куда денешься. Не ты, так тебя. Всё просто.

МЕТЛА, -ы, ж. См. Жало.

МЕТЛА 2, -ы, ж. Дневальный. = Метла такой марафет навёл, что закачаешься! Блестело всё, как у кота яйцы!

МИЛЬТОН, -а, м. Милиционер. = Пока мильтоны приехали, всё погорело.

МИЛЬТОНСКИЙ, -ая, -ое. Прил. к Мильтон.

МИНА, -ы, ж. Ср. Миньетчик. = Это означало, что он не может дать окурок, потому что он мастёвый. Но некоторые ребята втихаря брали у минетов окурки. (Габышев. Одлян.)

МИНЕТКА, -и, ж. Женск. к Минет.

МИНЖА, -и, ж. Влагалище. = Минжа кара не боится. Кар на дыбки становится (из рифмовок).

МИНЖЕВАТЬСЯ, -уюсь, -уешься, несов. Трусить, бояться. = Минжуется чувак, боится, что пропагадает.

МИНЖОВЫЙ, -ая, -ое. Прил. к Минжа.

МИНОК, -нка, м. Ср. Мент.

МИНЬЕТ, -а, м. Оральный секс. = А мне б два часа миньета... - Не, лучше выпить водки литор, чем сосать солёный клитор!

МИНЬЕТЧИК, -а, м. Занимающийся оральным сексом. = Кого-то заставили миньетчиком стать, а кой-кто и по доброй воле. Может, нравится...

МИНЬЕТЧИЦА, -ы, ж. Женск. к Миньетчик.

МИТРОПОЛИТ, -а, м. См. Патриарх.

МОЙКА, -и, ж. Бритва. = - Тогда и мойку перепрячьте. Я ведь знаю, где она лежит. Парни переглянулись, но лезвие перепрятывать не стали. (Габышев. Одлян.)

МОЙЩИК, -а, м. Обворовывающий с применением бритвы. = "Мойщики, ширмачи". Это всё карманники.

МОКРАЯ, -ой, ж. Ср. Мокрое дело.

МОКРОЕ ДЕЛО. Убийство, ограбление с убийством. = Никогда ничего подобного не испытывал, а тут даже во рту стало сухо и сердце билось так, словно меня застукали на "мокром деле". (Леви. Записки Серого Волка.)

МОКРУХА, -и, ж. То же, что Мокрая. = Разве солдат, убивающий и калечащий безоружных, безвинных (или генерал, его пославший), не опаснее того хмыря, который сел в тюрьму за "мокруху", а выйдя, снова на "мокрухе" попался? (ЛГ, 13.03.91.)

МОКРУШНИК, -а, м. Убийца. = - Так эти оба "мокрушники" не только по действиям, а и по психологии своей. Для них жизнь человека - лишь ставка в игре за барыш. (Нетесова. Утро без рассвета. Колыма.)

МОКРУШНИЦА, -ы, ж. Женск. к Мокрушник.

МОКРЯК, -а, м. То же, что Мокрое дело. = Сидел с Толей Паниным, который шел в несознанку по мокряку. А ты знаешь, что Толю раскрутили и скоро будет суд? Ему могут дать вышак. (Габышев. Одлян.)

МОКРЯТНИК, -а, м. Ср. Мокрушник.

МОЛИТВА, -ы, ж. Инструктаж. = Конвой читает ежедневную утреннюю "молитву", которая звучит приблизительно так: "Вы поступили в распоряжение конвоя и обязаны выполнять все требования конвоя беспрекословно..." (Леви. Записки Серого Волка.)

МОЛОДЧИК, -а, м. Налётчик. = Налётчики-молодчики к себе меня взяли, И как-то ночкой тёмною на дело повели... (из рифмовок)

МОЛОКО ОТ БЕШЕНОЙ КОРОВЫ. Спиртное. = Молоко от бешеной коровы хорошо б принять. Грамм по триста пятьдесят.

МОЛОТИТЬ, молочу, молотишь, несов., сов. Отмолотить. Избивать. = - Ты поиграй в шашки с Вороненко. И скажи ему по секрету, что я хочу замочить одного из них. Отоварю кого-нибудь спящего по тыкве табуреткой и начну молотить дальше. (Габышев. Одлян.)

МОЛОТНУТЬ, -ну, -нёшь, сов. Обокрасть. = Ларёк молотнули, два ящика водяры взяли...

МОЛОТОК, -а, м. Молодец. = Вот тут ты молоток, скумекал правильно!

МОЛОФЕЙКА, -и, ж. Ср. Молофья. = Хороши московские девчата, Особливо с русою косой, Ляжешь на скамейку, спустишь молофейку, сразу жизнь становится иной (из песни).

МОЛОФЬЯ, -и, м. Сперма. = ...юбка порвана до пупа, из пизды торчит залупа, а из хуя льется молофья... (из песни).

МОЛЬ**МОЛЬ НАВОДИТЬ. То же, что Дать шороху.

МОНАТЬ, -аю, -аешь, несов., сов. Помонать. Ср. Манать.

МОРА, -ы, м. Цыган. = Мора своего не упустит. Ромала, чувала, чавэлла!

МОРКОВКА, -и, ж. Связанное узлом полотенце. = Морковку из полотенца свили быстро. Её свили с двух сторон, а один держал за серёдку. То, что они сделали, и правда походило на морковку, по всей длине как бы треснутую. (Габышев. Одлян.)

МОРКОВКИ**МОРКОВКИ СТАВИТЬ. Избивать скрученным полотенцем. = - Ну что же, надо морковку вить. Сколько морковок будем ставить? (Габышев. Одлян.)

МОРМОТАТЬ, -чу, -чешь, несов. Разговаривать. = Про что они там мормотали, не знаю. Но долго мормотали.

МОТАТЬ**МОТАТЬ ДЕЛО. 1. Вести следствие. = Пока его дело мотали, я, наверное, поседел. 2. То же, что Шить дело.

МОТАТЬ**МОТАТЬ ДУШУ. Допрашивать. = Опер любил душу мотать: как да кто? Да дед Пихто!

МОТАТЬ**МОТАТЬ СРОК. 1. Отбывать наказание. = Я в Карелии срок мотал. Пятёрку за лишний чих. 2. Определять меру наказания. = Встретить бы того, кто мне срок мотал! Поговорили б по душам!

МОТНЯ, -и, ж. Ширинка. = Мотню застегни, а потом рот разевай!

МОТОРОЛЛЕР, -и, ж. Инородные предметы в мужском половом члене. = Вживляют иногда шарики пластмассовые в член. Считают, наверное, что от мотороллера балдеют сильней, так, вроде...

МОХНАТАЯ, -ой, ж. То же, что Лохматый сейф.

МОХНАТАЯ КРАЖА. Изнасилование. = За мохнатую кражу сел? Или за дело?

МОЧИТЬ, мочу, мочишь, несов., сов. Замочить.

МОЧИ́ТЬ 2, мочу́, мо́чишь, несов., сов. Замочи́ть 2.

МОЯ́ (ТВОЯ́, ВА́ША) ВЗЯЛА́. Победа. = Послышался шум отодвигаемых кроватей, скамеек, началась всеобщая уборка. Значит - порядок. Моя взяла! (Леви. Записки Серого Волка.)

МУДЕ́, -е́й, мн. 1. Яички. 2. Карточный термин (при равенстве очков). = Ну, дела! Второй раз подряд муде!

МУДЕ́**МУДЕ́ ПОВЕ́СИТЬ. Обыграть в карты. = Повесили игрулям муде к бороде: Сивый аж с лица сбледнул...

МУДОЗВО́Н, -а, м. Болтун. = А если этот мудозвон трепанёт, глухо дело!

МУДО́ХАТЬ, -аю, -аешь, несов., сов. Отмудо́хать. Избивать. = Мудохали в какой-то камере без окон, чтоб не слышно ничего было.

МУДО́ХАТЬСЯ, -аюсь, -аешься, несов. Возиться, копаться, медленно что-либо делать. = Пока все брёвна подкатишь, полдня мудохаться приходится.

МУДЫ́, -о́в, мн. 1. Ср. Муде́ (в 1-м знач.). 2. Брань. = Куды да куды? Да кобыле под муды!

МУЖИ́К, -а́, и. Заключённый не вор. = "Мужики", конечно, находятся в заключении за разные "дела": кто жену убил, кто что-то украл (у соседа или у государства), кто за хулиганство, кто за спекуляцию - за разное, но многие сидят по пятьдесят восьмой статье - идёт пятьдесят первый год. (Леви Записки Серого Волка.)

МУ́РА, -ы, ж. Ср. Му́рка.

МУ́РКА, -и, ж. Обращение к женщине. = Я ей: "Мурка, не надо ля-ля, ближе к телу..."

МУРЦО́ВКА, -и, ж. См. Шмурдя́к.

МУ́СОР, -а, м. Милиционер. = Мусор торчал посередь улицы, как глиста в жопе!

МУ́СОР**МУ́СОР ДЕ́ЛАТЬ. Ср. Де́лать му́сор.

МУ́СОР ЦВЕТНО́Й. Солдат внутренних войск. = Мусоров цветных полвагона куда-то пёрли. Чурки, краснопогонники.

МУСОРИ́ЛА, -ы, м. Ср. Му́сор.

МУ́СОРКА, -и, ж. То же, что Му́сор.

МУСОРНЯ́, -и́, ж. Собир. к Му́сор. = История ГУЛАГа не знает случая, чтобы в этой игре мусорня не перебздела. (ЛГ, 13.02.91)

МУСОРО́К, -рка́, м. То же, что Му́сор.

МУ́СОРСКАЯ, -ой, ж. См. Лега́вка.

МУСОРСКИЙ, -ая, -ое. Прил. к Мусор.

МУТУЗИТЬ, -жу, -зишь, несов., сов. Отмутузить. Избивать. = Мутузил его один, а трое еще на углу стояли.

МУШКА, -и, ж. Татуировка. = Кстати, "мушка" на щеке не только доносчикам ставилась... Так вот, делали такую татуировку и так называемым отколовшимся, "завязавшим" с прошлым своим... (Нетесова. Утро без рассвета. Колыма.)

МЫЛИТЬСЯ, -люсь, -лишься, несов., сов. Намылиться. Намереваться. = Ты куда это мылишься? Ножик поточить решил, что ль?

МЫРЦА**МЫРЦА ДАТЬ. Нырнуть. = Пошли мырца дадим, жарища дикая!

МЫТАЯ, -ой, ж. Лезвие безопасной бритвы. = На поимку типичного вешера - вокзальной масти, краснушника, вооружённого спрятанной в сапог мытой, по-человечески говоря, половинкой безопасной бритвы и выдрой, то есть вагонным ключом, Богуславский получил от гарнизона целую роту пехоты неполного состава. (Кураев. Петя по дороге в царствие небесное.)

МЫШЕЙ**МЫШЕЙ ЛОВИТЬ. Ср. Ловить мышей.

МЫШЕЙ**МЫШЕЙ НЕ ЛОВИТЬ. Бездельничать, прохлаждаться. = Да они там мышей не ловят! Девок портят да водяру жрут.

МЫШЕЛОВКА, -и, ж. Фургон для перевозки арестованных (устар.). = Когда в обыкновенной тюремной "мышеловке" арестантку привезли с Конной площади обратно в тюрьму, она была уже очень слаба и едва-едва лишь на ногах держалась. (Именем закона.)

МЯКАТЬ, -аю, -аешь, несов., сов. Мякнуть. См. Кирять.

МЯКНУТЬ, -ну, -нешь, несов., сов. Мякать.

Н

НАБЗДЮМ, нареч. Вдвоем, на двоих. = Набздюм мы того б амбала момент уговорили. Кто разговорчивый, тот и сговорчивый!

НАБЗДЮМАРУ, нареч. Ср. Набздюм.

НАБЛАТЫКАТЬСЯ, -аюсь, -аешься, сов. Освоиться, уверенно себя чувствовать. = Наблатыкался, смотрю, гвозди жопой дёргаешь! Борзеть не надо!

НАБЛОЧИТЬ, -чу, -чишь, сов. Надеть. = Наблочили мне манжеты и отмудохали по первое число!

НАВАКСИТЬСЯ, -сюсь, -сишься, сов. Напиться. = Как наваксится - дурак дураком и уши холодные!

НАВАР, -а, м. Барыш, прибыль = Навар будет, всё сделаем в лучшем виде.

НАВЕРНУТЬ, -ну, -нёшь, сов., несов. Наворачивать и Навёртывать. Сделать быстро. = Это дело навернуть надо по-быстрому, усёк?

НАВЕРНУТЬСЯ, -нусь, -нёшься, сов., несов. Наворачиваться. Удариться. = Навернулась баба жопой об забор, калганом об фонарь. И кабздец ей пришел, откукарекалась!

НАВЕШАТЬ, -аю, -аешь, несов., сов. Навешивать. Избить. = Навешали ему крепко: ряшки не видать, всё смесили...

НАВЕШИВАТЬ, -аю, -аешь, несов., сов. Навешать.

НАВЁРТЫВАТЬ, -аю, -аешь, несов., сов. Навернуть.

НА ВЗВОДЕ. Вне себя. = Костя ходил по лагерю, брезгливо щурясь, и явно "на взводе". (Шаламов. Перчатка или КР-2.)

НАВОДЧИК, -а, м. Категория квартирных воров, подыскивающих объекты для кражи.

НАВОДЧИЦА, -ы, ж. Женск. к Наводчик. = Все говорят, она наводчица, а мне плевать, мне очень хочется... (Высоцкий.)

НАВОРАЧИВАТЬ, -аю, -аешь, сов., несов. Навернуть.

НАВОСТРИТЬ****НАВОСТРИТЬ ЛЫЖИ**. Собраться. = И куда ты, стерва, лыжи навострила? От меня не скроешь ты в наш парк второй билет... (Высоцкий.)

НА ВСЮ КАТУШКУ. Без снисхождения, полной мерой. = Глаз окинул взглядом камеру, явно не желая отвечать, знал - влепят ему чуть не на всю катушку. (Габышев. Одлян.)

НА ГАЗАХ. Под хмельком. = Сранья на газах все были, после свадьбы. Ну, она меня, видать, за фрайера приняла...

НАДЗОР, -а, м. Надзиратель. = - Я, - Каманя затянулся сигаретой, - с режимки. С Грязовца... бы их всех. Ну и зона. Актив зону держит полностью. Тюремный режим. Спишь под замком. Ни шагу без надзора. Зона маленькая. (Габышев. Одлян.)

НАДРОЧИТЬСЯ, -чусь, -чишься, сов. Нахрабриться. = Надрочился, чёрт корявый! Я да я, головка... от культиватора!

НАДРЮЧИВАТЬ, -аю, -аешь, несов., сов. Надрючить. Надевать. = Надрючивай своё барахло и вали отсюда.

НАДРЮЧИТЬ, -чу, -чишь, сов., несов. Надрючивать.

НАДЫБАТЬ, -аю, -аешь, сов., несов. Дыбать 2. = Если чем разжился, какую лазейку надыбал, - молчи! (Солженицын. Архипелаг ГУЛаг.)

НАЙДА, -ы, ж. Собака. = У, найда! Всё нюхает, только что брехать не брешет!

НАКАЛЫВАТЬ, -аю, -аешь, сов., несов. Наколоть. Сообщать местонахождение. = Наверняка, кто-то наводит. - "Накалывает"? - Ишь ты; ну да - "накалывает", "даёт наколку".

НАКАЛЫВАТЬ 2, -аю, -аешь, сов., несов. Наколоть. Обманывать. = Когда это я тебя накалывал? Ты что, офонарел!

НАКАЛЫВАТЬСЯ, -аюсь, -аешься, несов., сов. Наколоться. Страд. к Накалывать 2. = Где ж тебя наколешь! Говно ж не накалывается! Всё повидала!

НА КАРКАЛЭС. Употр. в знач. сказ. На член. = Чего ты с ней баланду травишь? На каркалэс её, и вся любовь.

НА КАРКАЛЫКУ. То же, что На каркалэс.

НАКИРЯТЬСЯ, -яюсь, -яешься, сов. Напиться, опьянеть. = Во кайф - накиряться и... поблевать!

НАКОЛКА, -и, ж. Наводка. = - Не женское это дело - по чужим квартирам лазить... - Оно, конечно, - согласно кивнул Монгол и тут же спросил: - Наколка надёжная? (Пересунько. Жаркое лето.)

НАКОЛКА 2, -и, ж. Обман. = Наколка не удалась, раскусил, падла!

НАКОЛОТЬ, -колю, -колешь, несов., сов. Накалывать. = Я же вор! Квартирный вор. Как ты не догадалась. По-староблатному - домушник... А Пузановского я наколол раньше тебя. Ты со своей слежкой мне поперёк горла была, я бы его давно обчистил! (Лавровы. Следствие ведут знатоки.)

НАКОЛОТЬ 2, -колю, -колешь, сов., несов. Накалывать 2.

НАКОЛЬЩИК, -а, м. Наводчик. = Существуют люди, которые информируют воров, где что есть и как это "что" взять. Это хорошо для тех, кто живёт более или менее постоянно, то есть в определенном районе, в определённом городе. Если же ты постоянно должен менять место проживания - не так-то легко найти этих самых накольщиков. (Леви. Записки Серого Волка.)

НАКРАХМАЛИТЬ, -лю, -лишь, несов., сов. Крахмалить.

НАКРЫТЬСЯ, -кроюсь, -кроешься, сов. Пропасть. = Это всё накрылось. Надо что-то думать, что сделать.

НАМАРАФЕТИТЬСЯ, -тюсь, -тишься, сов., несов. Марафетиться.

НАМОРДНИК, -а, м. Козырёк на окне тюрьмы с наружной стороны. = Из-за намордника не видать ничего. Да ещё реснички.

НАМОТАТЬ****НАМОТАТЬ СРОК**. Ср.Мотать срок.

НАМОТАТЬ****НАМОТАТЬ ЧАЛМУ**. То же, что Намотать срок.

НАМЫЛИВАТЬСЯ, -аюсь, -аешься, несов., сов. Намылиться.

НАМЫЛИТЬСЯ, -люсь, - лишься, сов., несов. Намыливаться и Мылиться.

НА НОС. На каждого, на одного. = У нас было по паре на нос. Потом решили ещё добавить.

НАПЁРСТОК, -тка, м. Азартная игра на деньги, в которой необходимо определить местонахождение загаданного предмета (шарика, этикетки и т.д.).

НАПЁРСТОЧНИК, - а, м. Мошенник, промышляющий игрой в Напёрсток. = Напёрсточники обманывают простачков на улице, предлагая угадать местонахождение шарика или этикетки. Рядом всегда стоят сообщники, которые к удивлению зевак "выигрывают" и тем самым провоцируют попытать счастья...

НА ПРЯМУЮ****НА ПРЯМУЮ ВЫХОДИТЬ**. Исправляться. = Но в том-то и дело: всюду правда - газета, радио, начальники - все говорят тебе правду, внушают с утреннего подъёма и до отбоя: ты должен "понять", ты должен выходить "на прямую", ты обязан "исправляться". (Леви. Записки Серого Волка.)

НАРИСОВАТЬ, -ую, -уешь, сов., несов. Рисовать. Запомнить. = Я ту чувиху нарисовал, где-нибудь ещё встретимся. Своё получит!

НАРИСОВАТЬСЯ, -уюсь, -уешься. Появиться, показаться. = Откуда это ты нарисовался? Фиксатый трепал, что ты смотался на юга.

НАРКОТ, -а, м. Наркоман. = "Наркоты" весь мак пообрывали, никто не сеет теперь. Обчищают в момент!

НАРК*О*ТА, -ы, ж. Наркотики. = Если "кумовья" изымают из начки наркоту, то часть, как упоминал выше, сдают по службе для отчёта, а другую через некоторое время выпускают в продажу по зоне через своих людей. (Империя страха.)

НАРК*О*ША, -и, м. и ж. Ср. Нарк*от*. = ...Худой же был наркоша. На воле забрался в аптеку, там наглотался колёс, да так в ней и остался. (Империя страха.)

Н*А*РЫ, нар, мн. Постель, кровать. = Сижу на нарах, как король на именинах, И пайку чёрного желаю получить... (из песни).

НА Р*Ы*ЛО. То же, что Н*а* нос.

НАС, -а, м. Жевательная масса, содержащая опий. = Жующих нас я называю греками. У них в хатах все стены этим насом заплёваны.

НА САПОГ*А*Х. Сапогами. = Ну и отмолотили они меня. Вот здесь. На сапогах. (Нетесова. Утро без рассвета. Колыма.)

НАСВ*А*Й, -я, м. То же, что Нас.

НАС*Е*ДКА, -и, м. и ж. Провокатор, осведомитель. = - Глаз, а правда ты не стукач, не наседка? Почему это тебя так по камерам гоняют? - Масло, в натуре, ты думай, что говоришь. Какой я наседка? (Габышев. Одлян.)

НАС*И*ЖИВАТЬ, -аю, -аешь, несов. Выведывать, вынюхивать. = - Нам передали, что ты наседка. - Что ж я могу у вас насиживать? Здесь все осуждённые. Преступления у всех раскрыты. (Габышев. Одлян.)

НАС*О*С, -а, м. См. Игл*а* 2.

НАСТУЧ*А*ТЬ, -стучу, -стучишь, сов., несов. Стуч*а*ть. Предать, донести. = Кто мог настучать? - А хрен его знает. Вскрытие, как говорится, покажет.

НА ТИХУЮ. Ср. Втихую.

НАТ*Я*ГИВАТЬ, -аю, -аешь, несов., сов. Натянуть. Сношать. = Да была охота её натягивать! Давно б натянул, если бы хотел!

НАТЯН*У*ТЬ, -ну, -нешь, сов., несов. Натягивать и Тянуть.

НА Ф*Е*НЕНА Ф*Е*НЕ Б*О*ТАТЬ.** Ср. Б*о*тать на ф*е*не.

НАФРАЙ*Е*РИТЬСЯ, -рюсь, -ришься, сов. Нахвастаться. = Нафрайерился, мудила! Прямо на блядках вырубили!

НАХ*А*ЛКА, -и, ж. Наглость. = Я к нему впёрся по нахалке, и ничего, проехало!

НАХ*А*ЛКАНАХ*А*ЛКУ Ш*И*ТЬ.** Обвинять в преступлении, совершённом другими. = Будешь мне нахалку шить, мой Иван тебя завалит в тёмном переулке... (Незнанский. Ярмарка в Сокольниках.)

НАХАЛОВКА, -и, ж. Ср. Нахалка.

НА ХАЛЯВУ. То же, что На шармачка.

НА ХАРИУС. То же, что На каркалэс.

НА ЦЫРЛАХ. 1. На цыпочках. = На цырлах у меня будешь бегать, как миленький! 2. Очень быстро, без задних ног. = А ну-ка слётай на цырлах к Кирюхе! Потом, скажи, рассчитаемся!

НАЧАЛЬНИК, -а, м. 1. Работник колонии. = Завидев меня, стихли. - Присаживайся, начальник, - донеслось из темноты, - самовар уже готов. (Довлатов. Представление.) 2. Следователь. = - Ты мне, начальник, хомут не вешай! Ежели кто другие, то я за них не ответчик. (Кошечкин. Ночное происшествие.)

НА ЧЕСТНУЮ**НА ЧЕСТНУЮ ВЫВОДИТЬ. Вызывать на откровенность. = Мы так в "малине" на честную друг друга выводили. Ну и достигали всеобщего соглашения. (Нетесова. Утро без рассвета. Колыма.)

НАЧИСТИТЬ**НАЧИСТИТЬ ХРЮКАЛЬНИК. Избить лицо до крови. = Для первого разу хрюкальник ему начистить, и харэ.

НАЧИСТИТЬ**НАЧИСТИТЬ ХРЮКАЛО. Ср. Начистить хрюкальник.

НАЧИТЬ, начу, начишь, ссв., несов. Заначить.

НАЧИФИРИТЬСЯ, -рюсь, -ришься, сов. Напиться Чифиру. = Начифирились от души. Запупыра такой кайф словил, что вырубился.

НАЧИФИРЯТЬСЯ, -ряюсь, -ряешься, сов. Ср. Начифириться.

НА ШАРМАЧКА. На авось, дуриком. = В этом доме всё немножко На авось, на шармачка: Нож без ручки, стул без ножки, Дверь в уборной без крючка. (Иванов. В тоске по идеалу.)

НЕ БЭ. Не стоит беспокоиться. = Ладно, не бэ! Прорвёмся! Рано икру метать!

НЕ В КИПЕЖ. Употр. в знач. сказ. Не-свой. = Не в кипеж говорят, если кто-то незнакомый появляется, чужой, и не "вписывается в ситуацию", как говорится.

НЕ ЗАРЖАВЕЕТ. 1. Не пропадёт. = У него не заржавеет, будь спок, найдёт, куда пристроить. 2. Не задержится, не будет задержки. = Она кого хошь отбрешет, ментом! У ней не заржавеет! 3. Употребляется как обещание скорого вознаграждения за услугу. = Колись, Равелло, помогай, за нами не заржавеет... (Именем закона.)

НЕ ПЛЯСАТЬ. Не играть роли, не иметь значения. = Ему не хотелось попасть в зону, которую, как в Одляне, держит актив. Ему хотелось попасть в воровскую зону, где нет актива, вернее, где он есть, но не играет никакой роли. Да, хороша зона, где актив не пляшет. (Габышев. Одлян.)

НЕПРУХА, -и, ж. Плохое состояние дел, полоса неудач. = Мысленно он прикинул, куда может податься сегодня начальник зоны. Конечно, где дела плохо идут. Значит, к "жирным". У них всегда непруха. (Нетесова. Колымский призрак.)

НЕСОЗНАНКА, -и, ж. Запирательство. = - Э-э-э, - протянул белобрысый. - Он в несознанку. Вяжи об этом. (Габышев. Одлян.)

НЕЧЕГО****НЕЧЕГО ЛОВИТЬ**. Бесполезно, бестолку. = Мол, видишь сам, кругом пурга - и нечего ловить... (Высоцкий.)

НЕШТЯК, нареч. Неплохо. = Цыган взял её и ударил по своей ноге с оттяжкой. - Н-нештяк. - Добре, - поддакнул другой. (Габышев. Одлян.)

НИЗА, -ов, мн. Карманы брюк. = По низам помацал, что-то есть.

НИНА. Аббревиатура. Не был и не буду активистом. = Я с ним не контачил. Нина. Понял?

НИЧТЯК, нареч. Ср. Нештяк.

НИШТЯК, нареч. Ср. Нештяк.

НИЩАК, нареч. Ср. Нештяк.

НОЖ, -а, м. Мужской половой член. = Не, на этот батон у тебя нож маловат...

НОЖ****НОЖ ПОТОЧИТЬ**. Совершить половой акт. = Иногда ещё и нож поточить можно. Для расслабухи.

НОСОПЫРКА, - и, ж. Нос. = Батьке носопырку вчера пряжкой перебили в чайной. Что-то не поделили.

НУЛЁВКА, -и, ж. Категория неработоспособных заключённых. = Я уцелел чудом. Преодолеть год "нулёвки" ("нулёвка" - категория неработоспособных от голода и мук доходяг) и не оказаться на дне старой шахты с пробитой головой мне помогли эстонцы. (Гребенников. Мои университеты.)

НУТРЯК, -а, м. 1. Внутренний карман. = Достает из нутряка финку. Ручка наборная, красота! "Держи, помни Яшу!" 2. Внутренний замок. = Нутряк отжать не вышло. Скоба крепкая.

НЫКАТЬ, -аю, -аешь, несов., сов. Заныкать.

НЫЧКА, -и, ж. Тайник. = ... в "нычках" камеры был большой запас чая, сигарет, сахара... (Огонёк, 1990, 36.)

НЮХАТЬ****НЮХАТЬ ЛАНДЫШИ**. Вдыхать миазмы. = Его, фартового, хозяина малины, отправил "нюхать ландыши" бугор барака мужиков. (Нетесова. Фартовые.)

О

ОБЖАТЬ, обожму, обожмёшь, сов., несов. Обжимать. Обобрать. = Верно, тот обжал "суку" на чём-то... Зажилил деньгу, либо харч. (Нетесова. Утро без рассвета. Колыма.)

ОБЖОРКА, -и, ж. См. Рыгаловка.

ОБИЖЕНКА, -и, ж. Пассивный педераст. = На другой день на Санькино место посадили малолетку Колю Концова. Это был обиженка. В камере над ним издевались. (Габышев. Одлян.)

ОБИЖЕННИК, -а, м. Ср. Обиженка.

ОБКАЙФОВАННЫЙ, -ая, -ое. Одурманенный. = Глаз стоял в строю окайфованный. Он поймал неплохой кайф, когда удар берёзовой палки пришёлся ему по груди. (Габышев. Одлян.)

ОБКАЙФОВАТЬСЯ, -уюсь, -уешься, сов. Злоупотребить алкоголем или наркотиком. = Если вор напился водки или обкайфовывался ацетоном, ему это сходило. (Габышев. Одлян.)

ОБЛАЖАТЬ, -аю, -аешь, сов., несов. Лажать.

ОБЛАЖАТЬСЯ, -аюсь, -аешься, несов., сов. Лажаться. = Если кент облажался в зоне, он на воле искупиться может. Кубышку добыть. Или пришить кого надо. (Нетесова. Утро без рассвета. Колыма.)

ОБЛАМЫВАТЬСЯ, обламывается, несов., сов. Обломиться.

ОБЛОМ, -а, м. Неудача. = Полный облом: упёрся рогами в землю - и ни в какую.

ОБЛОМИТЬСЯ, обломится, сов., несов. Обламываться и Ломиться. Достаться. = Может, и мне чего обломится, прошвырнусь на всякий случай.

ОБНЕСТИ, -несу, -несёшь, сов., несов. Обносить. Обыграть. = Обнесли меня вчистую. Всё спустил, что было.

ОБНОСИТЬ, - ношу, -носишь, несов., сов. Обнести.

ОБОРВАТЬСЯ, -рвусь, -рвёшься, сов., несов. Обрываться. Совершить побег. = Чего менты трутся? Из копызухи кто-то оборвался?

ОБОРЗЕВШИЙ, -ая, -ее. Прич.прош. Обнаглевший. = Но пацанов он не бил, а если и опускал её иногда, то лишь на спины оборзевших бугров. (Габышев. Одлян.)

ОБОРЗЕТЬ, -ею, -еешь, сов., несов. Борзеть. = Ну ты оборзел! Своих не узнаёшь?

ОБОРОТКА**ОБОРОТКУ ДАТЬ. Ср. Дать оборотку. = Встать бы сразу и дать Бакуме оборотку, но, видимо, врезал он мне душевно, башка работает, а ноги не слушаются. (Вайнеры. Гонки по вертикали.)

ОБО*Ю*ДКА, -и, ж. Лесбиянство. = Бывает "обоюдка" - это когда ты, к примеру, ласкаешь, потом - тебя, бывает "одновременка". А "коблы"? Да есть тут такие, ну видели, наверное, вроде мужиков из себя ломают. (ЛГ, 17.04.91)

ОБРАБ*А*ТЫВАТЬ, -аю, -аешь, несов., сов. Обраб*о*тать. См. Молот*и*ть.

ОБРАБ*О*ТАТЬ, -аю, -аешь, несов., сов. Обраб*а*тывать.

ОБР*А*ТНО, нареч. Снова. = Ну что? Согласился чувак или обратно заминжевался?

ОБР*Ы*В, -а, м. Побег. = Я два раза в обрыв ходил. Почки отбили на хрен!

ОБРЫВ*А*ТЬСЯ, -аюсь, -аешься, несов., сов. Оборв*а*ться.

ОБТРУХ*А*ТЬСЯ, -аюсь, -аешься, сов. 1. Эякулировать. = Ну что? - спросил Миша, - не обтрухался? Цыган от удовольствия закрыл глаза, открыл и с сожалением сказал: - Да, неплохо бы её. Полжизни б отдал. (Габышев. Одлян.) 2. Испугаться. = Я чуть не обтрухалась сперва, думала за мной.

ОБХ*Е*ЗАТЬ, -аю, -аешь, сов. Обгадить. = Небось портки обхезала, когда приперли к стенке?

ОБХ*О*ДЧИК, -а, м. Название категории квартирных воров.

ОБШ*А*РКАТЬСЯ, -аюсь, -аешься, сов. Обжиться, привыкнуть. = По первой тяжко на зоне, пока обшаркаешься.

ОБШМОН*А*ТЬ, -аю, -аешь, сов., несов. Шмон*а*ть. Обыскать. = Обшмонают, всё равно отдашь. Куда денешься!

ОБШУСТР*И*ТЬСЯ, -рюсь, -ришься, сов. См. Обш*а*ркаться. = И в отряде не стало воров. Шустряков было в отряде несколько человек, но ни один из них на вора отряда и даже просто на вора не тянул. Потом, чуть позже, обшустрятся и станут ворами. (Габышев. Одлян.)

ОБЩ*А*ГА, -и, ж. Общие работы. = Я на общагу ходил, на общие работы, лес валил.

ОБЩ*А*К, -а, м. Колония общего режима. = "Строгач", "общак", "особняк" - это по их терминологии, колонии строгого, общего и особого режима.

ОБЩ*А*К 2, -а, м. Денежный запас Малины. = Ну на первых порах вам дадут денег. Погуляете. Но не даром же дадут. Придётся отрабатывать, пополнять тот же "общак". (СС, 1990, 5.)

ОБЩ*А*К 3, -а, м. 1. Общая камера. = - Смотри, кум приходил, -

говорит Андрюха, - старший лейтенант. Точно кум, он к нам на общак приходил. (Светов. Тюрьма.) 2. Общие работы в ИТУ. = На общаке редко кто нормы перевыполнял. Много ты лучковой пилой лесу навалишь?

ОГЛОЕД, -а, м. Дармоед, тунеядец. = Учтите, оглоеды, это - моё! (Демин. Блатной.)

ОГЛОЕДОВСКИЙ, -ая, -ое. Прил. к Оглоед.

ОГЛОЕДНИЧАТЬ, -аю, -аешь, несов. Паразитировать, жить за чужой счёт. = Коммуняки привыкли оглоедничать, их от кормушки хрен оттащить, намертво присосались к русскому дурачку...

ОГНЕТУШИТЕЛЬ, -а, м. То же, что Бомба. = Взяли пару огнетушителей для затравки, а чувихи как потянули... И ни в одном глазу! Тёлки уетые...

ОДЕКОЛОНЩИК, -а, м. Токсикоман. = - Такое редкость. Это те, кто в тройной одеколон чифир добавляет. Таких у нас за все годы всего четверо было. Все уже умерли... Но их истинные чифиристы и не признавали, считали, что одеколонщики лишь добро изводят, и поколачивали ту четверку изрядно. (Нетесова. Утро без рассвета. Колыма.)

ОДИН НА ЛЬДИНЕ. Название одной из группировок блатного мира, члены которой отошли от соблюдения воровских традиций.

ОДНЁРКА, -и, ж. Название колонии по знаменателю (например 67/1). = Теперь ночное дежурство принял Володя Плотников. Он работал надзирателем на однёрке, что находилась через забор от тюрьмы. Посадили его за скупку ворованных вещей. (Габышев. Одлян.)

ОДНОВРЕМЕНКА, -и, ж. Лесбиянство. = Бывает "обоюдка" - это когда сначала ты, к примеру, ласкаешь, потом - тебя, бывает "одновременка". (ЛГ, 17.04.91.)

ОДНОДЕЛЕЦ, -льца, м. То же, что Подельник.

ОКАЗАЧИТЬ, -чу, -чишь, сов., несов. Казачить.

ОКАЗИСТ, -а, м. Мелкий вор. = Были среди профессиональных мошенников того времени и так называемые низшие слои. Однако, это ни в коем случае не указывало на меньшую их "квалификацию" при совершении преступления. Среди них выделялись "оказисты", промышлявшие на похоронах, свадьбах, новосельях и т.д. (Лебедев - 1989.)

ОКУНАТЬ, -аю, -аешь, несов., сов. Окунуть.

ОКУНУТЬ, -ну, -нёшь, сов., несов. Окунать. Арестовать. = Не удалось докопаться до живого - докопаемся до мёртвого! Я уже окунул десяток его фраерочков, ну, тех, кто платочками для него спекулировал, картиночки покупал. (Незнанский. Ярмарка в Сокольниках.)

ОКУСЫВАТЬСЯ, -аюсь, -аешься, несов. Оглядываться. = Вали отсюда и не окусывайся, ясно?

ОЛЕНЬ, -я, м. Наивный человек. = Не послушался олень, полез со шпагой на мясорубку. (Алешковский. Кенгуру.)

ОЛЕНЬ ФАРШИРОВАННЫЙ. Интеллигент. = В её глазах я был чужаком, фрайером, "фаршированным оленем" - так в воровской среде называют интеллигентов. (Демин. Блатной.)

ОМОЛАЖИВАТЬСЯ, -аюсь, -аешься, несов., сов. Омолодиться. Возобновлять прием наркотиков после длительной паузы. = Поэтому при возвращении к потреблению наркотиков после длительного перерыва наркоманы начинают с много меньших доз, чем раньше ("омолаживаются"). (Война с наркомафией.)

ОМОЛОДИТЬСЯ, -жусь, -дишься, сов., несов. Омолаживаться.

ОПЕР, -а, м. Оперуполномоченный. = На КПП сидели трое. Опер Борташевич тусовал измятые лоснящиеся карты. (Довлатов. Представление.)

ОПЕТУШИТЬ, -шу, -шишь. сов. Совершить акт мужеложства. = Зону облетела новость: бугор букварей из седьмого отряда, Томилец, опетушил новичка. Недолго думая новичок пошёл и заложил Томильца начальнику отряда. (Габышев. Одлян.)

ОПИДАРАСИТЬ, -шу, -сишь, сов., несов. Пидарасить. См. Опетушить.

ОПУСКАТЬ, -аю, -аешь, несов. сов. Опустить.

ОПУСТИТЬ, -пущу, -пустишь, сов., несов. Опускать. Изнасиловать в анальный проход. = А сколько ребят девочками сделали. Это же ужас. Меня тоже однажды "опустить" хотели. С одним украинцем началась у нас завязка, тут прискакала банда. Взялись за руки, поставили в круг: кто сломает кольцо и вылетит наружу - того опустят. (Столица, 1990, 4.)

ОПУЩЕННЫЙ, -ого, м. Изнасилованный. = "Петухи, орлы и другие птицы в 12-й камере!" - "Петухи" - это опущенные. - Да. Их в ПКТ содержали в одной из камер. (Губин. От тюрьмы, от сумы и от страха.)

ОСОБНЯК, -а, м. 1. Колония особого режима. = Фёдор, что на особняке тянул? 2. Заключённый колонии особого режима. = Полосатики, или особняки, - особо опасные рецидивисты, отбывающие наказание в колонии особого режима. (Габышев. Одлян.)

ОСУЖДёНКА, -и, ж. 1. Период между вынесением приговора или вступлением его в законную силу и направлению к месту отбывания наказания. = В "Крестах" на "осуждёнке" сидят почти все по первому разу, то есть как правило, нет ни "авторитетов", ни "воров в законе", держащих всех в страхе. (Губин. От тюрьмы, от сумы и от страха.) 2. Камера, в которой содержатся осуждённые. = Смотри, Глаз, попадёшь потом в осуждёнку, дадут тебе за это. - Кто даст? Ребята назвали самых авторитетных из осуждённых. (Габышев. Одлян.)

ОТБРОСИТЬ**ОТБРОСИТЬ КОНЬКИ. Ср. Коньки отбросить.

ОТБРОСИТЬ**ОТБРОСИТЬ КОПЫТА. Ср. Копыта отбросить.

ОТБРОСИТЬ**ОТБРОСИТЬ ХВОСТ. То же, что Коньки отбросить. = Я себя нормально чувствую только лёжа. А может, мне для этого навсегда залечь? Отбросить хвост и тихо улечься в ящик? (Вайнеры. Гонки по вертикали.)

ОТВОД, -а, м. Отвлечение внимания. = Особенно охотно вор прибегает к следующим "вспомогательным" глаголам: "дать", ("дать клей", "дать толкача", "дать свинца"); "делать ("делать одежду", "делать отвод")... (Лихачев - 35.)

ОТДЕЛАТЬ, -аю, -аешь, сов., несов. Отделывать. Избить. = Когда Стефан выздоровел, он встретил того, кто его подколол, и отделал, чтоб помнил. (Габышев. Одлян.)

ОТДЕЛЫВАТЬ, -аю, -аешь, несов., сов. Отделать.

ОТДОЛБИТЬ, -долблю, -долбишь, сов., несов. Долбить.

ОТДУПЛИТЬ, -дуплю, -дуплишь, сов., несов. Дуплить. Избить. = После занятий троих ребят, которые получили двойки, бугры вызвали в туалетную комнату. И отдуплили. Хитрого Глаза бил помогальник. (Габышев. Одлян.)

ОТДУПЛИТЬ 2, -дуплю, -дуплишь, сов., несов. Дуплить 2.

ОТЖАРИТЬ, —жарю, -жаришь, сов., несов. Жарить.

ОТЖАТЬ, отожму, отожмёшь, сов., несов. Отжимать. Взломать. = Да я и без инструмента любой нутряк отожму!

ОТЖИМАТЬ, —аю, -аешь, несов., сов. Отжать.

ОТЗВОНИТЬ, —ню, -нишь, сов., несов. Звонить.

ОТКАЗ**БЫТЬ В ОТКАЗЕ. Отрицать соучастие или участие в преступлении. = Коля! Коля! Коля! Держись, я в отказе... (Светов. Тюрьма.)

ОТКАТ, -а, м. Состояние опьянения. = С Пятаком вмажешься "этилом", курнёте, а затем, когда в откат пойдёте, отдай ему анашу и уходи спать... (Огонёк, 1990, 35.)

ОТКИДЫВАТЬСЯ, -аюсь, -аешься, несов., сов. Откинуться.

Освобождаться из мест заключения. = Я уже скоро откидываюсь. Сорок дней остается. Три года отсидел. (Габышев. Одлян.)

ОТКИНУТЬ**ОТКИНУТЬ КОНЬКИ. Ср. Отбросить коньки.

ОТКИНУТЬ**ОТКИНУТЬ КОПЫТА. Ср. Отбросить копыта.

ОТКИНУТЬ**ОТКИНУТЬ ХВОСТ. Ср. Отбросить хвост.

ОТКИНУТЬСЯ, —нусь, -нешься, сов., несов. Откидываться.

ОТКЛЕЯТЬ, -яю, -яешь, сов., несов. Клеять.

ОТКОЛОТЫЙ, -ого, м. Отошедший от воровских традиций (не работать, не служить в армии, не сотрудничать с властью и т.д.) = ... "отколотые" уже не придерживались никаких "законов", кроме соблюдения одной традиции - ведения паразитического образа жизни. (Лебедев - 1989.)

ОТКОЛЬНИК, -а, м. То же, что Отколотый.

ОТ КОМЛЯ. С головы до ног. = Да это ж дешёвка от комля! Продаст не за фик собачий!

ОТКРЫТАЯ ПОЧТА. Контакты заключённых во время прогулок. = Таким образом, арестанты гуляют на глазах у всей тюрьмы, перекликаются с разными камерами, подбирают записки и табачок, украдкой подброшенные из окон... Такая почта называется открытой. (Демин. Блатной.)

ОТЛЁЖНИК, -а, м. Камера для нарушителей режима. = Из "отлёжников" на прогулки не ходили, так как это означало, что бить дубинками будут до прогулочного дворика, в прогулочном дворике и от прогулочного дворика до камеры. (Империя страха.)

ОТМАЗАТЬ, -мажу, -мажешь, сов., несов. Отмазывать. Поддержать, защитить. = Это что же, если возбудят против вас дело, Будённый будет твоим подельником?... Будённого-то не тронут, и он тебя вообще отмажет. И ты на волю выйдешь. (Габышев. Одлян.)

ОТМАЗАТЬСЯ, -жусь, -жешься, сов., несов. Отмазываться. Откупиться. = Возле Варшавы прищучили два рекета, еле отмазался...

ОТМАЗКА, -и, ж. 1. Поддержка, защита. = Кто тебе-то отмазку делал? Не он разве? 2. Отвлечение внимания. = - Становись на отмазку... Отвлекай! (Демин. Блатной.)

ОТМАЗЫВАТЬ, -аю, -аешь, сов., несов. Отмазать.

ОТМАЗЫВАТЬСЯ, - аюсь, -аешься, несов., сов. Отмазаться.

ОТМЕТЕЛИТЬ, -лю, -лишь, сов., несов. Метелить.

ОТМОЛОТИТЬ, -чу, -тишь, сов., несов. Молотить 2.

ОТМУДОХАТЬ, -аю, -аешь, сов., несов. Мудохать.

ОТМУТУЗИТЬ, -зю, -зишь, сов., несов. Мутузить.

ОТНАЧИВАТЬ, -аю, -аешь, несов., сов. Отначить.

ОТНАЧИТЬ, -чу, -чишь, сов., несов. Отначивать. Припрятать. = Я отначил на чёрный день. Но тебе дам, раз надо.

ОТНЫКАТЬ, -аю, -аешь, сов., несов. Отныкивать. Отобрать. = Оказалось, по какому-то закону, или по личному указанию они обязаны отныкать от моих стерлингов 75 процентов. (Алешковский. Кенгуру.)

ОТНЫКИВАТЬ, -аю, -аешь, несов., сов. Отныкать.

ОТОВАРИВАТЬ, -аю, -аешь, сов., несов. Отоварить.

ОТОВАРИТЬ, -рю, -ришь, сов., несов. Отоваривать. Избить. = - Врёшь, падла. Закосить хочешь, не выйдет. Попробуй только в ужин не поешь - отоварю. (Габышев. Одлян.)

ОТОДРАТЬ, -деру, -дерёшь, сов., несов. Драть.

ОТПАД, -а, м. Восхищение, удивление. = Ну ты даёшь, в натуре! Я в полном отпаде!

ОТПАДАТЬ, -аю, -аешь, несов., сов. Отпасть. Восхищаться, удивляться. = Мужики отпали: во борзота! Брешет - и глазом не моргнёт!

ОТПАСТЬ, -паду, -падёшь, сов., несов. Отпадать.

ОТПОРОТЬ, -порю, -порешь, сов., несов. Пороть.

ОТПЫХТЕТЬ, -пыхчу, -пыхтишь, сов., несов. Пыхтеть. Отбыть срок заключения. = - Привет, Горе. - Здорово. - Отпыхтел? (Шукшин. Калина красная.)

ОТРИЦАЛ, -а, м. Заключённый, не сотрудничающий с администрацией ИТУ и открыто демонстрирующий это. = Черно-белый ромбик - перстень "отрицала", это злой зэк. Опасный сосед. (Огонёк. 1991,39.)

ОТРИЦАЛОВКА, -и, ж. Заключённые, отвергающие всякое сотрудничество с правоохранительными органами. = ...частые ссылки на могущество и засилье "отрицаловки", обвинение её лидеров виновниками всех неурядиц, случающихся за тюремным забором - удобный и распространённый способ руководства ИТУ переложить вину с себя на других. (Огонёк, 1990, 29.)

ОТРУБ, -а, м. Бессознательное состояние. = Я в полном отрубе был, ни хрена не помню, что было.

ОТРУБАТЬ, -аю, -аешь, несов., сов. Отрубить. Ср. Вырубать.

ОТРУБАТЬСЯ, -аюсь, -аешься, несов., сов. Отрубиться. Терять сознание.= Теперь они его жалели, потому что после любого удара, не важно куда - в висок, грудянку или печень, - он с ходу отрубался. (Габышев. Одлян.)

ОТРУБИТЬ, -рублю, -рубишь, сов., несов. Отрубать.

ОТРУБИТЬСЯ, -рублюсь, -рубишься, сов., несов. Отрубаться.

ОТСВЕЧИВАТЬ, -аю, -аешь, несов. Мешать. = Отойди, не отсвечивай! Тебя что, стекольщик делал?

ОТСИДКА, -и, ж. Пребывание в местах лишения свободы. = Двенадцать наколок - двенадцать лет. Каждый год отсидки один раз метили. (Нетесова. Утро без рассвета. Колыма.)

ОТСЛЮНИВАТЬ, -аю, -аешь, несов., сов. Отслюнить. Отсчитывать. = Нечего отслюнивать! Отслюни! Я сам без копья сижу!

ОТСЛЮНИТЬ, -слюню, -слюнишь, несов., сов. Отслюнивать.

ОТСТЁГИВАТЬ, -аю, -аешь, несов., сов. Отстегнуть. То же, что Отслюнивать.

ОТСТЕГНУТЬ, -ну, -нёшь, сов., несов. Отстёгивать.

ОТСТОЙНИК, -а, м. То же, что Бокс. = Как ведут из отстойника, обязательно разденут догола, переворошат все захоронки - а всё равно проносят, у каждого свои секреты... (Светов. Тюрьма.)

ОТТАРАНИВАТЬ, —аю, -аешь, несов., сов. Оттаранить.

ОТТАРАНИТЬ, -ню, -нишь, сов., несов. Оттаранивать. Отнести, оттащить. = - Короче, я предложил оттаранить чемодан в милицию. (Безуглов. Факел сатаны.)

ОТТОРЦЕВАТЬ, -торцую, -торцуешь, сов. Избить. = Нервы Глаза были на пределе. Он видел, как бьют других, и лучше бы и его отторцевали за компанию, чем так томительно ждать, когда и до тебя дойдёт очередь. (Габышев. Одлян.)

ОТТЫРИВАТЬ, -аю, -аешь, несов., сов. Оттырить 2.

ОТТЫРИТЬ, -рю, -ришь, сов., несов. Тырить. Избить. = Оттырили менты на вокзале. В лёжку два дня лежал.

ОТТЫРИТЬ 2, -рю, -ришь, сов., несов. Оттыривать. См. Отначить.

ОТТЯНУТЬ, -ну, -нешь, сов., несов. Тянуть. То же, что Натянуть.

ОТФАЛОВАТЬ, -фалую, -фалуешь, сов., несов. Фаловать 2. Изнасиловать. = Отфаловать только этого губошлёпа! Суётся куда не надо!

ОТ ФОНАРЯ. Наобум. = Залепил ей чего-то, так, от фонаря.

ОТХАРИТЬ, -рю, -ришь, сов., несов. Харить.

ОТХОДНЯК, -а, м. Похоронная музыка. = Пусть сыграет модный, суке подколодной, самый популярный отходняк! (из песни).

ОТШИВАТЬ, -аю, -аешь, несов., сов. Отшить.

ОТШИТЬ, отошью, отошьёшь, сов., несов. Отшивать. Выгородить, отвести подозрение. = По вине Глаза вместо свободы Робку раскрутят, и Глаз решил, если удастся переговорить с Генкой, отшить Робку. Взять преступление на двоих. (Габышев. Одлян.)

ОТШИТЬ**ОТШИТЬ СТАТЬЮ. Снять судимость. = Глазу и Роберту отшили статью восемьдесят девятую, а всем троим сняли девяносто шестую по амнистии... До звонка Глазу оставалось шесть с половиной... (Габышев. Одлян.)

ОТШКВОРИТЬ, -рю, -ришь, сов., несов. Шкворить. То же, что Отхарить.

ОЧКАНУТЬ, -ану, -анёшь, сов., несов. Очковать. Струсить, испугаться. = Очканул ты тогда крепко, а? С чего рвануло?

ОЧКО, -а, ср. Анальный проход. = Нештяк, в натуре, очко-то жим-жим. Ладно, на сегодня хватит, а завтра еще что-нибудь придумаем. (Габышев. Одлян.)

ОЧКО**ОЧКО ЗАИГРАЛО. Возбудился, возбудилась. = Ты что вокруг него трёшься? Очко заиграло? Большого и чистого захотела?

ОЧКО**ОЧКО ИГРАЕТ. Трусить, бояться. = Очко, небось играет? А ты не дрейфь, прорвёмся!

ОЧКО**ОЧКО НЕ ЖЕЛЕЗНОЕ. То же, что Очко играет. = В камере сидел один мент. В милиции уже несколько лет не работал. Попал за аварию. В ментовскую камеру попросился сам: очко-то не железное, вдруг кто-нибудь его узнает. (Габышев. Одлян.)

ОЧКО**ОЧКО ПОРВАТЬ. Изнасиловать в задний проход. = Пикнешь, очко порву!

ОЧКО**ОЧКО РВАТЬ. Выслуживаться. = Буду я перед ним очко рвать! Холуя себе пускай ищет!

ОЧКО**ОЧКО СЛИПЛОСЬ. Струсил (а), испугался. = Жмурика как увидал, враз очко слиплось у фрайера!

ОЧКО**ОЧКО СЫГРАЛО. То же, что Очко слиплось.

ОЧКО 2, -а, ср. Игра в карты. = Во что играют? В очко, секу, буру, мандавошку... 2. Число 21. = У него всегда очко, как ни сдавай!

ОЧКОВАТЬ, очкую, очкуешь, несов., сов. Очкануть.

ОШМОНАТЬ, -аю, -аешь, сов., несов. Шмонать. Обыскать. = В полночь этапников принял конвой из солдат, ошмонал, и повезли их на вокзал. (Габышев. Одлян.)

П

ПА́ДЛА, -ы, ж. Брань. = Да тебя, падлу, на четыре точки давно поставить надо! А пятую законопатить!

ПА́ЙКА, -и, ж. Порция хлеба. = Сижу на нарах, как король на именинах, и пайку чёрного желаю получить... (из песни).

ПАКО́ВЩИК, -а, м. Шулер высокой квалификации, играющий ради наживы. = Картёжные мошенники представлены... "паковщиками", перекупщиками долгов" и др. (Лебедев - 1989.)

ПА́ЛКА, -и, ж. 1. Мужской половой член. = У него палка по колено! Как засунет, так не плачь! 2. Половой акт. = Чего эта приходила? На палку?

ПА́ПА, -ы, м. Начальник отряда. = Начальник отряда - "папа", в женской колонии - "мама", "мамочка".

ПАРА́ША, -и, ж. 1. Помойное ведро, ёмкость для нечистот. = Я вымыл бачки питьевые и даже парашу. Конечно, энтузиазм мой не был подхвачен. (Леви. Записки Серого Волка.) 2. Отхожее место. = Чтоб зэк простой советский наш, Жил без зловония параш И чтоб, съев миску каши с гаком, Спокойно в унитаз свой какал... (Губин. От тюрьмы, от сумы и от страха.) 3. Ложные слухи, сплетни. = И тут они рассказали Петрову - а это рассказывали всем новичкам-малолеткам - как её однажды чуть не изнасиловали. Возможно, это пустили тюремную "парашу". (Габышев. Одлян.)

ПАРА́ШЕЧНИК, -а, м. Спящий возле отхожего места в камере. = В камере свои законы. Каждое место расписано. Парашечник - этот возле сортира должен спать.

ПАРА́ШКА, -и, ж. То же, что Пара́ша.

ПАРАШЮТИ́СТ, -а, м. То же, что Пара́шечник.

ПАРОВО́З, -а, м. Один из соучастников преступления, на которого ложится основная тяжесть преступления. = - Я вижу, вы не расположены говорить правду. Что ж, есть другие участники нападения, они наверняка внесут ясность. К тому же пистолет, из которого смертельно ранен сторож, изъят у вас, а не у них. Смотрите сами. - Паровозом делаешь, начальник? Я не стрелял... (Кошечкин. Ночное происшествие.)

ПАРХА́ТЫЙ, -ого, м. Еврей. = Жратвы наготовили на весь город. Пархатый жених-то. (Нетесова. Фартовые.)

ПАСТИ́, пасу, пасёшь, несов., сов. Вы́пасти.

ПАСТИ́СЬ, -сусь, -сёшься, несов. Постоянно находиться в

определённом месте. = И не только бродяги "пасутся" на свалке, приходят и горожане, находят и они, чем здесь поживиться. (Огонёк, 1991, 26.)

ПАТРИ*А*РХ, -а, м. Судья. = Патриарх даже заржал, весело, видать, стало. А чего грустить, не его ж, а он судит.

ПАХ*А*Н, -а, м. Главарь. = У вас своя организация, иерархия, авторитеты -паханы, своя касса. (СС, 1990, 5.)

П*А*ХНУТЬ**П*А*ХНУТЬ КЕРОС*И*НОМ. Становиться опасным. = Почуял, падла, что дело пахнет керосином, и сдёрнул!

ПАЦ*А*Н, -а, м. 1. Одно из самоназваний Отрицаловки. = Себя называют "пацанами", - а не-своих - "мужиками", "быками", "бесами". 2. Новичок, начинающий вор. = По сути дела "пацан" - то же самое, что и комсомолец. Перейти из этой категории в другую, высшую, не так-то просто. Необходимо иметь определенный стаж, незапятнанную репутацию, а также рекомендации от взрослых урок. (Демин. Блатной.)

ПАЦАНВ*А*, -ы, ж. Собир. к Пац*а*н (во 2-м знач.).

ПАЦ*А*НКА, -и, ж. Женск. к Пац*а*н. = - Мальчики, ну что, качайте нас! Чтобы сердце трепетало и чтоб юбочка летала! Ну точно пацаночки! Гулаговские амазонки. (ЛГ, 13.02.91.)

ПАЦ*А*НЬё, -я, ср. То же, что Пацанв*а*.

П*А*ЧКА, -и, ж. 1. Физиономия, морда. = Пачку себе нажрал на казённых харчах, в упор никого не видит... 2. То же, что Амб*а*л.

ПА*Я*ЛЬНИК, -а, м. Нос. = Ну что паяльником водишь? Русский дух не нравится?

ПЕРЕБАЗ*А*РИТЬ, -рю, -ришь, сов. Поговорить. = - Я сейчас с ним перебазарю, - зашептал Глаз, - а не успею - за мной сейчас придут, - передай ему, чтоб отказывался. (Габышев. Одлян.)

ПЕРЕБУНТОВ*А*ТЬ, -ую, -уешь, сов. Потасовать, перетасовать карты. = Перебунтуй как надо, а то у меня обратно одна масть придёт, как в прошлый раз.

ПЕРЕКАНТОВ*А*ТЬСЯ, -уюсь, -уешься, сов. Переждать, перетерпеть. = - Мы обязаны устроить вас в течение двух недель. А пока уж как-нибудь перекантуетесь, поночуете на вокзале. (Вознесенская. Записки из рукава.)

ПЕРЕКЕМ*А*РИТЬ, -рю, -ришь, сов. Поспать. = Перекемарить бы надо, час-другой. Башка не варит.

ПЕРЕКРЫВ*А*ТЬ**ПЕРЕКРЫВ*А*ТЬ КИСЛОР*О*Д. Душить. = - Сейчас я тебе кислород перекрывать буду... Кайф от этого не хуже.

Костя крепко схватил Хитрого Глаза за кадык... (Габышев. Одлян.)

ПЕРЕКУПЩИК ДОЛГОВ. Шулер-ростовщик. = Сегодня он за кого-то заплатит, "выручит", а тот ему с процентами. Могут и перекупать друг у друга, чтобы "на крючок" кого-то взять.

ПЕРЕПИХНИН С ПОВТОРИНОМ. Половой акт. = И совершили мы с ней перепихнин с повторином, и засадил я ей по самые помидоры!

ПЕРЕТЫРИТЬ, -рю, -ришь, сов. Перепрятать. = Перетырить надо на всякий случай. На всякий случай, усёк?

ПЕРЕТЬ, пру, прёшь, несов. Проявлять агрессивность по отношению к кому-либо. = Чего мне на него переть? Он мне не должен.

ПЕРЕТЬПЕРЕТЬ БУРОМ.** См. Буром переть.

ПЕРО, -а, ср. Нож. = Куда ни ткни - везде мафия, рэкет, погони, драки, утюги на животах, "пушки", "перья" и прочие атрибуты времени великих перемен. (Столица, 1991, 5.)

ПЕРО НА ПЕРО. Вызов на поединок с применением холодного оружия. = Хасан произнес сейчас ритуальную фразу; он вызывал меня на дуэль! "Перо на перо" - в переводе с блатного означает: "нож на нож". (Демин. Блатной.)

ПЕРСТЕНЬ, перстня, м. Татуировка на пальце. = Если узнают, что наколка ложная и сделана ради куража, лютая разборка ждёт нарушителя конвенции, от отрубания пальца с неправедным "перстнем" до превращения его в презираемого всеми "петуха". (Столица, 1991, 1.)

ПЕРХОТЬ, -и, ж. Ничтожество, дрянь. = - Мы от своего района всякую перхоть и шушеру отваживаем. (Нетесова. Фартовые.)

ПЕРЬЯ, -ев, мн. Погоны. = И эта сука в перьях завозникала сразу: "Не положено! Сесть!"

ПЁС, пса, м. См. Легавый.

ПЕТИ-МЕТИ, нескл., мн. Ср. Тити-мити.

ПЕТРИТЬ, -рю, -ришь, несов. Понимать, разбираться в чем-либо. = Он в технике петрил, как бог!

ПЕТУХ, -а, м. См. Опущенный. = - "Петухи" - это опущенные. - Да. Их в ПКТ содержали в одной из камер. (Губин. От тюрьмы, от сумы и от страха.)

ПЕТУХ 2, -а, м. 1. Рука. = Ладно, давай петуха. Я пошёл! 2. Пятирублевая купюра. = Петух у тебя есть? Нам не хватает, уважь!

ПЕТУШАТНИК, -а, м. Камера, в которой занимаются мужеложством. = "Петушатник" или "пресс=хата" в тюремных заведениях - самое унизительное местопребывание: там из нормального человека делают педераста. (Огонёк, 1991, 40.)

ПЕТУШИТЬ, -у, -ишь, несов., сов. Опетушить. Насиловать в анальный проход. = Его петушили все, кому была до того охота. Даже сявки и те отметились. (Нетесова. Фартовые.)

ПЕТУШКИ, -ов, мн. Заключённые, не имеющие на теле татуировок. = "Петушки к петушкам, а раковые шейки - в сторону", - так на жаргоне формулируется эта процедура. (Демин. Блатной.)

ПЕТЬ, пою, поёшь, несов. Сознаваться. = Пришел бухой и стал душу мотать. Мол, не такие у меня пели, а ты, дерьмо, расколешься, как миленький...

ПЕХОТА, -ы, ж. Собир. Мелюзга, мелочь. = Спугнул клиентов выстрел в Брыга... Одна мелочь идет, нижний эшелон, "пехота". (Огонёк, 1990, 19.)

ПЕЧАТАТЬ, -аю, -аешь, несов. См. Петушить.

ПЕЧНИК, -а, м. Активный педераст. = - Ой дружили! - хрипло рассмеялся Сусликов. - Аж нары скрипели. Правда, кто из них был печником, не знаю. (Безуглов. Факел сатаны.)

ПЕЧЬ**ПЕЧЬ БЛИНЫ. Истязать. = Кожу на руке обслюнявят, а потом с размаху бьют пальцами в это место, "блины пекут".

ПЕШНЯ, -и, ж. 1. Татуировочная игла. = Пешня тупая была. Кое-где плохо вышло. 2. Готовый трафарет для нанесения татуировки. = Готовят трафарет, пешню, и по трафарету очень быстро делают наколки.

ПИДАРАСИТЬ, -шу, -сишь, несов., сов. Опидарасить.

ПИДАРКА, -и, ж. Головной убор заключённого. = Мне выдали весьма подходящую для издевательств форму: чёрную шапку с козырьком, так называемую "пидарку", годную по размеру только ребёнку... (Губин. От тюрьмы, от сумы и от страха.)

ПИДАРМОН, -а, м. Ср. Пидарь. = Что ты жопой крутишь, как пидармон! Свербит, что ль?

ПИДАРМОТ, -а, м. Ср. Пидармон.

ПИДАРЬ, -я, м. Педераст. = С криком: "Я этих пидарей спасу для ответа перед судом народных заседателей!" - отличный этот пловец, неоднократный в молодости призёр различных первенств, бросился в воду и надолго пропал. (Новый мир, 1989, 10.)

ПИДОР, -а, м. Ср. Пидарь.

ПИДОРÁСКА, -и, ж. Ср. Пидарка.

ПИ́КА, -и, ж. 1. Самодельный нож с узким лезвием. = Он поставил пику остриём на сердце и стукнул по рукоятке кулаком. Удар был сильный, он упал и тут же умер. (Леви. Записки Серого Волка.) 2. Мужской половой член. = Пики наставили, стали в "хоровод", Весело-весело встретим Новый год... (пародия на мотив детской песенки).

ПИКАНУ́ТЬ, -ну, -нёшь, сов. Изнасиловать. = Потом призналась: мол, подпоил и пиканул...

ПИКО́ВИНА, -ы, ж. Острозаточенный металлический прут или арматура. = "Пиковиной" называются металлические, полуметровой длины штыри или толстые прутья, остро заточенные с одного конца. (Демин. Блатной.)

ПИЛÁ, -ы, ж. Татуировка на пальце. = - А зубчатое кольцо? - Это заметная работа. Такое кольцо и называлось - пила. Это тоже убийцы. Но особые. Разбойники... (Нетесова. Утро без рассвета. Колыма.)

ПИЛИ́ТЬ, пилю, пилишь, несов. Ехать. = Впереди на мотоцикле с коляской пилили два милиционера. И он погнался за ними. (Габышев. Одлян.)

ПИСÁЛКА, -и, ж. Ср. Писка.

ПИСÁТЬ, пишу, пишешь, несов., сов. Записáть и Пописáть.

ПИ́СКА, -и, ж. Бритва. = На животе вздувались продольные рубцы - след бритвы - "писки". (Шаламов. Перчатка или КР-2.)

ПИСТО́Н**ПИСТО́Н СТÁВИТЬ. См. Бросáть пáлку.

ПИ́СЬКА**ПИ́СЬКУ ДРОЧИ́ТЬ. См. Балóн катúть.

ПИШКУ́ЧКА, -и, ж. Ср.Пшикуха.

ПИ́ЩИК, -а, м. Горло. = Одной рукой за пищик как схватил, тот и пузыри пускать пошёл!

ПИЯ́ВКА**ПИЯ́ВКУ ОТПУСТИ́ТЬ. Щёлкнуть по лбу пальцем. = Отпусти ему три пиявки, пускай играть учится!

ПЛАН, -а, м. Анаша. = Так, состояние, развивающееся в результате потребления гашиша (анаши, плана, марихуаны), существенно отличается от состояния, наступающего в результате потребления опиатов. (Война с наркомафией.)

ПЛАНАКÉШ, -а, м. Курильщик Плана. = В мазанке этой жил старый мой приятель, планакеш Измаил. (Планакешами называют на востоке курильщиков анаши; в здешних краях её получают обычно из-за границы, с Памира). (Демин. Блатной.)

ПЛАНОВОЙ, -ого, м. Наркоман. = По делу у него совращение малолетних. Срок шесть лет. Есть данные, что он - плановой... (Довлатов. Представление.)

ПЛЕЧЕВАЯ БИЧОВКА. Женск. к Плечевой бич.

ПЛЕЧЕВОЙ БИЧ. Бродяга. = Здесь собирается в основном общество не только городских бродяг, но и бичи, выловленные милицией на железной дороге. Такие редко, правда, сюда попадают, их, кстати, называют "плечевые бичи". (Огонёк, 1991, 22.)

ПЛЫТЬ, плыву, плывёшь, несов. Находиться в состоянии наркотического опьянения. = Насосавшись опия - выкурив несколько трубок - Ким лежал на циновке и "плыл" (так по-блатному называется ощущение, которое возникает под действием наркотика). (Демин. Блатной.)

ПОБАЗАРИТЬ, -рю, -ришь, сов. Некоторое время Базарить.

ПОБАЗЛАТЬ, -аю, -аешь, сов. Некоторое время Базлать.

ПОБАЛДЕТЬ, -ею, -еешь, сов. Некоторое время Балдеть.

ПОБАРАТЬ, -аю, —аешь, сов., несов. Барать.

ПОБАРАТЬСЯ, -аюсь, -аешься, сов., несов. Бараться.

ПОБУХАТЬ, -аю, -аешь, сов. Некоторое время Бухать.

ПОБУХТЕТЬ, -тю, -ишь, сов. Некоторое время Бухтеть.

ПОВАФЛИТЬ, -лю, -лишь, сов. Некоторое время Вафлить.

ПОВЕРТУХАТЬСЯ, -аюсь, -аешься, сов. Некоторое время Вертухаться.

ПОВЫПЕНДРИВАТЬСЯ, -аюсь, -аешься, сов. Некоторое время Выпендриваться.

ПОВЫРУБАТЬ, -аю, -аешь, сов. Приводить в бессознательное состояние побоями многих, всех. = Всех повырубали на хрен! Приехали тут картину гнать!

ПОВЫРУБИТЬ, -рублю, -рубишь, сов. То же, что Повырубать.

ПОВЫСТУПАТЬ, -аю, -аешь, сов. Некоторое время Выступать.

ПОВЯЗАННЫЙ, -ая, -ое, прич. страд. прош. Находящийся в чьей-то власти, зависимый. = Все друг с другом повязаны, концов не найдёшь.

ПОВЯЗАТЬ, -вяжу, -вяжешь, сов., несов. Вязать.

ПОГАЗОВАТЬ, -газую, -газуешь, сов. Некоторое время Газовать.

ПОГАНКА, -и, ж. Ложь, обман. = Кто твоей поганке поверит? Кругом облажался.

ПОГНАТЬ, -гоню, -гонишь, сов., несов. Гнать.

ПОГОРЕТЬ, -горю, -горишь, сов., несов. Гореть. = И вот на этой самой третьей системе я страшно погорел. (Леви. Записки Серого Волка.)

ПОГУДЕТЬ, -гужу, -гудишь, сов. Некоторое время Гудеть.

ПОГУДЕТЬ 2, -гужу, - гудишь, сов. Некоторое время Гудеть 2.

ПОГУНДЕТЬ, -гундю, - гундишь, сов. Некоторое время Гундеть.

ПОД БАЛДОЙ. Ср. Под банкой.

ПОД БАНКОЙ. Подшофе. = - Здравствуйте, Борис Анатольевич... Кажется, вы меня не узнаёте, - снисходительно улыбается Раиса, замечая, что тот изрядно "под банкой". (Лавровы. Следствие ведут знатоки.)

ПОД ГАЗОМ. Ср. Под банкой.

ПОД КАЙФОМ. Ср. Под банкой.

ПОД МУХОЙ. Ср. Под банкой. = Рест шёл после " работы" из кафе, был малость "под мухой". (Леви. Записки Серого Волка.)

ПОДБИВАТЬ**ПОДБИВАТЬ КЛИНЬЯ. Проявлять знаки внимания по отношению к лицу другого пола. = Ванька к ней всё клинья подбивал, наобещал сорок бочек арестантов, небось.

ПОДВАЛИВАТЬ, -аю, -аешь, несов., сов. Подвалить. Подходить. = Подваливают ко мне трое из той хевры: "Дай закурить!"

ПОДВАЛИТЬ, -лю, -лишь, сов., несов. Подваливать.

ПОДВАФЛИТЬ, -лю, -лишь, сов. Ср. Повафлить.

ПОДВИГАТЬСЯ, -аюсь, -аешься, сов. Некоторое время Двигаться.

ПОДВОСЬМЕРИТЬ, -рю, -ришь, сов. Слегка Восьмерить. = Подвосьмерить надо было, я не допёр сразу.

ПОДГОНЯТЬ, -яю, -яешь, несов., сов. Подогнать.

ПОДДАВАТЬ, поддаю, поддаёшь, несов., сов. Поддать. Выпивать. = - Когда-то и я была такой красоткой, увивались возле меня и молодые и старые. Но как начала крепенько "поддавать" - перестали. (К новой жизни.)

ПОДДАТЫЙ, -ая, -ое. Подвыпивший. = Он с утречка поддатый. И она поддатая. Выгнали, небось, ночью и причастились маненечко первачком.

ПОДДАТЬ, поддам, поддашь, сов., несов. Поддавать. = Чтой-то стало холодать, Не пора ли нам поддать? Не послать ли нам гонца За бутылочкой винца? (из рифмовок).

ПОДДУВА́ЛО, -а, ср. Рот. = Закрой поддувало, кишки простудишь!

ПОДЕ́ЛЬНИК, -а, м. Соучастник, напарник. = И Коля закурил, слушая разговоры. Болтали многие: земляки, подельники, кто с кем мог, - но тихо, вполголоса. (Габышев. Одлян.)

ПОДЕ́ЛЬНИЦА, -ы, ж. Женск. к Подельник. = Я всё на себя взяла, а подельницы мои в это время на свободе гуляли и даже письма не прислали. (Огонёк, 1990, 27.)

ПОДЕ́ЛЬЩИК, -а, м. Ср. Подельник.

ПОДЖЕНИ́ТЬСЯ, -нюсь, -нишься, сов. Совокупиться, принудить к сожительству. = Да, на этой бы поджениться неплохо. Всё при ней.

ПОДЖИ́Г, -а, м. Самодельный пистолет, самопал. = Во время работы в промышленной зоне он изготовил самодельное оружие - поджиг, которое начинялось вместо пороха спичечными головками, пыжом, самодельной пулей. (К новой жизни.)

ПОДЖИГА́ЛА, -ы, м. Ср. Поджиг.

ПОДЖИГЛЕ́Т, -а, м. Ср. Поджиг. = С его поджиглета Корке как засадил в жопу, так того в больницу повезли дробь выковыривать...

ПОДЗАБАЗА́РИТЬ, -рю, -ришь, сов. То же, что Забаза́рить.

ПОДЗАБАЛДЕ́ТЬ, -ею, -еешь, сов. Слегка Забалде́ть.

ПОДЗАБИ́ТЬ, -бью, -бьёшь, сов. То же, что Забить 2. = Подзабил я на это дело. Мне что, больше всех надо?

ПОДЗАБЛАТОВА́ТЬ, -тую, -туешь, сов. То же, что Заблатова́ть 2. = Я подзаблатовал одного: берётся заделать.

ПОДЗАБОЛТА́ТЬ, -аю, -аешь, сов. То же, что Заболта́ть.

ПОДЗАБО́РНИЦА, -ы, ж. См. Дешёвка (в 1-м знач.). = И постепенно из "подзаборницы" - из дешёвой и грязной вокзальной шлюхи - Алтына превратилась в отличную профессионалку, в проститутку высокого класса... (Демин. Блатной.)

ПОДЗАБУРЕ́ТЬ, -ею, -еешь, сов. Слегка Забуре́ть. = Тряхануть его надо. Он в последнее время подзабурел.

ПОДЗАБУРИ́ТЬСЯ, -рюсь, -ришься, сов. Слегка Забури́ться. = Подзабурились мы тогда с Фоней чуток.

ПОДЗАБУРЯ́ТЬСЯ, -яюсь, -яешься, сов. Ср. Подзабури́ться.

ПОДЗАВАФЛИ́ТЬ, -лю, -лишь, сов. То же, что Подвафли́ть.

ПОДЗАГУДЕ́ТЬ, -гужу, -гудишь, сов. Слегка Гуде́ть.

ПОДЗАГУДЕ́ТЬ 2, -гужу, -гудишь, сов. То же, что Загуде́ть 3.

ПОДЗАДОЛБА́ТЬ, -аю, -аешь, сов. То же, что Задолба́ть.

ПОДЗАДОЛБА́ТЬСЯ, -аюсь, -аешься, сов. Слегка Задолба́ться.

ПОДЗАКЕМА́РИТЬ, -рю, -ришь, сов. То же, что Покема́рить.

ПОДЗАКЛЕ́ИТЬ, -клею, -клеишь, сов. То же, что Закле́ить. = Подзаклеила ухажёра: с носа капает...

ПОДЗАКЛЕ́ИТЬСЯ, -клеюсь, -клеишься, сов. То же, что Закле́иться.

ПОДЗАКОЛЕБА́ТЬ, -аю, -аешь, сов. То же, что Заколеба́ть.

ПОДЗАКОСИ́ТЬ, -кошу, -косишь, сов. Слегка Закоси́ть. = Да ничего не сделать. Куда привезут. А может, мне в Свердловской тюрьме немного подзакосить? В больничке с месяц поваляться. (Габышев. Одлян.)

ПОДЗАЛЕТА́ТЬ, -аю, -аешь, несов., сов. Подзалете́ть.

ПОДЗАЛЕТЕ́ТЬ, -лечу, -летишь, сов., несов. Подзалета́ть. Попасться. = В бане они узнали, что Мах, бывший вор седьмого отряда, подзалетел за драку и Мехля тоже. (Габышев. Одлян.)

ПОДЗАЛОВИ́ТЬ, -влю, -вишь, сов. То же, что Залови́ть.

ПОДЗАЛОМА́ТЬ, -аю, -аешь, сов. То же, что Залома́ть.

ПОДЗАЛУПИ́ТЬСЯ, -плюсь, -пишься, сов. То же, что Залупи́ться. = Он подзалупился, а ментам только того и надо было.

ПОДЗАНА́ЧИТЬ, -чу, -чишь, сов. То же, что Зана́чить.

ПОДЗАНЫ́КАТЬ, -аю, -аешь, сов. То же, что Заны́кать.

ПОДЗАТА́РИТЬСЯ, -рюсь, -ришься, сов. Немного Зата́риться. = Чернилом на базе подзатарились, кладовщица знакомая, - и в посадку.

ПОДЗАТОРЧА́ТЬ, -чу, -чишь, сов. Слегка Заторча́ть. = Он чуток подзаторчал, язык развязался у мудилы.

ПОДЗАТУФТИ́ТЬ, -туфтю, -туфтишь, сов. Слегка Затуфти́ть. = Подзатуфтить что ль намылился? Сколько у него было?

ПОДЗАХОБОТА́ТЬ, -аю, -аешь, сов. То же, что Захобота́ть.

ПОДЗАХОМУТА́ТЬ, -аю, -аешь, сов. То же, что Захомута́ть.

ПОДЗАЩУ́ЧИВАТЬ, -чу, -чишь, несов., сов. Подзащу́чить. Подловить. = Его с бабой прямо в бане подзащучили и сфотографировали.

ПОДЗАЩУ́ЧИТЬ, -чу, -чишь, сов., несов. Подзащу́чивать.

ПОДКАНА́ТЬ, -аю, -аешь, сов. Подойти. = Два хмыря к нему

подканали, им на бутылку не хватало. Хотели тряхнуть мелочёвку. А Шура борзоту не любит...

ПОДКОВЫРНУТЬ, -ну, -нёшь, сов. То же, что Ковырнуть.

ПОДКОЛОТЬ, -лю, -лешь, сов. Ударить ножом. = Отсюда многие хотят вырваться, но пока я знаю только двоих, тех, что подкололи своего кента, и их, пропустив через толчок, отправили в тюрьму. (Габышев. Одлян.)

ПОДЛАМЫВАТЬ, -аю, -аешь, несов., сов. Подломать и Подломить.

ПОДЛОМАТЬ, -аю, -аешь, сов., несов. Подламывать. Совершить кражу со взломом. = Договорились на спор ларёк подломать. Ну и подломали.

ПОДЛОМИТЬ, -ломлю, -ломишь, сов., несов. Подламывать.

ПОДЛЯНКА, -и, ж. Подлость. = Кто ж такую подлянку устроил? Веня что ль?

ПОДМАСТЫРИТЬ, -рю, -ришь, сов. То же, что Замастырить.

ПОДМАХИВАТЬ, -аю, -аешь, несов., сов. Подмахнуть. Совершать движения тазом во время полового акта (о женщине). = Ты молчи! Не тебя ебут - не подмахивай!

ПОДНЯТЬ**ПОДНЯТЬ АНАРХИЮ. Взбунтоваться. = В каждом отряде надо взять по нескольку человек предполагаемых и попробовать выжать из них признание любым путем. Дуплить их надо подольше. Всё равно кто-нибудь да сознается. А то и анархию не поднять - сразу спалимся. (Габышев. Одлян.)

ПОДНЯТЬ**ПОДНЯТЬ КАЛАМБУР. То же, что Поднять хипеш.

ПОДНЯТЬ++ПОДНЯТЬ ХВОСТ. См.Письку дрочить.

ПОДНЯТЬ**ПОДНЯТЬ ХИПЕЖ. Ср. Поднять хипеш.

ПОДНЯТЬ**ПОДНЯТЬ ХИПЕШ. Зашуметь, заскандалить. = Чего хипеш подняли? Может, это не он был? Разобраться надо!

ПОДНЯТЬ**ПОДНЯТЬ ШУХЕР. Предупредить об опасности. = Веня - молоток! Если б шухер не поднял, засекли б точно.

ПОДОВЗЯТЬ, -возьму, -возьмёшь, сов. Взять. = Думал, там чернило подвозьму. А там только со звёздами.

ПОДОГНАТЬ, подгоню, подгонишь, сов., несов. Подгонять. Прислать, передать. = Лука обещал пару кусков подогнать. Шкипера тряхнёшь, отслюнит, нигде денется.

ПОДОГРЕВ, -а, м. 1. То же, что Грев. 2. Ужин. = "Подогрев" - последняя еда в камере, после отбоя. Три раза в день едят казённое, а четвёртый - своё, из собственных запасов: ларёк, передачи, что удаётся закосить от обеда и ужина. (Светов. Тюрьма.)

ПОДОГРЕВА́ТЬ, -а́ю, -а́ешь, несов., сов. Подогре́ть.

ПОДОГРЕ́ТЬ, -е́ю, -е́ешь, сов., несов. Подогрева́ть. Поддержать. = - А что у вас в кешелях, Чёрный? - Да... разное. Конверты, открытки, курево... - Меня немного не подогреете? (Габышев. Одлян.)

ПОДОРВА́ТЬ, -рву́, -рвёшь, сов., несов. Подрыва́ть. Сбежать. = Взять хотя бы того, в которого вскоре будет стрелять Капустин (Яркин), и вообще - сопляк, лет по виду не больше семнадцати, а уж как подорвал и как начал тыриться, трудно сказать. (Кураев. Петя по дороге в царствие небесное.)

ПОДПИСА́ТЬСЯ, -шу́сь, -ше́шься, сов., несов. Подпи́сываться. Согласиться. = Я на это не подпишусь. Это ваши дела.

ПОДПИ́СЫВАТЬСЯ, -аюсь, -аешься, несов., сов. Подписа́ться.

ПОДПО́ЛЬНИК, -а, м. Квартирный вор. = "Домушники" и "подпольники" - разновидности квартирных воров, крали всё, что попадёт под руку, а потому пользовались незначительным авторитетом в уголовном мире. (Лебедев - 1989.)

ПОДРЫ́В, -а, м. Побег. = Не смешите. Вспомните хотя бы знаменитый каргопольский подрыв, когда сразу сто семьдесят шесть человек ушло. (Кураев. Петя по дороге в царствие небесное.)

ПОДРЫВА́ТЬ, -а́ю, -а́ешь, несов., сов. Подорва́ть.

ПОДСО́С, -а, м. Нехватка, дефицит.= На зоне перед отоваркой всегда подсосы были. Курево кончалось. Но у воров и рогов в курках оно всегда оставалось... (Габышев. Одлян.)

ПОДСО́С**НА ПОДСО́СЕ СИДЕ́ТЬ. Испытывать недостаток, нужду. = Он никогда на подсосе не сидел: вольняшки всем снабжали. Куревом, ширевом, водярой. Даже в ШИЗО у него всё было.

ПОДСЫ́ПКА, -и, ж. См. Наседка. = Варискина надо было чем-нибудь "взбодрить", и Яхонтов решил подослать к нему "подсыпку". (Нароков. Мнимые величины.)

ПОДУХАРИ́ТЬСЯ, -рю́сь, -ри́шься, сов. Некоторое время Духари́ться.

ПОДЪЕЛДЫ́КИВАТЬ, -аю, -аешь, несов., сов. Подъелдыкну́ть. Подзуживать. = А эта больше всех подъелдыкивала, падла волосатая!

ПОДЪЕЛДЫ́КНУТЬ, -ну́, -нёшь, сов., несов. Подъелды́кивать.

ПОЕ́ХАТЬ. Употр. в прош. времени. Спятить, рехнуться. = Старик был странный, уже не вполне нормальный, - про таких зэки говорят "поехал" и выразительно крутят пальцем у виска. (Марченко. Мои показания.)

ПОЗАГРЕБА́ТЬ, -ёт, -ют, сов. Всех, многих Загреба́ть.

ПОЗАГРЕСТИ́, -гребёт, -гребут, сов. То же, что Позагреба́ть.

ПОЗАИГРА́ТЬ, -аю, -аешь, сов. То же, что Заигра́ть.

ПОЗАИГРА́ТЬ 2, -аю, -аешь, сов. То же, что Заигра́ть 2.

ПОЗАЛУПА́ТЬСЯ, -аюсь, -аешься, сов. Некоторое время Залупа́ться.

ПОДЗАМЕСТИ́, -метёт, метут, сов. Всех, многих Замести́.

ПОЗАСЫПА́ТЬ, -сыплю, -сыпешь, сов. Всех, многих Засыпа́ть.

ПОЗАСЫ́ПАТЬ, -аю, -аешь, сов. Всех, многих Засы́пать.

ПОЗАСЫПА́ТЬСЯ, -лются, сов. Попасться

ПОЗАСЫ́ПАТЬСЯ, -аются, сов. Попасться

ПОИМЕ́ТЬ,- имею, -имеешь, сов., несов. Име́ть.

ПОЙМА́ТЬ**ПОЙМА́ТЬ КАЙФ. Ср. Кайф лови́ть.

ПОЙМА́ТЬ**ПОЙМА́ТЬ СЕА́НС. Ср. Лови́ть сеа́нс.

ПОЙМА́ТЬ**ПОЙМА́ТЬ ТРИ́ППЕР. Заболеть триппером. = Как говорится, не повезёт, так с детства. Это вроде как на собственной бабе триппер поймать!

ПОЙТИ́**ПОЙТИ́ В ОТКА́Т. Ср. Отка́т.

ПОКАДРИ́ТЬСЯ, -рюсь, -ришься, сов. Некоторое время Кадри́ться.

ПОКАЗА́ТЬ**ПОКАЗА́ТЬ ПЯ́ТЫЙ У́ГОЛ. Избить. = Покажут тебе пятый угол, если выступать будешь!

ПОКАНА́ТЬ, -аю, -аешь, сов., несов. Кана́ть. Пойти. = ... она и выдала особо важное дело, по которому и поканал твой старый друг. (Алешковский. Кенгуру.)

ПОКАНТОВА́ТЬСЯ, -уюсь, -ешься, сов. Некоторое время Кантова́ться.

ПОКЕМА́РИТЬ, -рю, -ришь, сов. Поспать. = Покемарить бы минуток шестьсот!

ПОКЕРОСИ́НИТЬ, -ню, -нишь, сов. Немного, слегка Кероси́нить.

ПОКИРЯ́ТЬ, -яю, -яешь, сов. Немного, слегка Киря́ть.

ПОКУ́МОК, -мка, м. Ср. Кумо́вка.

ПОКУПА́ТЕЛЬ, -я, м. Представитель ИТУ. = Покупатели должны быть люди сметчивые, глазастые, хорошо смотреть, что берут, и не давать насовать им в числе голов - доходяг и инвалидов. (Солженицын. Архипелаг ГУЛаг.)

ПОКУПАТЬ, -аю, -аешь, несов., сов. Купить.

ПОЛКУСКА, -ов, мн. Полтысячи. = Сделаешь дело - полкуска твои.

ПОЛОСАТИК, -а, м. Заключённый колонии особого режима. = Поправляя халат, появляется заспанная толстая медсестра: - Ох, эти полосатики-развалюхи! Кто тут умирает? (ЛГ, 13.02.91.)

ПОЛТИННИКИ, -ов, мн. Глаза. = Полтинники свои на меня уставила, как будто я ей три рубля должен.

ПОЛОЖИТЬ**ПОЛОЖИТЬ С ПРИБОРОМ. Наплевать, проигнорировать. = Я на его угрозы положил с прибором, понял!

ПОЛУЦВЕТНОЙ, -ого, м. Примыкающий к ворам. = ... все они сидели по 58-й, держались дружно, сплочённо, и от охотников до посылок из дому - "урок", "полуцветных", "шакалов" - организованно отбивались палками. (Гребенников. Мои университеты.)

ПОЛУЧИТЬ**ПОЛУЧИТЬ СВОё. Получить по заслугам. =- Так как же мы разойдёмся?- Не волнуйся, своё получишь. - Но, но, - угрожающе процедил Монгол. (Пересунько. Жаркое лето.)

ПОМАЗАТЬ,-ажу, -мажешь, сов. Поспорить. = - Давай, —отвечает мусорила окаянная, - помажем, что я знаю, какое? Помазали. (Алешковский. Кенгуру.)

ПОМАНДРАЖИРОВАТЬ, -рую, -руешь, сов. Некоторое время Мандражировать. = Ничего, он знает, что я вернулся. Пусть помандражирует. (Корнилов. Демобилизация.)

ПОМАХАТЬСЯ, -аюсь, -аешься, сов., несов. Махаться.

ПОМАЦАТЬ, -аю, -аешь, сов. Слегка Мацать.

ПОМИНЖЕВАТЬСЯ, -жуюсь, -жуешься, сов. Некоторое время Минжеваться.

ПОМОГАЛЬНИК, -а, м. Заместитель, помощник. = Во всех отрядах было по четыре отделения, и главным в отделении был бугор. У бугра тоже был заместитель и звали его - помогальник. (Габышев. Одлян.)

ПОМЫТЬ, -мою, -моешь, сов. Обокрасть. = Фраера б жирного помыть, почистить карманы.

ПО НАВОДКЕ, нареч. С использованием информантов. = Казак работал солидно, "по наводке", брал только те квартиры, о которых всё было известно заранее... (Демин. Блатной.)

ПОНЕСТ*И***СЬ**, -несётся, -неслось, сов. Начаться. = Забросали пионеры два тома моего дела цветами, вручили букеты судьям, прокурору и конвою. Защитнику цветов не хватило. Тогда прокурор подошёл и поделился с ним хризантемами. И - понеслось! (Алешковский. Кенгуру.)

ПО Н*О***ВОЙ**, нареч. Вновь, повторно. = С годами они всё более станут чуждаться друг друга, что бы НКВД не заподозрило у них "организации" и не стало брать по новой. (Солженицын. Архипелаг ГУЛаг.)

ПОНТ, - а, м. Выгода. =- Интересно, а что налётчикам ставят? - У них на спине дырявый башмак. Мол, всю жизнь за барышом бегал бестолку. У других - бутылка кверху дном. Намёк на то, что весь его понт в бутылке уместился. (Нетесова. Утро без рассвета. Колыма.)

П*О***НТ**П***О***НТ Б***И***ТЬ**. Набивать себе цену. =Ладно, харэ понт бить! Лепи прямо, не козлись!

П*О***НТ**П***О***НТ ГН***А***ТЬ**. То же, что Понт бить.

ПОНТ*И***ТЬ**, -тю, -тишь, несов., сов. Спонт*и*ть. Важничать. = Он сперва понтил всё - не подойди. Как же - директор, с мыльного заводу...

ПОНТОВ*А***ТЬ**, -тую, -туешь, несов., сов. Спонтов*а*ть. То же, что Понт*и*ть.

ПОНТ*О***ВЫЙ**, —ая, -ое. Прил. к Понт.

ПОНТ*Я***РА**, -ы, м. и ж. Задавала. = Понтяра первый сорт была. А как пару раз жопой об дорогу брякнули - шёлковая стала...

ПОП, -а, м. Политработник. = Политработник у них- "поп", оперуполномоченный - "кум"; "опер"...

ПОПЕР*Е***ТЬ**, -пру, -прёшь, сов. Начать Пер*е*ть. = После отбоя вся камера, когда новички уснули, решила спрятать у боксёра коцы. Ян предложил подвесить их к решётке за раму, а утром боксёр встанет и начнёт их искать. Не найдя, попрёт, наверное, на камеру. (Габышев. Одлян.)

ПОПЕР*Е***ТЬ**ПОПЕР***Е***ТЬ БУРОМ**. Ср. Буром пер*е*ть.

ПОП*Ё***РЛО**, употр. безл. Повезло. = В той истории с Лениным тебе пофартило, попёрло, что говорить! Но ведь в другой раз такой номер может не получиться, учти это! (Демин. Блатной.)

ПОПИС*А***ТЬ**, -пишу, -пишешь, сов., несов. Пис*а*ть.

ПОПКА, -и, м. Часовой. = Попка - не конвоир, а солдат конвойной команды, находящийся на посту на сторожевой вышке.

ПОПКАРЬ, -я, м. 1. Ср. Попка. 2. Надзиратель. = Надзиратель приоткрыл его волчок. - Отойди от глазка, - негромко сказал дубак. Глаз отступил на шаг. Попкарь неслышно ушёл. (Габышев. Одлян.)

ПОПУТАТЬ, -аю, -аешь, сов. 1. Поймать с поличным. = Когда боишься - всегда погоришь. Макуха меня попутал. Из будки вышел, в руку вцепился. (Митрофанов. Цыганское счастье.) 2. Задержать, арестовать. = Сидели ели мы цыплёнка Табака, И в это время нас попутала ЧК - Зэка Васильев и Петров зэка... (Высоцкий.)

ПОПУХНУТЬ, -ну, -нешь, сов. То же, что Погореть.

ПО ПЬЯНИ, нареч. Спьяну. = Смотри, по пьяни не разболтай! - Чего? - Не чего, а кого? - Ну кого? - Говна в проруби...

ПО ПЬЯНКЕ, нареч. Ср. По пьяни.

ПОРЕВО, -а, ср. Случка. =- Наше дело не рожать: сунул, вынул да бежать... - Ну да, если на пореве хер не сломаешь..

ПОРОДА, -ы, ж. Брань. = Чего ты лепишь, порода! Не было этого!

ПОРОТЬ, порю, порешь, несов., сов. Отпороть. Сношать. = Он её только пороть начал, а Витька - свист!

ПОРОТЬ**ПОРОТЬ КОСЯКА. Ср. Косить.

ПОРОТЬ**ПОРОТЬ ПОРОЖНЯК. Ср. Гнать порожняк.

ПОРТ, -а, м. 1. Кошелек, портмоне. = В русской воровской речи мы имеем: "экс" "грабеж" (из экспроприации), "порт" из "портмоне"... (Лихачев - 1935.) 2. Портфель. = Я, как человек, пузырь из порта: за встречу и со свиданьицем. А она, падла, харю воротит!

ПОРТАЧ, -а, м. См. Порчак.

ПОРТЯНКИН, -а, м. Мелкий вор. = Был Прянкин - друг портянкин, а стал человек! Сам увидишь.

ПОРТЯНОЧНИК, -а, м. Ср. Портянкин.

ПОРЧАК, -а, м. То же, что Приблатнённый. = Другой был Лобов, блатарь, а скорее "порчак", порченный штымп - а ведь из порченных штымпов выходят люди, которые по своей злобной фантазии могут превзойти болезненное воображение любого вора. (Шаламов. Перчатка или КР-2.)

ПОРЧАКОВЫЙ, -ая, -ое, Прил. к Порчак.

ПОСАДИТЬ**ПОСАДИТЬ НА ИГЛУ. Насильственно ввести наркотик. = Раз меня на иглу посадили. Потом я с ведром подходил к офицерам и спрашивал: "У вас не будет полведра пара?" (Столица,

ПОСАДИТЬ ** ПОСАДИТЬ НА ПАРАШУ. Унизить. = Он же при всех меня на парашу посадил! Ну, падла, своё получит!

ПОСЕЛУХА, -и, ж. Колония-поселение. = В Карманове - поселуха была, на хранилище работали зэки.

ПОСЛАТЬ ** ПОСЛАТЬ ГОНЦА. Отправить с поручением. = Паук, вернувшись в отряд, посла гонцов за помрогами зоны и за рогами отрядов и комиссий. Первыми пришли помроги. (Габышев. Одлян.)

ПОСТАВИТЬ ** ПОСТАВИТЬ В СТОЙЛО. То же, что Поставить на четыре кости.

ПОСТАВИТЬ ** ПОСТАВИТЬ НА ЛЫЖИ. Выжить, выгнать. = А мы его в момент на лыжи поставили. Сам запросился от нас.

ПОСТАВИТЬ ** ПОСТАВИТЬ НА ОЧЕРЕДЬ. См. Кутком протянуть. = На стройку затащили и на очередь поставили. И ни хрена ни кого не сдала!

ПОСТАВИТЬ ** ПОСТАВИТЬ НА УШИ. Устроить нагоняй, нахлобучку. = Дежурняк пригрозил всех на уши поставить, а мы все сразу так испугались...

ПОСТАВИТЬ ** ПОСТАВИТЬ НА ХОР. См. Кутком протянуть.

ПОСТАВИТЬ ** ПОСТАВИТЬ НА ЧЕТЫРЕ КОСТИ. Изнасиловать в анальный проход. = Хочешь, и за щеку заставим взять, и на четыре кости поставим, ведь нет у тебя ни одного авторитетного земляка. Поддержку же тебе никто не даст. (Габышев. Одлян.)

ПОСТАВИТЬ ** ПОСТАВИТЬ НА ЧЕТЫРЕ ТОЧКИ. Ср. Поставить на четыре кости.

ПОСТАВИТЬ ** ПОСТАВИТЬ ПИСТОН. См. Бросить палку.

ПОСТУКИВАТЬ, -аю, -аешь, несов. Время от времени Стучать. = - Или Ишков постукивает?.. - Нет, Ишков не стучит, - обрадовался Курчев за Ращупкина. (Корнилов. Демобилизация.)

ПО УТРЯНИ, нареч. Утром, на рассвете. = Ай, слушай, водила замотался, давай завтра, по утряни, - весело сказал капитан. (Новый мир, 1989, 8.)

ПО УТРЯНКЕ. Ср. По утряни.

ПОФУНЯТЬ, -яю, - яешь, сов. Некоторое время Фунять.

ПОХАВАТЬ, -аю, -аешь, сов. Поесть. = Не больно-то ты у них похаваешь! Пахать - всегда пожалуйста!

ПОХАРИТЬ, -рю, ришь, сов. Некоторое время Харить.

ПОХА́РИТЬСЯ, -рюсь, -ришься, сов. Некоторое время Ха́риться.

ПОХЕ́ЗАТЬ, -аю, -аешь, сов. Некоторое время Хе́зать.

ПОЧА́ПАТЬ, -аю, -аешь, сов., несов. Ча́пать. Пойти. = Почапали, а то и так полдня резину протянули.

ПО-ЧЁРНОМУ, нареч. Очень сильно, ужасно. = Так вот, Сашу в зоне били по-чёрному. Он с полов не слазил. И рад был, когда на фронт попал. Я с ним в одной зоне не был. Но кент мой, Спелый, с ним вместе в Уфе сидел. И он рассказывал, как опустили в зоне пацана. (Габышев. Одлян.)

ПОЧИ́КАТЬ, -аю, -аешь, сов. См. Гро́хнуть.

ПО ЧИ́СТОЙ, нареч. Условно - досрочно. = Все уголовники по амнистии Берии были освобождены "по-чистой", с восстановлением во всех правах. (Шаламов. Перчатка или КР - 2.)

ПОЧИФИ́РИТЬ, -рю, -ришь, сов. Некоторое время Чифири́ть.

ПОЧИФИРЯ́ТЬ, -ряю, -ряешь, сов. Ср. Почифири́ть.

ПОЧТО́ВЫЙ Я́ЩИК. Общая уборная. = "Почтовым ящиком" называется уборная, расположенная в тюремном коридоре; два раза в сутки (перед завтраком и накануне отбоя) сюда, по очереди, выводят каждую камеру - на оправку. (Демин. Блатной.)

ПОША́МАТЬ, -аю, -аешь, сов. Ср. Поха́вать.

ПОШКАНДЫ́БАТЬ, -аю, -аешь, сов. несов. Шкандыба́ть. Пойти, поплестись. = Давай, пошкандыбали веселей!

ПОШУСТРИ́ТЬ, -рю, -ришь, сов. Некоторое время Шустри́ть.

ПРАВА́ ** ПРАВА́ КАЧА́ТЬ. Ср. Кача́ть права́. = - Как? Бежали? - вскипел кожаный. "Умеешь права качать", - вздохнул про себя Гаврилов, но пока сдержался. (Корнилов. Девочки и дамочки.)

ПРА́ВИЛА, правил, мн. Кодекс, закон. = Возразить "хвастающему" можно только в том случае, если он имеет за собой какое-либо нарушение воровской этики, воровских "правил" (законов). (Лихачев - 35.)

ПРАВИ́ЛКА, -и, ж. Суд, разбирательство. = Ни одна правилка - "суд блатарской чести" - не обходилась без его участия. (Шаламов. Перчатка или КР - 2.)

ПРЕДЗО́ННИК, -а, м. Запретная зона. = Мне не удалось добежать до них, какие-то люди, догнав меня, повалили и принялись дубасить ногами, потом, взявшись, раскачали и бросили через проволочную ограду в предзонник. (Леви. Записки Серого Волка.)

ПРЕЗИДЕ́НТ, -а, м. Главарь. = - Кстати, а "президент" - кличка?

- Увы, нет, не кличка, это негласный глава всех фартовых в зоне. Как правило, матёрый "вор в законе". (Нетесова. Утро без рассвета. Колыма.)

ПРЕСС-ХАТА, -ы, ж. См. Петушатник. = Творческий цинизм процветает у них очень успешно. Почему "пресс-хата"? Может быть, потому, что "печатать" - насиловать в анал?

ПРИБАЛДЕТЬ, -ею, -еешь, сов. Слегка Забалдеть.

ПРИБЛАТНЁННЫЙ, -ого, м Стремящийся стать Блатным. = ... это мелкое пижонство блатных и приблатнённых: им "надоело" быть небритыми, и вот теперь приходится сдать мойку-бритву. (Солженицын. Архипелаг ГУЛаг.)

ПРИБОР, -а, м. Яички. = Не бери меня за прибор, не люблю я этого, понял?

ПРИВАРОК, -рка, м. Доход, прибыль. = Может, с этого таджика и за проезд содрать? - пронеслось в голове. - Да нет, чёрт с ним. С такого приварка можно и самому заплатить. (Пересунько. Жаркое лето.)

ПРИВРАТКА, -и, ж. Пропускной пункт ИТУ. = - Живее, живее! - прикрикнул на них начальник конвоя, а сам, с пузатым коричневым портфелем, сплюнув сигарету на снег, скрылся в дверях привратки. Он пошёл сдавать личные дела заключённых. (Габышев. Одлян.)

ПРИДАВИТЬ, -влю, -вишь, сов. Слегка Давить. = Никто не хочет вылезать из матрасовки, всю ночь тусовались, можно б ещё придавить полчаса... (Светов. Тюрьма.)

ПРИДУРОК, -рка, м. Заключенный-хозработник. = Практически, однако, применять такой способ придурки стеснялись даже в горных лагерях. (Демидов. Дубарь.)

ПРИДУРОЧНЫЙ, -ая, -ое. Прил. к Придурок. = И неизвестность, которая тебя ждёт, и понимание, что, может быть, придётся на новом месте начинать с нуля, от общих работ, медленно и без всякой гарантии на успех, карабкаясь к какой-нибудь "придурочной" работе. (Огонёк, 1991, 24.)

ПРИКАЛЫВАТЬСЯ, -аюсь, -аешься, несов., сов. Приколоться. Приставать, придираться к кому-либо. = Ни с того ни с сего стал прикалываться ко мне...

ПРИКАНАТЬ, -аю, -аешь, сов. Прийти. = На вокзал только к вечеру приканаем, не раньше.

ПРИКАНДЫБАТЬ, -аю, -аешь, несов. Прийти, приплестись. = А чего раньше не прикандыбал? Дрых, что ль?

ПРИКЕМÁРИТЬ, -рю, -ришь, сов. Поспать. = Я в сторонке прикемарю, в холодку.

ПРИКНÓКАТЬ, -аю, -аешь, сов. Прижать. = Маху это нравилось, и он сказал как-то Глазу, чтоб он на виду у всего отделения прикнокал помогальника Мозыря... (Габышев. Одлян.)

ПРИКОВÁТЬСЯ, -куюсь, -куёшься, сов. Прописаться. = Я тут пока приковался. И то еле-еле. Прописывать не хотели.

ПРИКÓКАТЬ, -аю, -аешь, сов. Убить. = - Был у нас один, царствие ему небесное, Президент. Вор и душегуб отменный. Его Папаша прикокал. С ним кент водился. (Нетесова. Утро без рассвета. Колыма.)

ПРИКÓКНУТЬ, -ну, -нешь, сов. Ср. Прикокать.

ПРИКÓЛ, -а, м. Подколка. = Брось свои приколы! Всё ещё детство в жопе играет?

ПРИКОЛЕБÁТЬ, -аю, -аешь, сов. Слегка Заколебáть.

ПРИКОЛЕБÁТЬСЯ, -аюсь, -аешься, сов. То же, что Приколóться.

ПРИКОЛÓТЬСЯ, -люсь, -лешься, сов., несов. Прикалываться.

ПРИКОМСТРÓЛИТЬ, -лю, -лишь, сов., несов. Комстрóлить.

ПРИМАРАФÉТИТЬСЯ, -чусь, тишься, сов. Слегка Намарафéтиться.

ПРИМÁРИВАТЬ, -аю, -аешь, несов., сов. Приморúть.

ПРИМОРÉННЫЙ, -ая, -ое. Обессиленный. = Все мы истощённые, приморенные, своего тепла нет и в помине, в камере намёрзлись. (Марченко. Мои показания.)

ПРИМОРИ́ТЬ, -рю, -ришь, сов., несов. Примáривать. Обессилить. = Отсидел свои семь суток и вышел, как говорится, держась за стены, - приморили. (Марченко. Мои показания.)

ПРИМОЧИ́ТЬ, -чу, -чишь, сов. Ударить. = Примочил ему разок между глаз. Сразу присмирел. Кто разговорчивый, тот и сговорчивый.

ПРИМÓЧКА ** ПРИМÓЧКУ ПОСТÁВИТЬ. Ср. Примочúть.

ПРИНИМÁТЬ ** ПРИНИМÁТЬ НА ГРУДЬ. Ср. Брать на грудь.

ПРИПАЯ́ТЬ, -яю, -яешь, сов. Добавить. = В тюрьме, в КПЗ, на этапах веселее. В зоне еще насижусь. Тем более, если червонец припаяют. (Габышев. Одлян.)

ПРИПАЯ́ТЬ 2, -яю, -яешь, сов. См. Примочúть.

ПРИПЛЫ́ТЬ, -плыву, -плывёшь, сов. Оказаться в безвыходной ситуации. = Что называется, приплыли! Чем ты думал, дятел?

ПРИПУТАТЬ, -аю, - аешь, сов., несов. Припутывать. То же, что Попутать.

ПРИПУТЫВАТЬ , -аю, -аешь, несов., сов. Припутать.

ПРИПУХАТЬ, -аю, -аешь, несов., сов. Припухнуть. Торчать. = "Смешным" во всей этой истории было то, что его, Волина, третьеразрядного фарцовщика, спекулянта и воришку, задержали ещё в пятницу и он припухает в этой вонючей дыре на хлебе и воде без права передачи уже третьи сутки... (Незнанский. Ярмарка в Сокольниках.)

ПРИПУХНУТЬ, -ну, -нешь, сов., несов. Припухать.

ПРИСКРЁБАТЬСЯ, -аюсь, -аешься, сов., несов. Прискрёбываться. То же, что Приколоться.

ПРИСКРЁБЫВАТЬСЯ, -аюсь, -аешься, несов., сов. Прискрёбаться.

ПРИСКРИПАТЬСЯ, -аюсь, -аешься, сов., несов. Прискрипываться. То же, что Приколоться.

ПРИСКРИПЫВАТЬСЯ, -аюсь, -аешься, несов., сов. Прискрипаться.

ПРИСТЕБАЙ, -я, м. Подхалим. = Я пристебаев не люблю и сам пристебаем не буду!

ПРИТАРАНИТЬ, -ню, -нишь, сов., несов. Притаранивать. Принести. = А то я за шампанским смотаюсь. Или Зоську пошлём, пускай она нам всяких разносолов притаранит. (Вайнеры. Гонки по вертикали.)

ПРИТАРАНИВАТЬ, -аю, -аешь, несов., сов. Притаранить.

ПРИТЫРЕННЫЙ, -ого, м. То же, что Притырок.

ПРИТЫРИВАТЬ, -аю, -аешь, несов., сов. Притырить.

ПРИТЫРИВАТЬСЯ, -аюсь, -аешься, несов., сов. Притыриться. Скрываться от других, прятаться.

ПРИТЫРИТЬ, -рю, -ришь, сов., несов. Притыривать. Припрятать. = Ключ получше притырь, - сказал он уходя. (Корнилов. Демобилизация.)

ПРИТЫРИТЬСЯ, -рюсь, -ришься, сов., несов. Притыриваться.

ПРИТЫРОК, -рка, м. Дурак. = Тебе что, этот притырок недоделанный все мозги запудрил?

ПРИХЕРИВАТЬСЯ, -аюсь, -аешься, несов., сов. Прихериться. Притворяться. = Брось прихериваться, кенты тебя враз срисовали!

ПРИХЕРИТЬСЯ, -рюсь, -ришься, сов., несов. Прихериваться.

ПРИХОД, -а, м. Состояние опьянения.

ПРИШИВАТЬ, -аю, -аешь, несов., сов. Пришить.

ПРИШИТЬ, -шью, -шьёшь, сов., несов. Пришивать. Убить, Зарезать. = - Тот, кто "суку" пришил, общего врага, доброе дело на будущее сотворил для всех нас, а ты его следователю в руки отдать хочешь, уж не продался ли ты сам? (Нетесова. Утро без рассвета. Колыма.)

ПРИШИТЬ ** ПРИШИТЬ ДЕЛО. Обвинить в несовершённом преступлении. = Он спал и видел, как бы мне дело пришить, чтоб на второй срок раскрутить.

ПРИШИТЬ ** ПРИШИТЬ СРОК. Осудить. = Он не скоро вернётся. Срок ему пришили за цыганку.

ПРИШКАНДЫБАТЬ, -аю, -аешь, сов. Ср. Прикандыбать.

ПРИШПАНДОРИВАТЬ, -аю, -аешь, несов., сов. Пришпандорить.

ПРИШПАНДОРИТЬ, -рю, -ришь, сов., несов. Пришпандоривать. Прибить. = Нам надо было плакат на стенку пришпандорить, а лестницы нету ни фига.

ПРОБА ** ПРОБЫ НЕГДЕ СТАВИТЬ. Самого низкого пошиба, нечто низкосортное. = Да он стукач, подонок, пробы негде ставить! (Марченко. Мои показания.)

ПРОВЕРИТЬ ** ПРОВЕРИТЬ ТАЛИЮ. Сыграть в карты. = - Хочешь проверить талию? - спросил он, скользнув по мне цепким, оценивающим взглядом. - Хочу, - сказал я. - Но уже поздно, игра кончена. (Демин. Блатной.)

ПРОВЕРЯТЬ ** ПРОВЕРЯТЬ НА ВШИВОСТЬ. Испытывать. = Я считал, следственная тюрьма - это борьба со следователем, он тебя будет дожимать, щупать, проверять на вшивость. (Светов. Тюрьма.)

ПРОДОЛ, - а, м. Коридор. = И вот уже, качаясь по продолу и постукивая: Благодарю, благодарю! - рукою по решёткам, с белозубой кавказской улыбкой шёл к нашему отделению сам виновник торжества... (ЛГ, 13.02)

ПРОКОЛОТЬСЯ, -люсь, -лешься, сов. См. Приковаться.

ПРОЛЕТАТЬ, -аю, -аешь, несов., сов. Пролететь.

ПРОЛЕТЕТЬ, -чу, -тишь, сов., несов. Пролетать. Потерпеть неудачу, остаться ни с чем. = Значит, Юрий Васильевич не зашел. Значит, пролетел я со свиданкой, - думал Глаз, лёжа на шконке. (Габышев. Одлян.)

ПРОМАЦ*О*ВКА, -и, ж. Прощупывание, проверка. = Поехали. И начинается промацовка конвоя. Главный предмет - чай. (ЛГ, 13.02.91.)

ПРОПИС*А*ТЬ, -пишу, пишешь, сов., несов. Проп*и*сывать.

ПРОП*И*СКА, -и, ж. Испытание вновь прибывшего, своеобразный ритуал приёма новичка в заключённые. = - Рассказывают о страшной тюремной "прописке", когда новенького унижают, избивают... (Огонёк, 1991, 17.)

ПРОП*И*СКА ** ПРОП*И*СКУ Д*Е*ЛАТЬ. Ср. Проп*и*сывать. = - Сейчас мы тебе прописку будем делать. Слыхал о такой? - Слыхал. Но прописку делать я не дам. (Габышев.Одлян.)

ПРОП*И*СЫВАТЬ, -аю, -аешь, несов., сов. Пропис*а*ть. Подвергать испытанию (истязанию) вновь прибывшего. = Миша был доволен Колей - он ни разу не застонал, когда его прописывали. (Габышев. Одлян.)

ПРОТЯН*У*ТЬ ** ПРОТЯН*У*ТЬ КУТК*О*М. Ср. Кутк*о*м протянуть.

ПРОТЯН*У*ТЬ ** ПРОТЯН*У*ТЬ РЕЗ*И*НУ. Промедлить, провозиться. = Ну, давай шевелись. И так резину протянули!

ПРОФ*У*РА, -ы, ж. Проститутка. = Из зала доносилось: - Ишь как шерудит, профура! Видит, свеча её догорает!..(Довлатов. Представление.)

ПРОФУРС*Е*ТКА, -и, ж. Ср. Проф*у*ра.

ПРОХАНЖ*Е*, нареч., употр.с отрицанием. Реально, возможно. = Не, так это дело не проханже!

ПРОХАР*Я*, -ей, мн. Сапоги. = Сымаю портянки, сымаю прохаря... (Высоцкий.)

ПТ*И*ЧКА, -и, ж. Воровской инструмент. = Животные названия носят большинство воровских инструментов: "выдра", "рак", "конёк"..."птичка". (Лихачев - 35.)

ПТ*Ю*ХА, -и, ж. См. П*а*йка.

П*У*ДРИТЬ ** П*У*ДРИТЬ МОЗГ*И*. Вводить в заблуждение, морочить голову. = Представляю, как легко подобными толкованиями профессионалы преступного мира "пудрят" неразвитые мозги юнцам, подросткам. (К новой жизни.)

ПУЗ*Ы*РЬ, -я, м. Бутылка водки. = - Мы достали пузырь водяры. Закуски не было. Зашли к Кирпичеву, базар к нему был. Его не было. (Габышев. Одлян.)

П*У*ЛЬМАН, -а, м. Большая миска. = - Каши "пульман" хочешь заработать? Во какой! - Нарядчик показал руками размер "пульмана", огромной миски, применяемой обычно для кухонных нужд. (Демидов. Дубарь.)

ПУСКАТЬ ** ПУСКАТЬ ПЕНКИ. Говорить вздор. = Ну ты пускаешь пенки! Фуфло это всё!

ПУСКАТЬ ** ПУСКАТЬ ШИПУНКА. Портить воздух, пускать ветры. = Опять кто-то шипунка пускает! Силён, бродяга!

ПУТЁВЫЙ, -ая, ое. Хороший, ценный. = - Кишки, кишки путёвые, шустро, ну... Парни смотрели на него через разбитое окно и молчали. Хорошая одежда мало у кого была. - Ну! - выкрикнул парень, - плавки, брюки, лепни, подавайте мне, быстро! (Габышев. Одлян.)

ПУТЁМ, нареч. Хорошо. = Неужели и сейчас хорошо жить не смогу? Не может такого быть. Все будет путём. Вывернусь. (Габышев. Одлян.)

ПУХА, -и, ж. Ср. Пушка.

ПУХНАРЬ, -я, м. Молодой заключённый. = Пухнари сначала только вместе держаться пробуют.

ПУШКА, -и, ж. Пистолет. = Ну нет, Тихонов так легко меня не одолеет. Лягавый волка не возьмёт. Я за себя поборюсь. У меня ведь пока ещё "пушка" есть, в кармане греется. (Вайнеры. Гонки по вертикали.)

ПШИКУХА, -и, ж. Пиво с токсичными добавками. = Пшикуха - это два - три качка дихлофоса в кружку с пивом.

ПЫХТЕТЬ, пыхчу и пыхтю, пыхтишь, несов., сов. Отпыхтеть.

ПЫШКУНЧИК, -а, м. То же, что Пшикуха.

ПЯЛИТЬ, пялю, пялишь, несов. См. Харить.

ПЯТИХАТКА, -и, ж. Пятьсот рублей. = Давай две пятихатки отслюнивай - и разойдёмся красиво.

ПЯТНО ШОКОЛАДНОЕ. Анальное отверстие.

Р

РАБО́СИТЬ, -ю, -ишь, несов. Работать. = На коммуняк рабосить не буду. Нашли дурака!

РАБОТЯ́ГА, -и, м. См. Мужик. = Я уже начал было привыкать к новым условиям - к ежедневным проверкам, раннему подъёму, к враждебности "работяг", когда случилось непонятное. (Леви. Записки Серого Волка.)

РАБСИ́ЛЫ, неизм., м. Рабочий, работник. = Им кто для жизни нужен? Рабсилы нужен, чтоб кишки себе рвал на них!

РАЗБИ́ТЬ ** РАЗБИ́ТЬ ПО́НТ. Испортить настроение. = Люська весь понт разбила, накаркала, падла!

РАЗБО́РКА, -и, ж. Выяснение отношений, самосуд. = И на третий или четвертый день пребывания в зоне директора избили в умывалке, где обычно все разборки и происходили. (Губин. От тюрьмы, от сумы и от страха.)

РАЗВОДЯ́ГА, -и, ж. Половник, черпак. = Тот за разводягу схватился, хотел ему по балде врезать.

РАЗГО́НЩИК, -а, м. Рэкетир. = Кто он, этот Коля-Вася? Старый ширмач, разгонщик, слесарь. (ЛГ, 13.02.91.)

РАЗДАВИ́ТЬ, -влю, -вишь, сов. Выпить. = Раздавили пару пузырей, захорошело.

РАЗДЕРБА́НИТЬ, -ню, -нишь, сов., несов. Дербанить. = Чай уже раздербанили, а нам - от винта!

РАЗДРАКО́НИТЬ, -ню, -нишь, сов., несов. Драконить.

РАЗЛУ́КА, -и, ж. Заводная автомобильная рукоятка. = Улучив момент, когда на трассе опустело, ворюга обогнал стукача и, развернувшись на полном ходу, притормозил. Высунулся из кабины с заводной ручкой - "разлукой". (Нетесова. Колымский призрак.)

РА́КОВАЯ ШЕ́ЙКА. См. Канарейка. = Ой, опять у подъезда чего-то токует и гудит - Это в "раковой шейке" приехал дежурный наряд... (Иванов. В тоске по идеалу.)

РА́КОВЫЕ ШЕ́ЙКИ. Заключённые, имеющие на теле татуировки, символизирующие принадлежность к Блатным. = Я попал к "раковым шейкам" мгновенно, едва только снял рубашку. Надзиратель увидел на моём плече крестовый туз, прищурился и выразительно махнул рукой: выходи! (Демин. Блатной.)

РАКОМ, нареч. На четвереньках. = Хочешь - стоя, хочешь - раком, всё равно - с законным браком! (Из рифмовок).

РАМС, -а, м. Название карточной игры. = Кто-то за письмо семье взялся, другие - рисованными картами - в дурака, в рамса режутся. (Нетесова. Колымский призрак.)

РАСКАЛЫВАТЬ, -аю, -аешь, несов., сов. Расколоть. Добиваться признания вины. = В общем очутился я в знакомой камере, и начали меня "раскалывать". Что касается меня, я и не старался ничего скрывать, раскалывался вполне добровольно... (Леви. Записки Серого Волка.)

РАСКАЛЫВАТЬСЯ, -аюсь, -аешься, несов., сов. Расколоться. Сознаваться, признаваться.

РАСКОЛОТЬ, - лю, -лешь, сов., несов. Раскалывать и Колоть.

РАСКОЛОТЬСЯ, -люсь, -лешься, сов., несов. Раскалываться.

РАСКРУТИТЬ, -чу, -тишь, сов., несов. Раскручивать и Крутить. Увеличить срок наказания. = Ему подложили в комнату не то два, не то пять килограммов чая, а затем при обыске "обнаружили". Ну и раскрутили ещё на 7 лет. (Губин. От тюрьмы, от сумы и от страха.)

РАСКРУТИТЬСЯ, -чусь, -тишься, сов., несов. Раскручиваться. Получить новый срок, находясь в месте лишения свободы. = Он на зоне раскрутился. Дали ещё три года.

РАСКРУТКА, -и, ж. Повторное следствие. = ... Робке в колонии оставалось жить ещё два дня до досрочного освобождения, и его забрали на этап, на раскрутку. (Габышев. Одлян.)

РАСКРУЧИВАТЬ, -аю, -аешь, несов., сов. Раскрутить.

РАСКРУЧИВАТЬСЯ, -аюсь, -аешься, несов., сов. Раскрутиться.

РАСКУРОЧИВАТЬ, -аю, -аешь., несов., сов. Раскурочить.

РАСКУРОЧИТЬ, -чу, -чишь, сов., несов. Раскурочивать и Курочить.

РАСПИСНОЙ, -ая, -ое. Татуированный. = Татуировки являются здесь своеобразным кастовым признаком, свидетельством рыцарственности и щегольства. - Расписной, - говорит коридорный, выудив из молчаливой шеренги такого щёголя, - цветной! Выходи, давай, топай к своим. (Демин. Блатной.)

РАСХОД, -а, м. Конец. = - Расход! - Ой-ей-ей, расход. - Расход, братства, благодарим! (ЛГ, 13.02.91.)

РАТАТУЙ, -я, м. Ср. Ротатуй.

РАЧКОМ, нареч. Ср. Раком.

РВАНЫЙ, -ого, м. Рубль. = Пока один рваный достанешь, сто раз душа умрёт и воскреснет. (Митрофанов. Цыганское счастье.)

РВАТЬ ** РВАТЬ КОГТИ. См. Делать лыжи.

РЕЖИМКА, -и, ж. Колония строгого режима. = Я, - Каманя затянулся сигаретой, - с режимки. С Грязовца... бы их всех. Ну и зона. Актив зону держит полностью. Тюремный режим. Спишь под замком. Ни шагу без надзора. Зона ж маленькая. (Габышев. Одлян.)

РЕЗИНА, -ы, ж. То же, что Болтанка.

РЕСНИЧКИ, -чек, мн. Металлическая сетка, жалюзи. = И ресничек нет на окнах, сквозь которые, если не отогнуть, и неба не углядишь. А чем ты её отогнешь, разве старая, поржавела. (Светов. Тюрьма.)

РЕШКА, -и, ж. Решётка. = - Шерстяные носки есть. Как вам передать? Через конвой или через решку?... Перегородка между купе была тонкая, и Глаз просунул носок через решётку. (Габышев. Одлян.)

РИСКОВЫЙ, - ая, -ое. Смелый. = А ты смотрю, рисковый! Молоток!

РИСОВАТЬ, -ую, -уешь, несов., сов. Нарисовать.

РОГ, -а, м. Ср. Рог зоны.

РОГ ** РОГАМИ УПИРАТЬСЯ. Вкалывать. = Я на коммуняк рогами упираться не собираюсь. Нашли дешёвку!

РОГ ** РОГАМИ ШЕВЕЛИТЬ. Соображать. = Сам рогами шевелить должон, не у тёщи на блинах!

РОГАТИК, -а, м. См. Бык. = Тем более неприличным было бы приглашение дежурного в барак смиренных рогатиков... (Демидов. Дубарь.)

РОГ ЗОНЫ. Председатель совета ВТК. = В зоне было две власти: актив и воры. Актив - это помощники администрации. Во главе актива - рог зоны, или председатель совета воспитанников колонии. (Габышев. Одлян.)

РОГОМЁТ, -а, м. Брань. = А что мне баба! Рогомёт! Сдохла б скорей!

РОЗА, -ы, ж. Отбитое горлышко бутылки с острыми краями как холодное оружие. = А вот Филин голову потерял. "Розой" хотел поработать. Не дали. (Нетесова. Фартовые.)

РОЗОЧКА, -и, ж. Ср. Роза, Козочка.

РОМАН, -а, м. Устный рассказ о необычных, невероятных

событиях. = И тут нас выручали "романы" (так называются по-блатному всевозможные устные истории и рассказы). (Демин. Блатной.)

РОТАТУЙ, -я, м. Суп. = На первое - суп-ротатуй, на второе - берёзовая каша...

РУБИЛЬНИК, -а, м. См. Паяльник.

РУГАЧКА, -и, ж. Ссора, скандал. = Взаимная недоброжелательность, постоянная грызня, или, как они говорят, ругачка... Из-за чего ругачки-то? Прежде всего, объяснили мне, что среди осуждённых невероятно развилось стукачество. (Огонёк, 1990, 27.)

РУКОДЕЛЬЕ, -я, ср. Онанизм. = От рукоделья волосья на граблях растут...

РУЛЬ, -я, м. См. Рубильник.

РЫБА, -ы, ж. Хитрец, пройдоха. = - Глаз рыба та ещё. Поначалу, когда он пришёл на зону, ему кличку дали Хитрый Глаз. Но сейчас его здорово заморили. (Габышев. Одлян.)

РЫГАЛОВКА, -и, ж. Столовая. = В рыгаловке схавал чего-то, до толчка еле успел...

РЫЖЕВЬЁ, -я, ср. Золотые монеты. = -Валюта? - Нет, рыжевьё. - Царские? - Да, червонцы. (Пересунько. Жаркое лето.)

РЫЖИЙ, -его, м. См. Рваный.

РЫЖУХА, -и, ж. Золото. = - Да как же? На "рыжухе". Нас накрыли. Всех сгробастали тогда. (Нетесова. Фартовые.)

РЫЖЬЕ, -я, ср. Ср. Рыжевьё. = Вы что думаете, то рыжьё , те африканские алмазы, которые я к Георгадзе на хату возил, мои, что ли? Чёрта с два. (Незнанский. Ярмарка в Сокольниках.)

РЫСЬ, -и, ж. Старый вор-рецидивист. = Тех, кто долго сидит, у кого большой срок, называют "рысь".

РЯБЧИК, -а, м. См. Рваный.

РЯБЧИК 2, -а, м. Наряд на работу вне очереди. = - Не знаешь, что такое рябчик? - Нет. - Это значит - ещё раз дневальным, вне очереди. Теперь ясно? (Габышев. Одлян.)

РЯШКА, -и, ж. Морда. = Поехал бы третьим - хрен бы к нам привязались, а привязались, ты первым бы схлопотал. У тебя ряшка шире. (Корнилов. Демобилизация.)

С

САДКА, -и, ж. Остановка.

САЖАТЬ ** **САЖАТЬ НА ИГЛУ.** Ср. Посадить на иглу.

САЗАН, -а, м. Клиент, объект карманника. = Бери его за жилетку и потроши по частям. Я завсегда, как только подпасу приличного сазана, в глаза ему смотрю. (Демин. Блатной.)

САК, -а, м. Бездельник. = Он в жизни не работал, сак от комля!

САЛАБОН, -а, м. Брань. = Ну, салабон! Допрыгаешься, стервы кусок!

САЛАЗКИ, -зок, мн. Челюсти. = Бей первым по салазкам, не дожидай, пока тебе врежут!

САМОСВАЛ, -а, м. Одно из издевательств. = Был еще самосвал. Над спящим на первом ярусе привязывали кружку с водой и закручивали. Раскрутившись, кружка опрокидывалась и обливала сонного водой. (Габышев. Одлян.)

САЧКАНУТЬ, -ану, -анёшь, сов., несов. Сачковать.

САЧКОВАТЬ, -ую, -уешь, несов., сов. Сачкануть. Уклоняться от работы. = На войне всё понятно было. Кто воюет, а кто сачкует. - На пушку берёт? - покраснел Борис. (Корнилов. Демобилизация.)

САЧКОВЫЙ, -ая, -ое. Прил. к Сачок.

САЧОК, -чка, м. Ср. Сак. = Инженера, они разгильдяи известные, - вспомнил он инженера их полка, прыщавого, плохо выбритого... Только что пишутся образованные, а вообще-то одни сачки... (Корнилов. Девочки и дамочки.)

СБАЦАТЬ, -аю, -аешь, сов., несов. Бацать.

СБЛАТОВАТЬ, -ую, -уешь, сов., несов. Блатовать 2. = Сблатовали меня по пьянке. Сам знаешь, как бывает.

СБОРКА, -и, ж. 1. То же, что Аквариум. 2. Обитатели Сборки. = Весело на сборке, победа, смеётся сборка, потешается, курит... (Светов. Тюрьма.)

СВАЛИВАТЬ, -аю, -аешь, несов., сов. Свалить.

СВАЛИТЬ, -лю, -лишь, сов., несов. Валить и Сваливать. Уйти. = Не будь дурой! - оборвал её Монгол. - В доле так в доле. Да, - вдруг спохватился он, - когда дело сделаю, то с твоей дачи свалю, у меня ещё одна хаза есть. (Пересунько. Жаркое лето.)

СВАРА, -ы, ж. 1. Карточная игра. = В свару играют, на очки, ставят обычно деньги. 2. То же, что Муде (во 2-м значении). = При игре в трынку бывает свара - одинаковое число очков. Эти двое играют дальше, повышая ставку, "котёл варят".

СВЕТИТЬ, светит, несов. То же, что Ломиться. = Тебе светил бы срок, если бы они доказали, что ты эту чёртову посуду купил, зная, что она ворованная. (Габышев. Одлян.)

СВЕТИТЬСЯ, -чусь, - тишься, несов., сов. Засветиться.

С ВЕЩАМИ, нареч. Совсем, навсегда. = Надзиратели действительно прибежали до драки и, расспросив, в чём дело, вывели его с вещами (значит, насовсем) сначала в "тройник", где в это время никого не было. (Марченко. Мои показания.)

СВИДАНКА, -и, ж. Свидание. = А ещё через полгода загремел я в тюрягу и уже из колонии написал Зосе открыточку, не очень-то надеясь получить ответ. Но Зося писала мне всё время и передачки слала, а раз на свиданку приезжала, хотя отбывал я на этот раз не в Минводах и не в Сочах... (Вайнеры. Гонки по вертикали.)

СВИНТИТЬ, свинчу, свинтишь, сов., несов. Свинчивать. Нейтрализовать, ликвидировать. = Наблюдателей свинтили. Они не смогли сообщить банде об аресте. (Огонёк, 1991, 32.)

СВИНЧИВАТЬ, -аю, -аешь, несов., сов. Свинтить.

СВОДЧИК, -а, м. Валютный мошенник. = "Среди них выделялись "сводчики", предлагавшие свои услуги в денежных делах..." (Лебедев - 1989.)

СВОЙ В ДОСКУ. Надёжный человек. = Кентяра свой в доску. У него перекантоваться можно.

СВОСЬМЕРИТЬ, -рю, -ришь, сов., несов. Восьмерить.

СВОСЬМЕРЯТЬ, -ряю, -ряешь, сов., несов. Восьмерять.

СГОНЯТЬ, -яю, -яешь, сов., несов. Гонять.

СГОРЕТЬ, -рю, -ришь, сов., несов. Гореть. = - Сгорели, - коротко и ужасно сказал Бульдог. - По одному - кто куда, - скомандовал Губошлеп. (Шукшин. Калина красная.)

СГОРЛА, нареч. Залпом из горлышка. = А сгорла пузырь на грудь примешь?

СДАВАТЬ, сдаю, сдаешь, несов., сов. Сдать.

СДАТЬ, сдам, сдашь, сов., несов. Сдавать. То же, что Заложить. = ...среди осуждённых невероятно развилось стукачество. До такой степени, что угроза "я тебя сдам" звучит открыто. (Огонёк, 1990, 27.)

СДЕЛАТЬ, -аю, -аешь, несов., сов. Делать.

СДЕЛАТЬ ** СДЕЛАТЬ РОГАТКУ. Ударить раздвоенными пальцами в глаза. = Рогатку мене хотел сделать, падла! Ну, я ему сделал рогатку!

СДЁРГИВАТЬ, -аю, -аешь, несов., сов. Сдёрнуть. То же, что Дергать.

СДЁРНУТЬ, -ну, -нешь, несов., сов. Сдёргивать.

СЕКА, -и, ж. Карточная игра. = Чудак один... Обучил, когда в самолёте летели. Из Лобутнанги. Три карты каждому. Картинки по десять очков, остальные - по курсу. У кого больше очков, тот и выиграл... - "Сека", - кивнул Денисов. (Словин. Четыре билета на ночной скорый.)

СЕКЕЛЬ, -я, м. 1. Клитор. = Пальцем по секелю поводишь, и она твоя. 2. Брань. = Пусть он, секель овечий, заглохнет лучше!

СЕКЕЛЬДЯВКА, -и, ж. Ср. Секель (во 2-м значении).

СЕКЕЛЬДЯВЫЙ, -ая, -ое. Грязный, неприятный. = Не, такой секельдявый не нужон. Найдём почище!

СЕКСОТ, -а, м. 1. Предатель, доносчик. = Главное - никогда не быть сексотом в своей среде. Вор в законе - это сама честность, доброжелательность. (К новой жизни.) 2. Брань. = Тоже мне хахаль нашёлся! Сексот долбаный!

СЕКСОТКА, -и, ж. Женск. к Сексот.

СЕЛИТРА, -ы, ж. Солдат-конвоир (устар.) = Селитра... преимущественно так называются солдаты этапных команд, конвоирующие преступников. (Именем закона.)

СЕМЕЧКИ, -чек, мн. Чепуха, ерунда. = Два бычка на корточках мы в углу курили, Всё на свете семечки, друзья! И в дома входили мы только через форточки, корешок мой Сенечка и я... (из песни).

СЕМИХАТКА, -и, ж. Семьсот рублей. = Семихатка, пятихатка - это семьсот, пятьсот рублей. - А восьмихатка? - Не знаю, не слыхал ни разу.

СЕМЬЯ, -и, ж. Группа осуждённых, которые вместе питаются. = - К нам в семью? Какая статья? - Что за семья? - спрашиваю. - Объединяются, чтоб есть вместе, обычно по статьям... (Светов. Тюрьма.)

СЕРЫЙ, -ого, м. Бродяга. = Вырос в притоне. Мать - шлюха. Отец - босяк, из старорежимных, из тех, кого раньше называли "серыми". (Демин. Блатной.)

СЕСТЬ ** СЕСТЬ НА ИГЛУ. Ср. Сидеть на игле.

СЕЧЬ, секу, сечёшь, несов., сов. Усечь. Понимать. = Торчу! Но! Сладкое - это потом. Ты сечёшь! Я без булды грю... Корешок мой, Санька Патлач. (Митрофанов. Цыганское счастье.)

СЕЧЬ ** СЕЧЬ МОМЕНТ. Быть внимательным. = Ну, думаю, что-то будет! Секи момент, Серёга!

СИДЕТЬ ** СИДЕТЬ НА ИГЛЕ. Вкалывать наркотик. = - Выходит, что его корешата в квартире сидели. Очкарик готовился вколоть себе в вену, уже жгут прилаживал, а этот, в клетчатых бананах, "сидел на игле". (Александров. Мы из розыска...)

СИДКА, -и, ж. Срок лишения свободы. = Первая сидка за бакланку была. Силы было много...

СИКОСЬ-НАКОСЬ. Вкривь и вкось. = Как помер отец родной, всё сикось-накось пошло. (Корнилов. Демобилизация.)

СИКУХА, -и, ж. Женщина. = Может, сикуху не поделили? С чего им еще базарить.

СИРТ, -а, м. Сертификатный рубль. = А тут смотрю, женщина одна каждую неделю приходит и на сирты дефицит скупает. (Пересунько. Жаркое лето.)

СИФА, -ы, ж. Ср. Сифон.

СИФОН, -а, м. Сифилис. = - У меня экзема, - соврал он. - А сифона у вас нет? - Был, но вылечили, - огрызнулся Борис. (Корнилов. Демобилизация.)

СКАТАТЬ, -аю, -аешь, сов. несов. Катать.

СКАЧОК, -чка, м. Кража наудачу, без предварительной подготовки. = Гораздо более типичным был обыкновенный "скачок" - так называется кража, совершаемая наугад, случайно, по вдохновению. (Демин. Блатной.)

СКВОЗАНУТЬ, -ану, -анёшь, сов.; несов. Сквозить. Сбежать. =Опер и Глаз нервничали. Опер - потому что не мог отомкнуть, Глаз - потому что уходило драгоценное время, в которое можно сквозануть. (Габышев. Одлян.)

СКВОЗИТЬ, сквожу, сквозишь, несов., сов. Сквозануть. = Обложили, и сквозить некуда!

СКВОЗНЯК, -а, м. Сквозной проход. = Семён подошёл и заглянул осторожненько в открытые ворота. Вернее, от них остались ржавые скобы, а перед Семёном зиял пустырь, типичный сквозной проход - "сквозняк", по терминологии, которую Учитель запретил. (Леонов, Садовников. Мастер.)

СКВОЗНЯК ** СКВОЗНЯК ИЗОБРАЗИТЬ. Убраться с глаз. =

Мотай отсюда по-быстренькому, изобрази сквозняк, салабон!

СКЕНТОВА́ТЬСЯ, -уюсь, -уешься, сов., несов. Кентова́ться. = Глаз с Антоном скентовались... Общее, что было у Глаза и Антона, - это желание любыми средствами вырваться из Одляна. (Габышев. Одлян.)

СКЛЕ́ЩИВАТЬСЯ, -аюсь, -аешься, несов., сов. Склещи́ться.

СКЛЕЩИ́ТЬСЯ, -щусь, -щишься, сов., несов. Склещиваться. Совокупиться. = Склещились уже небось? - А что, тебя что ль ждать будем?

СКО́БКА, -и, ж. Шов. = Вскрывшего вены вытаскивают в коридор из камеры, берут в наручники, слегка бьют, ставят на порез скобки и кидают в одиночку, добавив еще 15 суток ШИЗО за "членовредительство с целью уклонения от наказания". (Империя страха.)

СКОК, -а, м. Ср. Скачо́к.

СКО́КА, -и, ж. Ср. Скачо́к.

СКОКА́РЬ, -я, м. См. Домушник.

СКО́ЛЬЗКАЯ ДОРО́ЖКА. Татуировка на пальце. = - Я замечал, на пальцах у иных - тонкие кольца выколоты. Ровные. В суровую нитку толщиной. Что это означает? - Тоже метка. "Скользкой дорожкой" прозвали. - А что это? - Отравители имели такое... (Нетесова. Утро без рассвета. Колыма.)

СКОНИ́ТЬ, -ню, -нишь, сов., несов. Кони́ть. Струсить. = Дежурный чуть приоткрыл дверь и подал стержень. Надо брать его левой рукой, а правой бросать махорочную пыль. Но Глаз сконил. (Габышев. Одлян.)

СКОПЫ́ТИТЬСЯ, -тюсь, -ишься, сов. Сдохнуть. = Врежу промеж ушей, скопытишься, мелочь пузатая!

СКОРЕШИ́ТЬСЯ, -усь, -ишься, сов., несов. Кореши́ться.

СКОСТИ́ТЬ, скощу́, скости́шь, сов. Сократить. = В декабре 52-года её арестовали, как в народе говорят, за анекдоты. Статья 58, часть 1 - "За контрреволюционную агитацию и пропаганду". Дали десять лет. Ну, потом скостили до пяти... (Пугач. Действующие лица, организации и исполнители.)

СКОЩУ́ХА, -и, ж. Сокращение срока заключения. = Пряник тоже на скощуху надеялся, которая мать дураков...

СКРИПУ́ХА, -и, ж. Корзина. = Среди майданников есть, например, такие, кто орудует преимущественно на вокзалах - в толчее, в часы посадки. Основной добычей тут являются чемоданы (углы) и корзины (скрипухи). Жаргонные эти определения весьма точны: чемодан ведь и в самом деле состоит из острых углов, а корзина - скрипит... (Демин. Блатной.)

СЛЕДАК, -а, м. Следователь. = Купил меня следак, - говорит, - как дешёвку, зачитал показание одного паренька, я подтвердил: было. (Светов. Тюрьма.)

СЛЕСАРЬ, -я, м. Вор, совершающий кражи со взломом. = Среди нас не было ни одного убийцы (ширмачи, слесари, чердачники в основном), это насчёт кой-каких пенитенциарных рассуждений. (ЛГ, 13.02.91.)

СЛИНЯТЬ, -яю, -яешь, сов., несов. Линять.

СЛОВИТЬ, - влю, -вишь., сов., несов. Ловить. Ср. Заловить.

СЛОМАТЬ, -аю, -аешь, сов., несов. Ломать.

СЛОМАТЬ 2, -аю, -аешь, сов., несов. Ломать 2.

СЛОМАТЬ 3, -аю, -аешь, сов., несов. Ломать 3.

СМАНДРАЖИРОВАТЬ, -рую, -руешь, сов., несов. Мандражировать.

СМАНДРАЖИТЬ, -жу, -жишь, сов., несов. Мандражить.

СМАНДРАЖИТЬСЯ, -жусь, -жишься, сов., несов. Мандражиться.

СМЕСИТЬ, -месю, -месишь, сов., несов. Месить.

СНЕГИРЬ, —я, м. Милиционер в милицейской форме. = - Чего варежку раззявил! Кишки простудишь! - крикнул Валерка. - Помоги командиру, снегирь расписной! (К новой жизни.)

СНИМАТЬ, -аю, -аешь, несов., сов. Снять. То же, что Кадрить.

СНИМАТЬ ** СНИМАТЬ ГОЛОДОВКУ. Прекращать голодовку. = Надзиратели говорили: "Снимай голодовку, всё равно ничего не добьёшься, а мы тебе даже похудеть не дадим". (Марченко. Мои показания.)

СНОТВОРНОЕ, -ого, ср. Чугунная гирька на цепи, кистень. = Получив свою порцию "снотворного", сторож упал, подёргался и затих. (Демин. Блатной.)

СНЯТЬ, сниму, снимешь, сов., несов. Снимать. = Сняли в ресторане двух подсадистых тёлок и на хату к Сивому рванули. Гужанулись, я тебе дам!

СОБАЧНИК, -а, м. То же, что Бокс, Отстойник. = Перед тем как "обработать" вновь прибывших заключённых (дактилоскопия, фотография и пр.), их держат в так называемом "собачнике". Камера площадью 5-6 квадратных метров с узкой скамьей по периметру.

Стены "набросаны "известковым раствором - не прислониться. Холод поистине собачий. (Вознесенская. Записки из рукава.)

СОВД*Е*П, -а, м. Король, старшая фигура в игральных картах. = А мы валетика совдепиком! Наша взятка!

СОЗН*А*НКА, -и, ж. Добровольное признание вины. = Следак всё на сознанку бил, а мне вроде как один хрен было...

С*О*ЛНЫШКО, -а, ср. Лампочка. = Вы обратили внимание, заключённый контингент "горизонтом" называет верхнюю филёнку в камере, потолок "небом", а лампочку "солнышком"... (Кураев. Петя по дороге в царствие небесное.)

СОЛОВ*Е*Й, -вья, м. Радиоприёмник, репродуктор. = - Выноси мусор!.. Кто придавил соловья? Включить! - У нас неделю не работает. Каждый день базарим - хрипит! (Светов. Тюрьма.)

СОЛ*О*МКА ** СОЛ*О*МКУ ВСТ*А*ВИТЬ. Ввести воздух в вену. = - Еще бы! Прежде чем вставить "соломку ", так называют эту хитрость, человека до визга свинячего накачать надо спиртным. По трезвой кто же позволит такое над собой утворить! (Нетесова. Утро без рассвета. Колыма.)

С*О*НЬКА, -и, ж. Советская власть. = На ней ведь и такой уродливый урка погорел, как Адик Гитлер. Думаю, что и у гнусной Соньки, у Советской нашей власти многое со временем костью в горле станет. (Алешковский. Кенгуру.)

СПАЛ*И*ТЬСЯ, -люсь, -лишься, сов. То же, что Сгор*е*ть. = Мы весной хотели поднять анархию. Всё уже было готово. Вначале Валек со своею любовью спалился. (Габышев. Одлян.)

СПЕК*А*ТЬСЯ, -аясь, -аешься, несов., сов. Спечься.

СП*Е*Ц, -а, м. 1. Спецкамера. = На спец пихают, у кого статья посолидней, если подельники, и ещё кой-кого. Изоляция, короче. На общаке не удержать, ярмарка. Шестьдесят человек в хате, каждый день вызова, адвокаты, на суд, коней гоняют - большая утечка. (Светов. Тюрьма.) 2. Колония особого режима. = Это была зона особого режима, иначе - специального. И лагерь называется "спец"; "был на спецу", - говорят зэки. (Марченко. Мои показания.)

СПЕЦИЛЬНЯК*О*М, нареч. Намеренно. = Железнодорожники после выстрела не остановились, а лишь повернули головы. Они увидели бегущего на них зэка. Глаз ломился на них специльняком: менты стрелять не станут - на мушке трое. (Габышев. Одлян.)

СП*Е*ЧЬСЯ, -кусь, -кёшься, сов., несов. Спекаться. Обессилеть. = Ленин последнее время был уже неопасен тебе. Усекаешь? Он уже кончился, спёкся. Потерял весь свой авторитет, всю власть. (Демин.

Блатной.)

СПИНОГРЫЗ, -а, м. Ребёнок. = - Правильно. На х.. она нужна. Б... хватает. А спиногрызов всегда успеешь завести. (ЛГ, 13.02.91.)

СПИНОГРЫЗ 2, -а, м. Сами не работающие, но понуждающие заключённых к работе. = Спиногрыз сам не работет, изображает из себя шишку на ровном месте.

СПОК, нареч. Тихо. = - Тогда всё будет спок, - заверил Весло, шаркая шлепанцами за спиной Семёна. - Как и с актёром? Тоже было "спок"., - усмехнулся Семён. (Леонов, Садовников. Мастер.)

СПОКУХА, -и, ж. Спокойствие, выдержка. = Спокуха! Не волноваться! Всё будет в лучшем виде!

СПОНТИТЬ, -тю, -тишь, сов., несов. Понтить.

СПОНТОВАТЬ, -ую, -уешь, сов., несов. Понтовать.

С ПОНТОМ. Для вида. = Ведь кирку, лопату и пудовый лом арестант может тащить и просто "с понтом", только для отвода надзирательских глаз. (Демидов. Дубарь.)

СРИСОВАТЬ, -ую, -уешь, сов. Заметить. = Денисов действительно вместе со всеми носил рейку, работал лопатой, смеялся шуткам товарищей и был внезапно сражён одной фразой, которую старший группы крикнул своему коллеге инспектору: - Нас срисовали. (Словин. Вокзал.)

СРОК, -а, м (мн.Срока). Срок лишения свободы. = Срока, говорят, будут теперь кошмарные... (Демин. Блатной.)

СРУБАТЬ ** СРУБАТЬ БАНКИ. Ср. Банки ставить. = При срубании "банок" поднимали рубашку, стягивали на животе кожу, захватывая её рукою, а другой ударяли по этой оттянутой коже так, что она багровела, и после второй банки уже могла брызнуть кровь. (Столица, 1991, 5.)

СРУБИТЬ, -блю, -бишь, сов. То же, что Закадрить.

ССУЧЕННЫЙ, -ого, м. Ставший Сукой. = И то, чего он боялся, однажды свершилось. На одной из дагестанских станций Серёга услышал вдруг чей-то возглас: - Здорово, ссученный! (Демин. Блатной.)

ССУЧИТЬСЯ, -чусь, -чишься, сов. Изменить, предать. = Ссучиться - это стать легавым, заложить своих. (СС, 1990, 5.)

СТАВИТЬ ** СТАВИТЬ НА УШИ. Ср. Поставить на уши.

СТАЙКА, -и,ж. Пересыльный пункт. = И каждые два часа - десятиминутный отдых, и днёвка или ночёвка в этапной "стайке", где можно полежать, посидеть, съесть заначенную горбушку, а то и баланды хлебнуть. (Огонёк, 1991, 24.)

СТАКАН, -а, м. Клетка в Автоза*ке*. = Ночью, когда этапников погрузили в "воронок", дверцу на улицу конвой не закрыл. Кого-то ещё хотели посадить в стакан. Может быть, женщин. (Габышев. Одлян.)

СТАКАНЧИК, -а, м. Ср. Стак*ан*. = Меня считают особо опасной преступницей и при всяких выездах держат не в "собачнике", а в так называемых "стаканчиках". Это узкий железный шкаф с крохотной скамеечкой. (Вознесенская. Записки из рукава.)

СТАН*О*К, -а, м. Женский стан. = Станок у бабы что надо: подмахнёт разок - улетишь...

СТВ*О*Л, -а, м. Оружие. = Привозят изъятые стволы, наркотики, совзнаки и валюту. (Огонёк, 1990, 19.)

СТЕБАНУТЬСЯ, -анусь, -анёшься, сов. Чокнуться. = Ты что, стебанулся? Я такого не говорил!

СТЕБАНУТЫЙ, -ого, м. То же, что Вольтанутый.

СТ*И*РЫ, стир, мн. Карты. = - Не заложишь нас? - спросил Чока. - Совсем охерели? - Глаз оглядел пацанов. - А кто тебя знает... - Чока промолчал. - Надо спрятать стиры. Пацаны перепрятали карты. (Габышев. Одлян.)

СТОЛЫПИН, -а, м. Вагон для перевозки заключённых. = ...когда мы шесть часов стояли в столыпине между Воронежем и Саратовом на какой-то всем старым арестантам известной развилке, задыхаясь, умирая от жары, Коля-Ваня, закинув валидольчик под язык, упал на прикол. (ЛГ, 13.02.91.)

СТ*О*ЛЬНИК, -а, м. Сто рублей. = - Ты чего хочешь? - спросил он снова. - Денег, —просто сказал я... - Да ну - пустяки, говорить не об чем. - Стольник устроит? Я засмеялся: - Бакума, ты что? Сто рублей - это деньги? (Вайнеры. Гонки по вертикали.)

СТОПАР*е*К, -стопарька, м. Ср. Стоп*а*рик. = - Морж достал пузырь, налил стопарёк. Это его утренний кофе. (Безуглов. Факел сатаны.)

СТОП*А*РИК, -а, м. Стаканчик. = Стопарик будешь? - И два буду.

СТОП*А*РЬ, -я, м. Ср. Стоп*а*рик.

СТОП*А*РЬ 2, -я, м. То же, что Стоп*о*рила.

СТОПОР*И*ЛА, -ы, м. Грабитель. = Есть у нас и "налётчики", и "гробари", и "медвежатники", и "домушники", "стопорилы" имеются. (Нетесова. Утро без рассвета. Колыма.)

СТОС, -а, м. Штос. = - Во что вы играли ночью? В "терц", в "деберц", в "стос"? (Словин. Четыре билета на ночной скорый.)

СТОШКА, -и, ж. Сторублёвая купюра. = У меня и было с собой всего ничего: пару стошек и баксы. А ему не меньше как четыре куска надо было.

СТОЯКА, нареч. Ср. Встояка́.

СТОЯКО́М, нареч., Ср. Встояка́.

СТОЯТЬ ** **СТОЯТЬ НА АТАНДЕ**. То же, что Стоять на стрёме.

СТОЯТЬ ** **СТОЯТЬ НА АТАСЕ**. То же, что Стоять на стрёме.

СТОЯТЬ ** **СТОЯТЬ НА СТРЁМЕ**. Караулить. = Кассу на Заозерной взламывал Захаров. Сам же Лагутин в это время стоял в кустах у окна раздевалки на стрёме. (Кошечкин. Ночное происшествие.)

СТОЯТЬ ** **СТОЯТЬ НА ЦИНКУ**. То же, что Стоять на стрёме.

СТОЯТЬ ** **СТОЯТЬ НА ШУХЕРЕ**. То же, что Стоять на стрёме.

СТРЁМА, -ы, ж. Караул, стража. = Доход от карточной игры получает владелец колоды карт, получающий процент с выигрыша, и арестанты, становящиеся на "стрёму", т.е. на стражу, чтобы вовремя предупредить игроков о приближении надзирателя. (Столица, 1991, 5.)

СТРЁМАТЬ, -аю, -аешь. То же, что Стоять на Стрёме.

СТРЕМАЧ, -а, м. Ср. Стрёмщик. = Заметно возмужавший стремач так саданул вора в висок, что тот потом несколько дней не мог вспомнить свою кликуху. (Нетесова. Фартовые.)

СТРЕМАЧИТЬ, -чу, -чишь, несов. Ср. Стрёмить. = Чего их не пошлёшь за Оглоблей стремачить? Иль им это за падло? (Нетесова. Фартовые.)

СТРЁМИТЬ, -млю, -мишь, несов. Ср. Стрёмать.

СТРЁМЩИК, -а, м. Стоящий на Стрёме. = Наводчик всегда нужен, без него и дела не найдешь. По пустякам мараться не люблю. Барыга тоже нужен. Опять же стрёмщик. Ну и маруха! (Александров. Мы из розыска...)

СТРЁМЩИЦА, -ы, ж. Женск. к Стрёмщик.

СТРЕМЯНКА, -и, ж. Конвой. = Стремянка сопли жевать не будет: шандарахнет по ногам - считай калека!

СТРИЧЬ, стригу, стрижёшь, несов., сов. Устричь. Следить. = В нескольких шагах от него, загораживая выход в город, с автоматом на плече стриг за зеками длинный лейтенант по фамилии Чумаченко.

(Габышев. Одлян.)

СТРОГАЧ, -а, м. 1. Колония строгого режима. = Вовка на строгаче два года тянул. 2. Осуждённый к строгому режиму. = В тюрьме Глаза посадили во вновь сформированную камеру шустряков. Она находилась на первом этаже трехэтажного корпуса, где сидели смертники, особняки, строгачи. (Габышев. Одлян.)

СТРЯПЧИЙ, -его, м. Мошенник, выдающий себя за юриста. = ... "стряпчие" выдавали себя за знатоков юриспруденции... (Лебедев - 1989.)

СТУКНУТЬ, -ну, -нешь, сов., несов. Стучать.

СТУЧАТЬ, стучу, стучишь, несов., сов. Стукнуть и Настучать.

СУДОВОЙ, -ого, м. Находящийся под судом. = Наша семья почти вся в сборе, нет только одного, он "судовой", вот уже два месяца каждый день уходит на процесс... (Светов. Тюрьма.)

СУКА, -и, м. Изменник, предатель. = Объясняй там потом, что "сука", заложивший хоть одного зэка, по нашим законам зоны не имеет права на жизнь. (Нетесова. Утро без рассвета. Колыма.)

СУНУТЬ ** СУНУТЬ ЛАПУ. Ср. Дать на лапу. = ... вся будущность арестантов зависела от другого такого же арестанта, с которым, может быть, надо улучить момент поговорить (хотя бы через банщика), которому надо, может быть, сунуть лапу... (Солженицын. Архипелаг ГУЛаг.)

СУХАЯ БАНЯ. Обыск. = Обыск на тюремном языке называется "сухая баня". (Шаламов. Перчатка или КР - 2.)

СУХОДРОЧКА, - и, ж. См. Рукоделье.

СУХОЙ СПОРТ. См. Рукоделье.

СУЧНЯ, -и, ж. Собир. к Сука. = И, конечно же, не случайно власти начали сейчас поддерживать сучню; именно её руками, - руками таких, как Гусь - хотят они разрушить нелегальную партию, взорвать её изнутри, расколоть до конца. (Демин. Блатной.)

СУЧЬЯ ЗОНА. См. Красная зона.

СФАЛОВАТЬ, -лую, -луешь, сов., несов. Фаловать.

СХАВАТЬ, -аю, -аешь, сов., несов. Хавать. = - Задушу в объятиях!.. Разорву и схаваю! И запью самогонкой. Всё! (Шукшин. Калина красная.)

СХАЛЯВИТЬ, -влю, -вишь, сов., несов. Халявить.

СХАМАТЬ, -аю, -аешь, сов., несов. Хамать.

СХОД, -а, м. Ср. Сходка. = Ну, воры и объявили на своём сходе, что победителя в драке не было... (Нетесова. Утро без рассвета. Колыма.)

СХОДКА, -и, ж. Собрание. = Этими деньгами во всех воровских лагерях, а иногда и на воле, там, где воры ещё живут организованно, распоряжается сходка, она решает, кому из воров и сколько дать, куда послать и т.д. (Леви. Записки Серого Волка.)

СХОДНЯК, -а, м. Ср. Сходка. = Раньше приговорить человека к смерти или "опетушению" мог лишь "сходняк" в составе 20-30 "авторитетов" - нынче судьбу человека могут решить четверо-пятеро "воров". (Кречетников. Жизнь за решёткой.)

СШАВАТЬ, -аю, -аешь, сов., несов. Шавать.

СШАМАТЬ, -аю, -аешь, сов., несов. Шамать.

СШИБАТЬ ** СШИБАТЬ БЫЧКИ. Собирать, выпрашивать окурки. = Ну, ты всё бычки сшибаешь?

СШУШАРИТЬ, -рю, -ришь, сов., несов. Шушарить. Украсть. = Бушлат его новый, который он при Махе с вешалки снял, даже не спрашивая, чей он, теперь у него тоже сшушарили. (Габышев. Одлян.)

СЫПАТЬ, сыплю, сыплешь, несов., сов. Засыпать.

СЫПАТЬСЯ, сыплюсь, сыплешься, несов., сов. Засыпаться.

СЫР, -а, м. Белковые выделения на половом члене мужчины. = Есть такие шкурёхи, что с сыром любят, с засохшей молофьёй...

СЫЧ, -а, м. Квартирный вор. = Так, среди квартирных воров выделяются категории "наводчиков", "балконщиков", "сычей"... (Лебедев - 1989.)

СЪЁМ, -а, м. Конец работы. = Сидим. У каждого какие-то думы. Уже стемнело, зимний день короток. Скоро съём - заколотят по рельсу. (Леви. Записки Серого Волка.)

СЪЁМЩИК, -а, м. Наводчик. = Их самих, по принятой при "Берёзках" терминологии, именуют "ломщиками". При них, случается, действуют помощники, обрабатывающие продавца чека, наречённые "съёмщиками". (Огонёк, 1988, 15.)

СЯВКА, -и, м. и ж. См. Шестёрка. = - Так он же "сявка". Параши носит. Из-под всего барака. А тут женщина. Предел его мечты - "сявкам" даже говорить о бабах вслух не дозволялось. (Нетесова. Утро без рассвета. Колыма.)

Т

ТАНКИСТ, -а, м. Бродяга, ночующий в канализационных люках. = В Магадане "танкистами" зовут тех, кто в канализационных люках спит, бичей.

ТАРАНИТЬ, -ню, -нишь, несов., сов. Притаранить.

ТАСАНУТЬ, -ану, -анёшь, сов. Передать. = - Ну что, командир, давай второго тоже не обидим. Вместе с куревом успели незаметно тасануть и чаю. (ЛГ, 13.02.91.)

ТАЧКОВАННЫЙ, -ая, -ое. Клеймённый, меченый. = И пидеров из них - семьсот, не меньше. Это тачкованных... - Каких? - переспросил Акатов. - Ну, которые известны наверняка. (Безуглов. Факел сатаны.)

ТАШКЕНТ, -а, м. Тепло. = У тебя тут полный Ташкент, нормалёк!

ТАЩИТЬСЯ, -щусь, -щишься., несов., сов. Затащиться. Блаженствовать, наслаждаться. = Я тащился, в натуре: как две эти бабы махались...

ТЕЛАЖ, -а, м. Телогрейка. = Мой телаж совсем новый был, а этот с дыркой! Куда мой девался?

ТЕЛЕВИЗОР, -а, м. Шкаф. = - Телевизор открыт! - кричит Петька... Поворачиваюсь. Все глядят на меня, шкаф между окнами раскрыт, на столе миски с кашей. (Светов. Тюрьма.)

ТЁЛКА, -и, ж. Девка. = Кто тебе поверит, - заигрывала Жанна. - Небось каждый день с новой тёлкой... (Безуглов. Факел сатаны.)

ТЁМНАЯ ** ТЁМНУЮ ИГРАТЬ. Карточный термин. = Когда "тёмную играют", набирают карты, не открывая их до определенного момента.

ТЁМНАЯ ** ТЁМНУЮ УСТРОИТЬ. Ср. Делать тёмную.

ТЕМНУХА, -и, ж. Враньё. = Костя вспомнил, как приловил он однажды Скальпа на "темнухе". Тот "бугру" жужжал всякое о соседе Чумаева по нарам. (Нетесова. Утро без рассвета. Камчатка.)

ТЕРЦ, -а, м. Игра в карты. = Сейчас в моду новая игра вошла - "терц".

ТЕРЬЯК, -а, м. Наркотик, содержащий опий. = Из наркотиков что? Анаша, терьяк, кокнар, насвай.

ТИГР, -а, м. См. Полосатик. = Такую форму носят и сейчас, и зовут их зэки "полосатиками" или "тиграми". (Марченко. Мои показания.)

ТИРЬЯК, -а, м. Ср. Терьяк. = В Ашхабаде и Бухаре она промышляла перекупкой наркотиков, в основном - анаши и тирьяка; во Владивостоке - какими-то тёмными, кажется, валютными операциями. (Демин. Блатной.)

ТИТИ-МИТИ, -ей-ей, мн. Деньги. = А что, тити-мити иметь плохо что ль?

ТИФУШКА, -и, ж. Теофедрин. = В это время Мишка ставит в курс братву. - Просите у неё тифушку - она даёт. (ЛГ, 13.02.91.)

ТИХАЯ НОЧЬ. Татуировка на пальце. = Вот, к примеру, та же "тихая ночь". Она ровными волнами по среднему пальцу на правой руке выколота. Можно подумать, что перед тобой бывший моряк или рыбак. Чёрта с два! Тоже душегубы. На мостах охотятся. (Нетесова. Утро без рассвета. Колыма.)

ТИХУШНИК, -а, м. Кладбищенский вор. = Но не случайно следом за ним едет по трассе самосвал, за баранкой которого тихушник сидит. Вор, но не в законе. На кладбищах промышлял. Покойников обирал. (Нетесова. Колымский призрак.)

ТОЛКАТЬ, -аю, -аешь, несов., сов. Толкнуть и Столкнуть.

ТОЛКАТЬ ** ТОЛКАТЬ ФУФЛО. То же, что Лепить темнуху.

ТОЛКАТЬ ** ТОЛКАТЬ ЧЕРНУХУ. То же, что Лепить темнуху.

ТОЛКНУТЬ, -ну, -нёшь, сов., несов. Толкать. Сбыть, продать. = "Толкнуть" хотели на барахолке. Номера сошлись, их задержали сразу.

ТОЛКОВИЩЕ, -а, ср. Спор, разбирательство. = Все, от нас до почти годовалых, Толковище вели до кровянки. А в подвалах и полуподвалах ребятишкам хотелось под танки. (Высоцкий.)

ТОРЕЦ, -а, м. Лицо. = В торец мне сходу врезал, я и отключился!

ТОРЦАНУТЬ, -ану, -анёшь, сов. Ср. Дать торца.

ТОРЧАТЬ, -чу, -чишь, несов., сов. Заторчать. = "И ты мужчина красивый, - я отвечаю, - ты от матери вырос красивой..."Нищак! Я торчу! - сказал борода. И ко мне наклонился: А скажи мне, чего я желаю? (Митрофанов. Цыганское счастье.)

ТОРЧОК, торчка, м. Наркоман. = А если они меня вообще не довели до той берлоги, куда обещали на вписку, если динамили? Старого торчка, вроде меня, не так-то просто занукать, на всю Прагу прогремел! (Война с наркомафией.)

ТОЧКОВАННЫЙ, -ая, ое. Ср. Тачкованный.

ТРАНДА, -ы, ж. Женский половой орган. = А ты что ответил? Что в транде зубами делать нечего. (Нетесова. Фартовые.)

ТРАНЗИТКА, -и, ж. Пересыльная камера. = Нас заводят в транзитку. Там уже битком. (ЛГ, 13.02.91.)

ТРАХАТЬ, -аю, -аешь, несов., сов. Трахнуть.

ТРАХАТЬСЯ, -аюсь, -аешься, несов., сов. Трахнуться. Совокупляться.

ТРАХНУТЬ, -ну, -нешь, сов., несов. Трахать. Взять физически. = Я подумал: кому же могло прийти в голову трахнуть бедное животное, кенгуру, и убить? (Алешковский. Кенгуру.)

ТРАХНУТЬСЯ, -нусь, -нешься., сов., несов. Трахаться:

ТРЕПАК, -а, м. Триппер. = Трепака схватил, что ль? Чего такой скособоченный?

ТРЕПЕЗДОН, -а, м. Болтун. = Трепездон ты, Веня! У тебя сроду таких бабок не было!

ТРЕПЕЗДОНИТЬ, -ню, -нишь, несов. Болтать, врать. = Пусть он не трепездонит. Сам напросился.

ТРИ КАРТОЧКИ. Азартная игра, в которой нужно угадать карту, чтобы получить выигрыш. = "Две петельки", "три карточки", примитивное фармазонство. "Две петельки", "три карточки" - мошеннические трюки. (Максимов. Карантин.)

ТРИ ТУЗА. Число 33. = Эти увлечения уже не оставляли ей сил для каких-либо других занятий, и по этой причине все её честные попытки приобщиться к трудовой деятельности неизменно заканчивались "тремя тузами", как ласково называла она ст. 33 КЗоТ РСФСР, по которой увольняли её за прогулы и пьянство. (Огонёк, 1991, 32.)

ТРИПАК, -а, м. Ср. Трепак.

ТРИ ПЕРА, нескл. Триппер. = А Васька птичью болезнь подхватил, то ли два пера, то ли три пера называется... (из анекдота).

ТРОЙНИК, -а, м. Камера на трех человек. = Вот такие камеры тянутся вдоль всего коридора по обе его стороны. Есть и камеры на троих - "тройники". (Марченко. Мои показания.)

ТРУХАТЬ, -аю, -аешь, несов. Онанировать. = Пацанва трухает по-чёрному, все углы затруханы...

ТРЫНКА, -и, ж. Игра в карты. = В трынку всю ночь резались. Проигрывать кто любит... Ну и забазарили.

ТРЮМ, -а, м. Карцер. = - Ну что, откуда к нам? - спросил

коренастый. - Из трюма, - ответил Глаз... (Габышев. Одлян.)

ТУБИК, -а, м. Больной туберкулёзом. = Тубиком станешь с такой житухи.

ТУСАНУТЬ, -ану, -анёшь. Ср. Тасануть.

ТУСОВКА, -и, ж. Толкотня. = На нижних шконках темновато, забираешься и верно, как в пещеру, глянешь оттуда на толкотню в проходах между шконками и дубком - тусовка. Никогда не кончится, ни днём, ни ночью - кто-то, куда-то, зачем-то... (Светов. Тюрьма.)

ТУФТА, -ы, ж. Обман. = Это ж чистая туфта, кто тебе поверит.

ТУХТА, -ы, ж. Ср. Туфта.

ТЫРИТЬ, -рю, -ришь, несов., сов. Оттырить.

ТЮЛЬКА ** ТЮЛЬКУ ГНАТЬ. Ср. Гнать тюльку.

ТЯЖЕЛОВЕС, -а, м. Взломщик магазинов. = Существует и ещё одна особая разновидность взломщиков; зовутся они "тяжеловесами" и занимаются не квартирами, а магазинами. (Демин. Блатной.)

ТЯЖЕЛЯК, -а, м. Убийца. = Такую казнь устроил бы, вниз головой подвесил, в пах расплавленного воска бы залил - такой расправы ни один тяжеляк бы не придумал, какую Кассарин знает. (Незнанский. Ярмарка в Сокольниках.)

ТЯНУТЬ, тяну, тянешь, несов., сов. Натянуть. Сношать. = Такую хором только и тянуть, гля, какой станок!

ТЯНУТЬ 2, тяну, тянешь, несов. Спорить. = На кого ты тянешь? На кого письку дрочишь?

ТЯНУТЬ ** ТЯНУТЬ РЕЗИНУ. Ср. Протянуть резину.

ТЯНУТЬ ** ТЯНУТЬ СРОК. Отбывать наказание. = - По полученным сведениям, бежавший из колонии Валентин Приходько хвастался, что не намерен "тянуть весь срок", что ему только бы удалось бежать... (Пересунько. Жаркое лето.)

У

УГОЛ, угла, м. Чемодан. = - Он живет в Таллинне, "углы не вертит". (Леви. Записки Серого Волка.)

УГОЛОВКА, -и, ж. Угрозыск. = Тут у тебя вся уголовка на хвосте. Не может вор жалеть своих потерпевших, потому что у него с ними отношения, как у гробовщика с его клиентами... (Вайнеры. Гонки по вертикали.)

УГРЕСТИ, -гребу, гребёшь, сов., несов. Грести.

УДАРИТЬ ** УДАРИТЬ ПО ПИВУ. Выпить пива. = Хотели по пиву ударить, а не было. Не завезли.

УДЕЛАТЬ, -аю, -аешь, сов., несов. Уделывать.

УДЕЛЫВАТЬ, -аю, -аешь, несов., сов. Уделать. То же, что Делать.

УЙТИ ** УЙТИ В НЕСОЗНАНКУ. Не признавать вины, не сознаваться. = - А что будет, если я уйду в глухую несознанку и не расколюсь, даже если вы мне без наркоза начнете дверью органы зажимать? (Алешковский. Кенгуру.)

УЙТИ ** УЙТИ В ПОБЕГ. Сбежать. = Перед тем, как уйти в побег... я вынес и спрятал в зоне оцепления, в которой работали, дорогие мне фотографии и настоящие записки... (Леви. Записки Серого Волка.)

УЙТИ ** УЙТИ НА ДАЛЬНЯК. Быть этапированным за пределы области, края и т.д., в которых ранее проживал. = Кенты почти все сразу на дальняк ушли, кого куда позагнали.

УКНОКАТЬ, -аю, -аешь, сов., несов., Кнокать. = И темно ж было, как у негра в жопе! Как он укнокал, хрен его знает!

УКОЛОТЬСЯ, -люсь, -лешься, сов., несов. Колоться 2 (в 1-м знач.).

УКРОП, -а, м. Мужик-деревенщина. = Укроп - "неотёсанный крестьянин, никогда не бывавший в городе". (Лихачев - 35.)

УКРОП ПОМИДОРОВИЧ. Интеллигент паршивый. = Человек мягкий, покладистый, Штильмарк общался в основном с такими же, как и сам он, - неисправимыми интеллигентами (по-лагерному их зовут Укропами Помидоровичами). (Демин. Блатной.)

УКСУС, -а, м. Лак, употребляемый токсикоманами. = То-то я смотрю, что бочка пустая. А на халяву и уксус сладкий...

УЛЫБАТЬСЯ, улыбается, несов. Нравиться. = Мне по шпалам чапать не улыбается. Давай подскочим.

УЛЫБНУТЬСЯ, улыбнётся, улыбнулась, сов. То же, что Накрыться.

УПÁСТЬ ** УПÁСТЬ НА ПРИКÓЛ. Начать рассказ. = ...Коля-Ваня, закинув таблетку под язык, упал на прикол. Начал рассказ. (ЛГ, 13.02.91.)

УПЕРÉТЬСЯ, упрусь, упрёшься, сов., несов. Упираться.

УПИРÁТЬСЯ, -аюсь, -аешься, несов., сов. Упереться. Ср. Рогами упереться.

УРКÁ, -и, м. Вор. = - Вот видишь, вспомнил. А говоришь - не валялся. Разве любой уважающий себя урка ляжет на пол? (Габышев. Одлян.)

УРКАГÁН, -а, м. Авторитетный Урка.

УРКÁЧ, -а, м. Ср. Урка. = Воскресшие движения, мир старых уркачей! Таких же далёких от вас, дорогой читатель, как мультипликация египетских пирамид... (ЛГ, 13.02.91.)

УРÓЧИЙ, урочья, урочье. Прил к Урка.

УРЧÍТЬ, урчу, урчишь, несов. Воровать. = Одни считают, что "большой" блатарь должен помогать малому в организации краж например, а другие считают, что молодой "уркач" должен сам доказать свои способности... "Урчите, ребята, урчите, а у меня не просите", - таков был его постоянный совет. (Шаламов. Перчатка или КР - 2.)

УРЮ́К, -а, м. То же, что Чурка.

УСÉЧЬ, усеку, усечёшь и усечёшь., сов., несов. Сечь.

УСИЛÓК, усилка, м. 1. Колония усиленного режима. = И что там, общак или усилок? - Был усилок, а теперь - не знаю, так и остался, наверно. 2. Усиленный режим содержания осуждённых.

УСТРÍЧЬ, устригу, устрижёшь, сов., несов. Стричь.

УТКÁ, -и, ж. То же, что Наседка. = Рябчик пошел на выход. Но перед дверью обернулся. - Какой ты урка, ты утка, наседка. (Габышев. Одлян.)

УТРЯ́НКА, -и, ж. Утро. = До утрянки ещё дожить надо. Будет день, будет пища.

УТРЯ́НКОЙ, нареч. Утром. Ср. По утрянке.

УТЮ́Г, -а, м. Политработник ИТУ. = Сотрудников, ведущих в ИТК политико-воспитательную работу, могут "попом", "утюгом" обозвать.

УТЮ́Г 2, -а, м. Спекулянт, имеющий дело с группами иностранных туристов. = Взимать налог с "утюгов" и фарцовщиков по 150 рублей в месяц. (Огонёк, 1991, 23.)

УФАЛОВАТЬ, -лую, -луешь, сов., несов. Фаловать.

УХЛИТЬ, ухлю, ухлишь, несов., сов. Заухлить.

УХОДИТЬ ** УХОДИТЬ ВО ЛЬДЫ. Совершать побег. = И потому-то побег на Колыме называется среди арестантов весьма колоритно: беглец уходит не на волю, нет, - он "уходит во льды". (Демин. Блатной.)

УШИ, -ей, мн. Капроновые или резиновые кольца, надеваемые на половой член мужчины во время полового акта. = Могут шарик детский обрезать и надеть эти "уши" на член.

УШИ ** ПО УШАМ ПРОЕХАТЬ. Обмануть. = Этот жох и со мной так хотел. Решил по ушам проехать. Ну и проехал... жопой об забор!

УШИБАТЬ, -аю, -аешь, несов., сов. Ушибить. Избивать. = - Прежде чем базарить об Александре Матросове, надо знать, кто он был... Вон спросите у Глаза, как на малолетках ушибают. Там всё на кулаке держится. (Габышев. Одлян.)

УШИБИТЬ, -бу, -бёшь, сов., несов. Ушибать.

УШЛЫЙ, -ая, -ое. Умный. = ... "ушлый", `умный` (собственно `ушастый`). (Лихачев - 35.)

Ф

ФАЛОВА́ТЬ, -лую, -луешь, несов., сов. Зафалова́ть, Сфалова́ть, Уфалова́ть. Уговаривать. = А парня этого в отряде сильно зашибали. Бугор его все фаловал за щеку взять, за это житуху дать обещал. А парень решил умереть лучше, чем сосать. (Габышев. Одлян.)

ФАЛОВА́ТЬ 2, -лую, -луешь, несов., сов. Отфалова́ть.

ФАНЕ́РА, -ы, ж. Деньги. = Эти подонки дошли до того, что хотели содрать с меня фанеру за пиво, которое я тогда в перерыве между заседаниями хотел выпить... (Алешковский. Кенгуру.)

ФА́НЫЧ, -а, м. Бак. = Гриша сидит возле бака с остывшим чаем, оставшимся от ужина, бак - фаныч, укрыт телогрейкой - тёплая желтоватая вода. (Светов. Тюрьма.)

ФАРАО́Н, -а, м. То же, что Мент.

ФАРМАЗО́Н, -а, м. Мошенник, подделывающий документы. = Не помню, в каком - дай Бог сообразить! - кажется, в двадцать восьмом году, когда я получил первый приличный гонорар за аферу с товарными накладными, она сказала: "Давно ли с Марго дрались из-за горшка и бегали, размазывая по улицам сопли? А вот сейчас ты уже - фармазон, уважаемый человек". (Демин. Блатной.)

ФАРМАЗО́НСКИЙ, -ая, -ое. Прил. к Фармазо́н.

ФАРМАЗО́НСКИЙ 2, -ая, -ое. Магический, приносящий удачу (устар.) = Гречка и Фомушка, два мелких уголовника, вообразили, что рубль покойной Бероевой - "фармазонский", то есть приносящий "воровское счастье". (Именем закона.)

ФАРТ, -а, м. Удача, счастье. = Растерялись дружки-собутыльники, никого не осталось рядом из числа тех, с кем "ловил фарт, жил красиво"... (К новой жизни.)

ФА́РТОВАЯ, -ой, ж. Женск. к Фа́ртовый.

ФА́РТОВЫЙ, -ого, м. То же, что Блатно́й. = - На вашем участке много бывших заключённых работает? - Есть, а то как же! Но фартовых - ни одного. Воров на прииск не пускают. (Нетесова. Утро без рассвета. Колыма.)

ФАРЦА́, -ы, ж. 1. Скупка вещей у иностранцев с целью спекуляции. = Масло давно фарцой промышляет. 2. Спекулянт, занимающийся фарцой. = А он случаем не фарца?

ФАРЦЕВА́ТЬ, -ую, -уешь, несов. Заниматься Фарцо́й (в 1-м значении). = Но Корольков после отсидки на даче прячется. Если и фарцует, то по-крупному и только наверняка... (Абрамов. Два узла на полотенце.)

ФАРЦОВКА, -и, ж. То же, что Фарца (в 1-м знач.) = - Вот я, например, сел за кражу. Мотыль, допустим, палку кинул не туда. У Геши что-нибудь на уровне фарцовки... (Довлатов. Представление.)

ФАРЦОВЩИК, -а, м. То же, что Фарца (во 2-м знач.).

ФАРЦОВЩИЦА, -ы, ж. Женск. к Фарцовщик. = И всё потому, что не все из "бывших" вот такими бесхитростными стали. Как Гнида. Вон Мегера, к примеру. Первейшая на весь Ереван фарцовщица была. (Нетесова. Утро без рассвета. Колыма.)

ФАШИСТ, -а, м. Политзаключенный. = - На уголовника не похож. Наверно, из "фашистов". Их уже потихоньку выдёргивают. (Корнилов. Демобилизация.)

ФЕНЯ, -и, ж. Тюремный и воровской жаргон. = Да "феню" сейчас почти все знают, и все "ботают".

ФИГУРАНТ, -а, м. Клиент, субъект. = Еще до смерти Брежнева Василий как-то сказал мне и Шакуну, чтобы мы посмотрели на наших будущих фигурантов. (Незнанский. Ярмарка в Сокольниках.)

ФИКСА, -ы, ж. Золотая или позолоченная зубная коронка. = Фоне в торец врезали, он вместе с кровью и фиксу выплюнул.

ФИКСАТАЯ, -ой, ж. Женск. к Фиксатый.

ФИКСАТЫЙ, -ого, м. Человек с Фиксой. = Чего этому фиксатому надо было?

ФИНГАЛ, -а, м. Синяк под глазом. = Где это ты фингал заработал? Все хахелишься?

ФИНТ УШАМИ. Фокус. = Сделай финт ушами - смойся с глаз!

ФИНЯК, -а, м. Финка. = Ему финяк показать, обделается сразу!

ФИРМАЧ, -а, м. Спекулянт-валютчик. = ... если и появился новенький кто, так это "фирмачи"-мальчишки, хамса, одним словом. (Пересунько. Жаркое лето.)

ФИТИЛЬ, -я, м. Хилый человек, дистрофик. = - Эй, фитили! - хрипло гаркнул каптёр. - Хватит митинговать. Выходи давай, топай! (Демин. Блатной.)

ФОМИЧ, -а, м. Ср. Фомка.

ФОМКА, -и, ж. Ломик, орудие взломщика. = Вор раскрывает на полу кейс. На верхней крышке его прикреплены изнутри петли для подзорной трубы, крепкого ножа, каких-то длинных не то пассатижей, не то щипчиков и небольшого изогнутого ломика, традиционно называемого "фомка". (Лавровы. Следствие ведут знатоки.)

ФОРСЫ, -ов, мн. То же, что Бабки.

ФОРТАЧ, -а, м. Ср. Форточник.

ФОРТОЧНИК, -а, м. Вор, проникающий в помещение через форточку. = А ты-то как тут оказался? - У меня двадцать девять квартирных краж, я "форточник". (Спутник, 1990, 3.)

ФОРТУШЕШКА, -и, ж. Ср. Шешка.

ФРАЕР, -а, м. Не-вор. = Он просвещал меня: "Коля, - говорил, - все люди делятся на воров и фраеров. Воры фраеров давят". (СС, 1990, 5.)

ФРАЙЕР, -а, м. Ср. Фраер.

ФРАЙЕРИТЬ, -рю, -ришь, несов., сов. Фрайернуть. Пижонить. = Перед мокрощелками будешь фрайерить!

ФРАЙЕРИТЬСЯ, -рюсь, -ришься, несов., сов. Фрайернуться. То же, что Фрайерить.

ФРАЙЕРНУТЬ, -ну, -нёшь, сов., несов. Фрайерить.

ФРАЙЕРНУТЬСЯ, -нусь, -нёшься, сов., несов. Фрайериться.

ФРАЙЕРНУТЬСЯ 2, -нусь, -нёшься, сов. Осрамиться, опозориться. = Как же ты так фрайернулся? Целку сломать не смог...

ФРАЙЕРСКИЙ, -ая, -ое. Прил. к Фрайер.

ФРАЙЕРША, -и, ж. Женск. в Фрайер.

ФРЯ, фри, ж. То же что Чувиха. = Одна фря тощая увязалась, но я ей до пупа... Кадр был в порядке, только нам всё равно бы не обломилось. (Корнилов. Демобилизация.)

ФУГАНОК, -нка, м. Доносчик. = - В зоне фуганков много развелось. Мне известно, что на Канторовича работает несколько шустряков. (Габышев. Одлян.)

ФУГАНУТЬ, -ну, -анёшь, сов., несов. Фуговать.

ФУГОВАТЬ, фугую, фугуешь, несов., сов. Фугануть. Доносить. =Наша задача найти несколько фуганков, и пусть они фуговать продолжают. Но они будут наши. (Габышев. Одлян.)

ФУРЫКАТЬ, -аю, -аешь, несов. Понимать, разбираться. = Балдели, кейфовали, блевали, шокировали, эпатировали, фурыкали, секли, волокли, контачили, врубались, вырубались, хиляли, берляли и шмаляли. Никто из нас не облажался. (Иванов. В тоске по идеалу.)

ФУРЫЧИТЬ, -чу, -чишь, несов. Ср. Фурыкать.

ФУФЛО, -а, ср. Задница. = Фуфлом об дорогу тебя, дурака! Умней будешь!

ФУФЛО 2, -а, ср. 1. Ложь, обман. = Не, это всё фуфло! Всё не так было! 2. Обманщик, лжец. = Ага, да-да... Да он же фуфло! Он тебе наврёт сорок бочек арестантов!

ФУФЛОВЫЙ, -ая, -ое. Прил. к Фуфло 2.

ФУФЛОМЁТ, -а, м. То же, что Фуфлыга.

ФУФЛЫГА, -и, м. и ж. Ср. Фуфло 2 (во 2-м знач.)

ФУФЛЫЖНИК, -а, м. То же что Фуфлыга.

ФУФУЛ, -а, м. То же, что Фуфло. = Фуфул тебе прочистить, чтоб не выступал другой раз!

ФУФЫРЬ, -я, м. См. Пузырь. = Фуфырь у него разбился. Сидит, мудила, и плачет...

Х

ХАБА́РИК, -а, м. То же, что Чина́рик.

ХАБА́РЬ, -я, м. Старьёвщик. = А меня на свалку всегда посылали, когда ярмарок не было. У Васо хабарь знакомый был. Он кости брал, тряпки брал. Он иголки за них давал, нитки давал, карты давал... (Митрофанов. Цыганское счастье.)

ХА́ВАЛКА, -и, ж. См. Шамо́вка.

ХА́ВАЛЬНИК, -а, м. Рот. = Хавальники все пораскрывали, а то молчали в тряпочку...

ХА́ВАТЬ, -аю, -аешь, несов., сов. Схавать.

ХАВИ́РА, -ы, ж. Ср. Хави́рка.

ХАВИ́РКА, -и, ж. Помещение, комната, квартира. = Жди, Фемида, любезная подружка международного урки, скорого свиданьица и не толкуй народным заседателям в совещательной хавирке, что не твоё это дело! (Алешковский. Кенгуру.)

ХА́ЗА, -ы, ж. Квартира как место встречи. = - Прижми, родной. Это ведь всегда у блатных закон был - у кореша на хазе в капкан залетать. Чтоб мусорам меня ловчее было надыбать. (Вайнеры. Гонки по вертикали.)

ХАЛДЕ́Й, -я, м. Официант. = По счастью, взяли "халдеем" в хороший столичный ресторан и начал жить-поживать Лямзин под крылышком по-доброму относившегося к нему директора, очередного покровителя. (Именем закона.)

ХАЛДЕ́ЙКА, -и, ж. Женск. к Халде́й.

ХАЛДЕ́ЙСКИЙ, -ая, -ое. Прил. к Халде́й.

ХАЛДЫ́ГА, -и, м. То же, что Халде́й.

ХАЛЯ́ВА, -ы, ж. 1. Дармовщина. = От халявы еще никто не отказывался... 2. Наглец. = Куда прёшь, халява чертова! Разуй глаза!

ХАЛЯ́ВИТЬ, -влю, -вишь, несов., сов. Схаля́вить. Наглеть. = Халявить не надо лишний раз, усёк?

ХАЛЯ́ВОЧНИК, -а, м. Наглец. = И этот халявочник: привык всё на дармовщинку...

ХАЛЯ́ВОЧНИЦА, -ы, ж. Женск. к Халя́вочник.

ХАЛЯ́ВОЧНЫЙ, -ая, -ое. Прил. к Халя́ва.

ХА́МАТЬ, -аю, -аешь, несов., сов. Сха́мать. То же, что Ха́вать.

ХАМИ́ТЬ, -млю, -мишь, несов., сов. Захами́ть.

ХАНКА, -и, ж. Водка. = Ханка дерьмовая была, перерыгались все...

ХАНУРИК, -а, м. То же, что Ханыга.

ХАНЫГА, -и, м. Пьяница. = - Что у него, ханыги, может быть. Один костюм серый затрёпанный. (Кошечкин. Ночное происшествие.)

ХАНЫЖИТЬ, -жу, -жишь, несов. Пьянствовать. = Ты б, говорит, не ханыжил, а работать шёл. Я сразу и разбежался, проникся...

ХАНЫЖНЫЙ, -ая, -ое. Прил. к Ханыга. = Однако брат купил сигареты... И сигареты ханыжные, - намётанным взглядом частного детектива определил Баранчук. - А то что вылизался, так это маскировка... (Лучковский. Частный детектив Эдуард Баранчук.)

ХАРЕВО, -а, ср. Половое сношение. = Она после такого харева на жопу не сядет.

ХАРЕВО-ПОРЕВО, -а-а, ср. Ср. Харево.

ХАРИТЬ, харю, харишь, несов., сов. Выхарить и Отхарить. Сношать. = Харили её кому не лень, всем давала.

ХАРИТЬСЯ, -рюсь, -ришься, несов. Совокупляться. = Да она уже по-чёрному харится, а перед тобой целку строит!

ХАРЧИКИ ** ХАРЧИКИ СОБИРАТЬ. Вытирать плевки. = Пускай бакланы ему харчики собирают! Нашёл холуя!

ХАРЭ, нареч. Хватит, достаточно. = Харэ базарить! Не май месяц!

ХАТА, -ы, ж. 1. Камера. = - Шутка, гражданин майор. В какую хату? - В двести шестидесятую. Спец. Сейчас там... Увидишь. (Светов. Тюрьма.) 2. Явочная квартира. = Щедро расплатился с шофером, взял музыкальный ящичек и дворами, сложно, пошел "на хату". "Малина" была в сборе. (Шукшин. Калина красная.)

ХА-ХА ** ХА-ХА ЛОВИТЬ. Издеваться, потешаться. = Зэки забалдели. Над бичами ловили "ха-ха". Сильнее всех бичей глотку драл Бон. (Габышев. Одлян.)

ХВОСТОВЩИК, -а, м. Разновидность квартирных воров.

ХЕВРА, -ы, ж. 1. Сообщество Марвихеров. = Сообщество "марвихеров" - "хевра" - отличалось особой солидарностью, оно обязывало помогать друг другу, предупреждать об опасности, а в случае, если вор "сгорит", "хевра" помогала ему на всех этапах судопроизводства. (Лебедев - 1989.) 2. Компания, группа. = Пряник припёрся со своей хеврой, заваруха опять будет.

ХЕЗАТЬ, -аю, -аешь, несов., сов. Захезать 2. Гадить. = - Агеев, хезай в дуло и ложись! Иначе финтилей под глаза навешу! (Довлатов.

Представление.)

ХЕЗНИК, -а, м. Туалет. = Может, тебя в хезник снести?

ХЕР НАНЫ. Ничего подобного. = Хотел чернил взять, а хер наны, нету.

ХИЛЬНУТЬ, -ну, -нёшь, сов., несов. Хилять.

ХИЛЯТЬ, -яю, -яешь, несов., сов. Хильнуть. Гулять. = - Тельняшку в зону тоже не пропустят, - врал Глаз, - а я по тюрьме буду хилять, тебя вспоминать. (Габышев. Одлян.)

ХИМИК, -а, м. Осуждённый на Химию. = Плюс более 100 тысяч "клиентов" лечебно-трудовых профилакториев для алкоголиков и наркоманов, 220 тысяч подследственных и лица, отбывающие наказание в виде принудительных работ на стройках и предприятиях - так называемые "химики", всего более 1,5 миллиона человек. (Кречетников. Жизнь за решёткой.)

ХИМИЯ, -и, ж. Условное осуждение к лишению свободы с направлением на стройки народного хозяйства (принудительные работы).

ХИМИЯ ** ХИМИЮ ДАТЬ. Определить мерой наказания работу на стройках народного хозяйства. = Сейчас вроде нормально, может, химию дадут.

ХИМКИНА ХАТА. Морг. = - А Кила где? - В химкиной хате. Крякнул вечером.

ХИПЕЖ, -а, м. Шум. = Такой хипеж в СВПе поднялся, что я тебе дам! Развонялись, как говноеды!

ХИПЕЖИТЬ, -жу, -жишь, несов. Шуметь. = Ладно, не хипежи, придумаем чего-нибудь.

ХИПЕС, -а, м. Обирание любовников. = Не последнее место в преступном мире конца XIX - начала XX вв. принадлежало "котам" и "кошкам", промышлявших "хипесом" - обиранием любовников. (Лебедев - 1989.)

ХИПЕСНИК, -а, м. Занимающийся Хипесом.

ХИПЕСНИЦА, -ы, ж. Занимающаяся Хипесом.

ХИПЕСНЫЙ, -ая, -ое. Прил. к Хипес.

ХИПЕШ, -а, м. Ср. Хипеж.

ХИПЕШИТЬ, -шу, -шишь, несов. Ср. Хипежить.

ХИПЕЩИТЬ, -щу, -щишь, несов. Ср. Хипешить.

ХИТРЫЙ ДОМИК. 1. Милиция. = Эх, яблочко, куды котишься, в хитрый домик попадёшь, не воротишься... 2. ШИЗО. = Однако начлаг не оценил ни остроумия, ни вежливости Жида, и тот снова отправился ночевать в "хитрый домик", в дальнем углу зоны. (Алешковский. Кенгуру.)

ХИЩНИК, -а, м. Осуждённый за хозяйственное преступление. = - Да, так и сказал. Оказалось, он, как и я, "хозяйственник", то есть "хищник", как нас называли. (Губин. От тюрьмы, от сумы и от страха.)

ХЛЕБАЛО, -а, ср. См. Хавальник.

ХЛЕБОРЕЗКА, -и, ж. См. Хавальник.

ХЛЯТЬ, хляю, хляешь, несов. 1. Ср. Хилять. 2. Слыть, считаться. = Он наверное хляет за честного, за чистопородного... Если это так - гони его от себя. И сообщи остальным. Гусь-ссученый! (Демин. Блатной.)

ХМЫРЬ, -я, м. Пройдоха. = - Понимаешь, Ирочка, друг тут один подвалил, корефан старый, хотели выпить, а магазин уже всё, тю-тю... -Вот хмырь болотный. Ему водка нужна, а сам такую антимонию завёл... (Пересунько. Жаркое лето.)

ХОБОТ, -а, м. Хапуга. = Хобот ещё тот: всё норовит себе захапать.

ХОБОТАТЬ, -аю, -аешь, несов., сов. Захоботать.

ХОБОТНОЙ, -ая, -ое. Прил. к Хобот.

ХОБОТЬё, -я, ср. Собир. к Хобот. = Одно хоботьё собралось, где б чего урвать!

ХОДИТЬ**ХОДИТЬ В ПОБЕГ. Ср. Уйти в побег. = - Что с рукой?- крикнуло сразу несколько глоток. = В побег ходил. Плечо прострелили. (Габышев. Одлян.)

ХОДКА, -и, ж. Судимость. = - Мне её придушить, - раз плюнуть, - воинствует одна из баб, - у меня восьмая ходка, да третья - сто восемь (убийство, особо зверское...). Вышки не будет, а пятнадцать лет так и так сидеть. (Вознесенская. Записки из рукава.)

ХОДЯЩИЙ ПО СОННИКУ. Квартирный вор, действующий ночью. = Так, среди квартирных воров выделяются категории: "сычей", "наводчиков", "ходящих по соннику" и др. (Лебедев - 1989.)

ХОЗЯИН, -а, м. Начальник ИТУ. = На Пин-озере был лагерь посерьёзней, чем в Лесном, и хозяином ему тоже был Богуславский... (Кураев. Петя по дороге в царствие небесное.)

ХОЗЯЙКА, -и, ж. 1. Половая щетка. 2. Кастелян. = А потом Глаза хозяйкой без всякого согласия назначили. В активисты произвели... Хозяйка отвечает за постельные принадлежности. (Габышев. Одлян.)

ХОЛОДНАЯ, -ой, ж. Камера предварительного заключения. = И в холодную его, фраерочка, в холодненькую, голубочка, на казённые харчи...

ХОЛОДНЫЕ, -ых, мн. Удары по сухой коже или сухими предметами. = Четырнадцать холодных поставили, осталось шесть. Теперь очередь была Смеха. (Габышев. Одлян.)

ХОМУТ, -а, м. Прямая кишка. = У пидора этого хомут уже вывалился, а он всё задом крутит.

ХОМУТ 2, -а, м. Горло. = Окажись преступник рядом, ему ничего не стоило бы завладеть оружием, или, говоря их нелепым языком, задюкать этого дубака на хомут, то есть взять конвоира сзади за горло. (Кураев. Петя по дороге в царствие небесное.)

ХОМУТ 3, -а, м. Тюрьма. = Этих девушек, шептавшихся на вагонке, уже имевших по десять лет хомута - какая заложила стерва... (Солженицын. Архипелаг ГУЛаг.)

ХОРОМ, нареч. Сообща, группой. = Что за это может быть? Дадут пару раз по шее. Ну и пусть вам войдут сто ежей хором в ... (Габышев. Одлян.)

ХОРОМ****ХОРОМ ПРОТЯНУТЬ**. Ср. Поставить на хор.

ХОРОМ****ХОРОМ УПОТРЕБИТЬ**. Ср. Поставить на хор.

ХРАП, -а, м. Представитель Отрицаловки. = Вторая ступень - "храпы". Им хотелось быть "Иванами", но не хватало смелости. По трусливости им следовало бы принадлежать к "шпанке", но "не дозволяет самолюбие". (Лебедев - 1989.)

ХРЕН****ХРЕН ПРОССАТЬ**. О ситуации, в которой трудно разобраться. = Дело такое, что хрен проссышь.

ХРУСТ, -а, м. Рубль. = Эй, бакланы, рванина уголовная! Батон гуляет! Хватай хрусты, их у меня два кармана! (Вайнеры. Гонки по вертикали.)

ХУЛИГАНКА, -и, ж. См. Бакланьё. = Жизни не стало, начальник. Хулиганка от кормушки гонит!

ХУМОЗНАЯ, -ой, ж. Женск. к Хумозный.

ХУМОЗНИК, -а, м. Ср. Гумозник.

ХУМОЗНИЦА, -ы, ж. Женск. к Хумозник.

ХУМОЗНЫЙ, -ого, м. Венерический больной. = А то взяли да к хумозным сунули - подлечиться от триппера.

ХУРДА-БУРДА, -ы-ы, ж. Барахло. = Вытряхивай свою хурду-бурду к едрене фене!

Ц

ЦВЕТНА́Я, -о́й, ж. Женск. к Цветно́й.

ЦВЕТНА́Я 2, -о́й, ж. Женск. к Цветно́й 2.

ЦВЕТНО́Й, -о́го, м. Сотрудник МВД. = - Этого ещё не хватало! Даю кусок, что этот рыжий парень - цветной! (Незнанский. Ярмарка в Сокольниках.

ЦВЕТНО́Й 2, -о́го, м. То же, что Блатно́й. = - Догадываюсь... Судя по всему, вы здесь все - из одной масти. Цветные. Воровахуйки. (Демин. Блатной.)

ЦЕ́ЛКА, -и, ж. 1. Девственная плева. = - Заткнись, шалава! - крикнул литер. - Фу, какой невоспитанный! - зазвенел в ответ серебряный колокольчик. - Я шалава? Да я девочка! Хочешь, покажу целочку - с твою тарелочку... (ЛГ, 13.02.91.) 2. Девственница. = Она пусть до гроба в целках сидит. Кто на такую полезет...

ЦЕ́ЛКА**ЦЕ́ЛКУ ЛОМА́ТЬ. Ср. Лома́ть целку́.

ЦЕ́ЛОЧНИК, -а, м. Осуждённый за изнасилование. = Целочников на зоне, мягко говоря, недолюбливают.

ЦЕЛЯ́К, -а, м. То же, что Це́лка.

ЦЕНТРОВО́Й, -а́я, -о́е. Настоящий. = Центровые воры! Верховные уркачи полностью владели лагучастками. (Солженицын. Архипелаг ГУЛаг.)

ЦЕНТРЯ́К, -а, м. Настоящий, ценный предмет. = Ну, молоток! Чифир - центряк, первый сорт!

ЦИ́МУС, -а, м. Порядок, благоприятное течение дел. = - Как делишки? - Полный цимус, всё в ажуре!

ЦИНК, -а, м. Сигнал об опасности. = В наиболее чистом виде слово как орудие проявляется в сигнале. Таковы воровские: "зекс", "шесть", "за шесть", "шестнадцать", "цинк"... (Лихачев - 35.)

ЦИНКАНУ́ТЬ, -ану́, -анёшь, сов., несов. Цинкова́ть. Дать сигнал об опасности. = Стой, говорит, тут! Чуть что - цинканёшь, а сам - ходу!

ЦИНКОВА́ТЬ, -у́ю, -у́ешь, несов., сов. Цинкану́ть.

ЦЫГА́НСКАЯ ИГЛА́. Длинное шило. = Глянь, в "суках" ходил. Во "мушка" какая на щеке! Цыганской иглой сделана. Но он не вор. Штампа нету. (Нетесова. Утро без рассвета. Колыма.)

ЦЫ́РЛЫ, -ов, мн. Пальцы ног. = Цырлы помой сперва, а потом учить меня будешь!

Ч

ЧАЛИТЬСЯ, -люсь, -лишься, несов., сов. Зачалиться. Находиться в местах лишения свободы. = Ты не стой на льду - лёд провалится, Не люби вора - вор завалится. Вор завалится - будет чалиться. Передачу носить не понравится. (Демин. Блатной.)

ЧАЛКА, -и, ж. Лишение свободы. = Чалка ему теперь обеспечена, не отвертится на этот раз, не откупится!

ЧАПАТЬ, -аю, -аешь, несов., сов. Почапать.

ЧЕКЕРИТЬ, -рю, -ришь, несов., сов. Зачекерить.

ЧЕМЕРГЕН, -а, м. Ср. Чемергес.

ЧЕМЕРГЕС, -а, м. Низкокачественный самогон. = Нальют этому дураку пару стаканов чемергесу, да пузырь с собой дадут - он и рад до усрачки.

ЧЕМЕРГЕСНИК, -а, м. Самогонщик. = А гроши у чемергесника этого есть? - Пошукает, так найдет. А не найдёт - ему ж хуже будет...

ЧЕМЕРГЕСНИЦА, -ы, ж. Женск. к Чемергесник.

ЧЕМЕРГЕСНЫЙ, -ая, -ое. Прил. к Чемергес.

ЧЕРВОНЕЦ, -нца, м. Десятилетний срок заключения. = Мой коллега и наставник, ленинградец-блокадник художник А. Г. Александров, отбывающий на Урале свой "червонец" по 58-й статье, ещё недавно, как мне с трудом удалось узнать, был жив. (Гребенников. Мои университеты.)

ЧЕРДАК, -а, м. Бродяжничество. = - Так два года дают за чердак? - встревает Петька. - Давали. У меня надзор, три - к юбилею победы. (Светов. Тюрьма.)

ЧЕРДАЧНИК, -а, м. Бродяга, бомж. = Среди нас не было ни одного убийцы (ширмачи, слесари, чердачники...) (ЛГ, 13.02.91.)

ЧЕРНИЛА, чернил, мн. Ср. Чернило.

ЧЕРНИЛО, -а, ср. Низкосортное красное вино. = В подвале вмазали чернила три бутылки и разошлись по домам. А Чайку по дороге замели. Был в ИВСе, в КПЗухе.

ЧЕРНУХА, -и, ж. 1. Мелкое жульничество. = Чернухами на блатном языке называются мелкие базарные аферы. (Демин. Блатной.) 2. Ложь, надувательство. = Но претензия на правду-матку вкупе с отсутствием саспенса и наличием изрядного неправдоподобия превращает фильм в обыкновенную "чернуху". (Столица, 1991, 5.)

ЧЕРНУХА**ЧЕРНУХУ РАЗБРАСЫВАТЬ. Надувать, обманывать.

= Ну, хватит болтать, иди. Завтра в бригаду. Перестанешь разбрасывать чернуху. (Шаламов. Перчатка или КР-2.)

ЧЕРНУШНИК, -а, м. Обманщик, мошенник. = Если б вы знали, какой это материал для средней руки чернушника! (Максимов. Карантин.)

ЧЕРНУШНИЦА, -ы, ж. Женск. к Чернушник.

ЧёРНЫЙ ВОРОН. То же, что Ворон. = Так вот это, значит, и есть "чёрный ворон"? Крытая, крашенная тёмно-синей краской машина для перевозки заключённых... Внутри машина разделена на крошечные, абсолютно тёмные клетки-кабинки. (Гинзбург. Крутой маршрут.)

ЧёРНЫЙ ВОРОНОК. То же, что Чёрный ворон. = Взяли его, болезного, и руки ему за спину, и с размаху кинули в чёрный воронок... (из песни).

ЧЕРНЯГА, -и, м. Ср. Черняшка.

ЧЕРНЯШКА, -и, м. Чёрный хлеб. = И не заниматься же целый день гимнастикой; от 400 граммов черняшки и жидкой похлёбки не очень-то разгонишься. (Леви. Записки Серого Волка.)

ЧёРТ, -а, м. 1. См. Фрайер. 2. Шут гороховый. = ... "черти" - те, кто пользуется устойчивой репутацией шута горохового, (Кречетников. Жизнь за решёткой.)

ЧЕСАТЬ**ЧЕСАТЬ ЗА УШАМИ. Лебезить, заискивать. = Чешите, - говорю, - товарищ международный юрист за ушами у международного урки. Слушаю вас. Только без темени. (Алешковский. Кенгуру.)

ЧЕТВЕРТАК, -а, м. 1. Двадцатипятилетний срок заключения. = Вкалывают, как черти, думают, наверное, что их на весь четвертак хватит. (Леви. Записки Серого Волка.) 2. Заключённый, осуждённый на 25-летний срок лишения свободы. = В этом бушлате уже семерых "четвертаков" похоронили ("четвертак" - зэк с двадцатипятилетним сроком). (Марченко. Мои показания.)

ЧEX, -а, м. Чеченец. = Этим же вечером, после множества мелких стычек с местными и завязывания знакомств с блатными, я увидел на "чехе", так называют в Науре чеченцев, свой костюм. (Империя страха.)

ЧИКАЛДЫКНУТЬ, -ну, -нешь, сов. Выпить залпом спиртное. = Он зашёл в ресторанчик чикалдыкнул стаканчик, А цыплятам купил шоколад... (из песни).

ЧИКИ-БРИКИ. Мгновенно, быстро. = У него всё чики-брики,

рассусоливаться не любит.

ЧИНАРИК, -а, м. Окурок. = На столе пепел, на полу окурок. - Майор показал пальцем на чинарик. (Габышев. Одлян.)

ЧИН ЧИНАРЁМ. Правильно, как должно быть. = Техника отказала - вечером черкани в журнале у диспетчера - утром тебе чин чинарём в лучшем виде исправят. (Кошечкин. Ночное происшествие.)

ЧИРИК, -а, м. Десять рублей. = Всякий раз, оборачивая кому-нибудь шею полотенцем, Мамедов говорил: - Чирик, и душа с тебя вон!.. (Довлатов. Представление.)

ЧИФИР, -а, м. Крепко заваренный чай, оказывающий опьяняющее действие на человека. = Пачку на чайник бухнул, вот тебе и чифир. Полкружки дёрнешь - и глаза на затылке!

ЧИФИРБАК, -а, м. ёмкость для приготовления Чифира. = Заключенные сидели на картофельных ящиках вокруг чифирбака. (Довлатов. Представление.)

ЧИФИРИСТ, -а, м. Пристрастившийся к Чифиру. = Веня - чифирист ещё тот, без чифира никуда.

ЧИФИРИТЬ, -рю, -ришь, несов., сов. Зачифирить.

ЧИФИРНЫЙ, -ая, -ое, Прил. к Чифир.

ЧИФИРЬ, -я, м. Ср. Чифир.

ЧИФИРЯТЬ, -ряю, -ряешь, несов., сов. Зачифирять. Ср. Чифирить.

ЧИХНАРКА, -и, м. То же, что Чифир.

ЧИХНАРЬ, -я, м. 1. То же, что Чифир. 2. То же, что Чифирист.

ЧМО, -а, ср. Урод. = Ну и чмо! Страшней атомной войны и дурней пьяного ёжика! Сказал, как в лужу пёрнул!

ЧТО ГРЯЗИ. Сколько угодно, очень много. = Да баб там, что грязи!

ЧУВА, -ы, ж. Девушка. = Ах ты чува моя, чува, тебя люблю я, Вытри губки свои, дай зацелую... (из песни).

ЧУВАК, -а, м. Юноша; молодой человек. = Чувак у этой шкуры гордый оказался, храпа здоровая. Штангист, чтоб ему...

ЧУВИХА, -и, ж. То же, что Чува. = Кто из вас хочет увидеть Гагры, кипарисы, море, испить вдосталь вина и побаловаться с чувихами? (Габышев. Одлян.)

ЧУВЫРЛА, -ы, ж. Ср. Чувырло. = Как она? Чувырла, зосимоха, татарская подстилка, пень - собакам ссать!

ЧУВЫРЛО, -а, ср. 1. Урод, уродина. = Ну такое чувырло ты себе только в потёмках надыбать мог! Отворотясь не насмотришься! 2. Брань. = - Вперед, чувырло! - не разжимая зубов, выдавил начальник конвоя, подкрепив команду увесистым матюком и жестом руки с наганом, указывавшей направление движения. (Кураев. Петя по дороге в царствие небесное.)

ЧУГРЕ́Й, -я, м. Дебил. = Что ты ещё тоже мне! Чугрей, мать твою в качель! Недоделок!

ЧУ́ГРЯ, -и, м Ср. Чугрей.

ЧУ́РКА, -и, м. и ж. Азиат, азиатка. = Мне вот чурки бритвой руку порезали. Выпала рука с кровати, они и порезали. (Столица, 1991, 4.)

ЧУРКИСТА́Н, -а, м. Собир. к Чурка.

ЧУШИ́ТЬ, чушу, чушишь, несов., сов. Зачуши́ть.

ЧУШПА́Н, -а, м. Пария, презираемый. = Обычно их относят в разряд "чушпанов", т. е. лиц, которые, по их мнению, не пользуются и не должны пользоваться каким-либо влиянием в подростково-молодёжной среде. (Советская юстиция, 1991, 2.)

Ш

ШАБИТЬ, шаблю, шабишь, несов. Курить Анашу. = Глаголы, означающие "потреблять наркотическое курево вообще", т.е. собственно "курить наркотики". Сюда мы отнесли следующие жаргонизмы: багрить, шабить, шанять, шмалить и пирхотить. Все они означают "курить анашу (гашиш)"... (Русистика, 1991, 1.)

ШАВАТЬ, -аю, -аешь, несов., сов. Сшавать. Есть, принимать пищу. = Ладно, шавай по-быстрому да поплыли, не хрен сопли жевать сидеть.

ШАЛАВА, -ы, ж. Шлюха. = Как же ты променяла, шалава, моряка на штабное дерьмо? (из песни).

ШАЛАШОВКА, -и, ж. То же, что Шалава. = - Шалашовки, - ругается Егор, выходя с почты. (Шукшин. Калина красная.)

ШАЛУПОНЬ, -и, ж. Ничтожество, мелюзга. = Я с такой шалупонью на одном поле срать не сяду!

ШАМАТЬ, -аю, -аешь, несов., сов. Сшамать. То же, что Шавать. = Вежлив непривычно, Пью один боржом, Шамаю прилично - Вилкой и ножом. (Иванов. В тоске по идеалу.)

ШАМОВКА, -и, ж. Еда. = Я тут шамовки привез. Прикажи своим грузить. Питание - первый класс. (Корнилов. Девочки и дамочки.)

ШАРМАЧИТЬ, -чу, -чишь, несов. Заниматься карманными кражами. = Когда я десять лет назад после побега из тюряги впервые появился в Москве, то буквально пух от голода, был без средств к существованию, занимался разной мелочью, чтобы не подохнуть. Промышлял грабежами, шармачил. (Незнанский. Ярмарка в Сокольниках.)

ШАШЛЫК, -а, м. Кавказец. = Шашлык на майора чего-то залупился, а тот ему и примочил.

ШАШЛЫЧНИК, -а, м. Рэкетир. = Зато преступная среда использует их вовсю, делая рэкетирами, "шашлычниками". "Шашлычники" - это те, что "клиента" вывозят на природу и начинают поджаривать, вымогая деньги... (Огонёк, 1991, 17.)

ШЕЛЕПЕНЬ, -и, ж. Ср. Шалупонь.

ШЕЛУПЕНЬ, -и, м. Ср. Шалупонь. = Не надоело, как киту в луже, пузыри пускать среди шелупени, килек всяких? (Именем закона.)

ШЕЛУХА, -и, ж. Преступник-малолетка. = "Шелуха", "огурцы", то есть малолетки, подчиняются старшим. Рядовой пацан свято чтит "авторитет"... (Огонёк, 1990, 32.)

ШЕМЕНТОМ, нареч. Быстро, мгновенно. = На удивление всем, через полмесяца надзиратель крикнул в кормушку блаженные слова: - Плотников, с вещами! -Глаз шементом подскочил к нему первый... (Габышев. Одлян.)

ШЕРСТИТЬ, шерстю, шерстить, несов. То же, что Шмонать.

ШЕРСТЬ, -и, ж. Категория осуждённых. = ... до камер пыток, где находились рецидивисты - "шерсть", которых уголовный мир уже давно приговорил к смерти и у которых в камере были наркотики, вино, ножи и даже наручники. (Огонёк, 1990, 35.)

ШЕСТЕРёНКА, -и, ж. То же, что Шпоры.

ШЕСТЕРИТЬ, -рю, -ришь, несов. Угождать, прислуживать. = Теперь Конец шестерил Глазу. Менты не вмешивались. Их это даже забавляло. (Габышев. Одлян.)

ШЕСТёРКА, -и, ж. и м. 1. Мелкий вор. = ... глазки его загорались влажным блеском - глазки даже не вора, а шестёрки, который пробует свою силу на слабосильном фраеришке. (Корнилов. Демобилизация.) 2. Холуй, слуга. = Всё-таки здорово умела она держать в руках своих шестёрок, если даже когда-то строптивая Лариска-парикмахерша без звука приехала к нему и провела здесь всю ночь. (Пересунько. Жаркое лето.)

ШЕША, -и, ж. Молодая проститутка. = Сколько этой шеше лет? - А тебе чего? Пизда ровесников не ищет...

ШЕШКА, -и, ж. Ср. Шеша.

ШИБЗДИК, -а, м. Замухрышка. = Он шибздик, а баба - как пульмановский вагон, ляжкой задавит.

ШИБЗДРИК, -а, м. Ср. Шибздик.

ШИБЗИК, -а, м. Ср. Шибздик. = Люди делятся на "гавриков", "шибзиков", "охмурял", "штымпов"... (Лихачев - 35.)

ШИЛО, -а, ср. Стамеска. = Шило на верстаке лежало, он ему в зад и воткнул!

ШИРЕВО, -а, ср. Морфий. = Сегодня я подслушал в вестибюле кинотеатра разговор четырех салаг. Им по восемнадцать-двадцать лет... Решили устроить сбор и поднести вору деньги и как-то достать "ширево", то есть морфий. Этот вор, видимо, наркоман. (Леви. Записки Серого Волка.)

ШИРКА, -и, ж. То же, что Ширево.

ШИРМА, -ы, ж. Кашне, кусок ткани - орудие карманника. = Чтоб с ширмой работать, талант нужен. Как говорится, ловкость рук - и никакого мошенства.

ШИРМА́Ч, -а, м. Карманник, ворующий при помощи Ширмы. = Кто он, этот Коля-Вася? Старый ширмач, разгонщик, слесарь. (ЛГ, 13.02.91.)

ШИТЬ, шью, шьёшь, несов. Обвинять незаслуженно. = - Не специализируюсь, граждане, на мокрое не хожу, не мой профиль. Не шейте. Вывеску вон очкастому попортил, извиняйте. (Александров. Мы из розыска...)

ШИ́ТЬСЯ, шьюсь, шьёшься, несов. То же, что Кадриться. = Шился к ней тут хахель один. Ни кожи ни рожи. Приняла...

ШИША́К, -а, м. Ср. Ши*ш*ка.

ШИ́ШКА, -и, ж. Мужской половой член. = Будешь есть конфеты "Мишка" и вертеться на мой шишка... (из рифмовок).

ШКАНДЫ́БАТЬ, -аю, -аешь, несов., сов. Пошкандыб*а*ть.

ШКА́РЫ, шкар, мн. Брюки. = Шкары на тебе путяные. - Что? - Брюки модные, говорю.

ШКАРЯ́ТА, шкарят, мн. Ср. Шк*а*ры.

ШКВО́РИТЬ, -рю, -ришь, несов., сов. Отшкв*о*рить.

ШКЕ́РЫ, шкер, мн. Ср. Шк*а*ры. = Взяточник, лагерный спекулянт, веч*н*но связанный с ворами, которые носили ему "лепёхи" и "шкеры". (Шаламов. Перчатка или Кр-2.)

ШКО́ДНИК, -а, м. Мелкий вор. = Там - я знал - размещались "шкодники": мелкое ворьё и базарные аферисты. (Демин. Блатной.)

ШКО́НКА, -и, ж. Двухъярусные нары. = Узкая длинная камера шириной чуть больше двух метров, длиной 12-15. Двухэтажные нары стоят вдоль стен, оставляя посередине неширокий проход. 36 "шконок". (Вознесенская. Записки из рукава.)

ШЛАНБО́Й, -я, м. Спекулянт спиртными напитками. = По мне хоть и шланбоем заделаться, на водяру всегда спрос в зоне.

ШЛАНГ, -а, м. Дебил. = Шо ты шлангом прикидываешься? Давай чирик, японский городовой!

ШЛАНГАНУ́ТЬ, -ану, -анёшь, сов., несов. Шланговать. Прикинуться дурачком. = Чувак шлангануть решил - и тот-то с ним! Меньше народу - больше кислороду!

ШЛАНГОВА́ТЬ, шлангую, шлангуешь, несов., сов. Шлангануть.

ШЛЁНКА, -и, ж. Миска. = Гурам приносит миску каши с кипящим салом. - Разливай по шлёнкам... (Светов. Тюрьма.)

ШЛЕПЕР, -а, м. Железнодорожный вор. = И пусть завистники кричат, что Яшка шлепер, Но я плевать хотел на этот разговор! (из песни).

ШЛИФОВАТЬ, -ую, -уешь, несов., сов. Отшлифовать.

ШЛЮЗ, -а, м. Выездные ворота в ИТУ. = Впереди раздаётся новый скрежет: подвывая, раздвигаются, уползают в стены вторые ворота, железный ящик снова встряхивает, ёкает огромная селезёнка, там что-то с шумом валится, падает друг на друга, машина выкатывается из шлюза и через несколько десятков метров останавливается. (Светов. Тюрьма.)

ШЛЮМКА, -и, ж. То же, что Шлёнка. = Воры одели его в новую робу, и он для них выполнял нетрудную работу. Грязные шлюмки он теперь со столов не таскал. (Габышев. Одлян.)

ШМАЛЬНУТЬ, -ну, -нёшь, сов., несов. Шмалять. Стрельнуть. = Дали мне разок шмальнуть из поджиглета, но я не попал.

ШМАЛЬНУТЬ 2, -ну, -нёшь, сов., несов. Шмалять 2.

ШМАЛЯТЬ, -яю, -яешь, несов., сов. Шмальнуть.

ШМАЛЯТЬ 2, -яю, -яешь, несов., сов. Шмальнуть 2. Курить. = В подсос, бывало, у пацанов курева нет, а мина какой-нибудь сигареты шмаляет. Ни отобрать, ни попросить у него никто не посмеет: парень заминирован. (Габышев. Одлян.)

ШМАРА, -ы, ж. Женщина легкого поведения, сожительница. = Шмара что надо: ни сиськи, ни письки - и жопа с кулачок...

ШМАРОВОЗ, -а, м. Сутенёр. = Там были девочки: Маруся, Роза, Рая, И верный спутник - Васька-шмаровоз... (из песни).

ШМАРОГОН, -а, м. То же, что Шмаровоз.

ШМЕЛЬ, -я, м. Кошелек. = Он рецидивист, недавно освободился, "берёт" на базаре мясо с прилавков, "шмели" (кошельки) из карманов, а я в качестве подруги и прикрытия. (Прибылова. Сны оттуда.)

ШМОЛЬНУТЬ, -ну, -нёшь, сов., несов. Шмолять. Ср. Шмальнуть.

ШМОЛЬНУТЬ 2, -ну, -нёшь, сов., несов. Шмолять 2. Ср. Шмальнуть 2.

ШМОЛЯТЬ, -яю, -яешь, несов., сов. Шмольнуть. Ср. Шмальнуть. = Раскачаем! - И, проглотив слюну и справившись с озлобом, шмоляла Дора Лысого ... (ЛГ, 13.02.91.)

ШМОЛЯТЬ 2, -яю, -яешь, несов., сов. Шмольнуть 2. Ср. Шмалять 2.

ШМОН, -а, м. Обыск. = Финку, взятую у дежурной на водокачке, он выкинул минутой раньше, а теперь избавлялся от самой дорогой сердцу вещи, пронесённой сквозь такие шмоны, через досмотры, что и самому до сих пор не верится, это был вагонный ключ, гранка, вещь для вешера незаменимая. (Кураев. Петя по дороге в царствие небесное.)

ШМ*О*Н ПО С*О*ЮЗУ. Всесоюзный розыск. = На него шмон по союзу, а он в деревне картоху роет.

ШМОН*А*ЛЬНАЯ, -ой, ж. См. Козлодёрка.

ШМОН*А*ТЬ, -аю, -аешь, несов., сов. Обшмон*а*ть.

ШМ*О*ТКИ, -ок, мн. Ср. Шмутки.

ШМ*У*ТКИ, -ок, мн. Вещи. = Поэтому я не стал даже прикидываться, что не знаю, в чем дело, а сразу же встал и начал натягивать на себя свои драные шмутки, отводя душу руганью. (Демидов. Дубарь.)

ШМУРДЯК, -а, м. См. Чмо.

ШМУРДЯК, -а, м. Самогон. = Шмурдяку нажрались и на КСП полезли. Шмурдяк? Самогонка.

ШН*И*ФЕР, -а, м. Удачливый квартирный вор. = Квартирные воры - "скачки" ("домушники") - хотя и занимали одну из низших ступеней в преступной иерархии того времени, также редко изменяли своим наклонностям. Их преступления были наиболее неквалифицированными, поскольку осуществлялись без какой-либо предварительной подготовки, "вслепую". Вместе с тем были среди них и свои "самородки", так называемые "шниферы" - представители воровской мощи и силы, самые расчётливые из категории квартирных воров. (Лебедев - 1989.)

ШН*И*ФТ, -а, м. Глаз. = Тут я от жалости и омерзения закрыл шнифты... (Алешковский. Кенгуру.)

ШН*О*БЕЛЬ, -я, м. Нос. = Шнобель здоровый - елдак пудовый! Как говорится: нос горбинкой - хер дубинкой...

ШНУР*О*К, -рка, м. Брань. = Ты позалупайся еще, шнурок! Допрыгаешься у меня!

ШН*Ы*РЬ, -я, м. 1. Дежурный. = - Куда меня определят? - вспомнил я общаковские порядки. - Кто тут у вас шнырь? - Я и есть шнырь, - говорит мой татарчонок, - только я не по этому делу. (Светов. Тюрьма.) 2. Холуй, лакей. = Конечно, проще всего в горсад, но именно там в любое время дня и ночи законные и сявки, пацаны и шныри. (Нетесова. Фартовые.)

Ш*О*БЛА, -ы, ж. Компания, шайка. = Они куда-то всей шоблой

рванули.

ШОБЛА-ёБЛА, -ы-ы, ж. Ср. Шобла.

ШОКОЛАДКА, -и, ж. Половой член мужчины после анального сношения. = А шоколадку полизать не хочешь?.. Любишь сладенькое с душком?

ШОКОЛАДНИЦА, -ы, ж. Женщина, занимающаяся оральным сексом после анального сношения. = А этой шоколаднице один хрен, главное, что мясо.

ШПАЛЕР, -а, м. Револьвер. = Это его первое дело было. Купили они на рынке шпалер "смит-вессон" кавалерийского образца... (Александров. Мы из розыска...)

ШПАНА, -ы, ж. Неавторитетные преступники. = Крупные воры любят культурные разговоры. Лучше шпаны соображают. Ну а всякие налётчики только дело портили. (Нетесова. Утро без рассвета. Колыма.)

ШПАНКА, -и, ж. Ср. Шпана. = За то всё, правда, шпанка называла профессиональных революционеров "паршивыми дворянишками". (Солженицын. Архипелаг ГУЛаг.)

ШПАНОВЫЙ, -ая, -ое. Прил. к Шпана.

ШПАНСКИЙ, -ая, -ое. Прил. к Шпана.

ШПЛИНТ, -а, м. Замухрышка. = Чего этот шплинт тебе сболтнул? У него перо, точняк!

ШПЛЮНТ, -а, м. Ср. Шплинт.

ШПОКАТЬ, -аю, -аешь, несов., сов. Шпокнуть. То же, что Трахать.

ШПОКНУТЬ, -ну, -нешь, сов., несов. Шпокать.

ШПОНКА, -и, ж. Ср. Шконка.

ШПОРА, -ы, ж. Ср. Пешня.

ШПОРЫ, шпор, мн. Капроновые или резиновые кольца, надеваемые на мужской половой член на время полового акта. = Со шпорами трахаться клёво, бабы аж верезжат...

ШТРАФНЯК, -а, м. Колония строгого режима. = Потом нас всех одели и увезли на другой лагерный пункт - воровской штрафняк. (Леви. Записки Серого Волка.)

ШТУКА, -и, ж. См. Кусок. = Чуваки заваливают: коры штуки по четыре, клифты классные, отпад, а всё на халяву норовят, бабки зажимают...

ШТУКАРЬ, -я, м. Новичок, начинающий вор. = Между прочим,

стиль его долгое время приводил в растерянность криминалистов; они никак не могли понять, с кем имеют дело, - с матёрым, опытным профессионалом или со случайным любителем - штукарём? (Демин. Блатной.)

ШТЫК, -а, м. Колено. = Сначала в поддыхало, а потом штыком в лыч. Вырубил враз!

ШТЫМП, -а, м. См. Фрайер. = - Могилу, понимаешь, надо вырыть! Сегодня ночью в больнице какой-то штымп врезал... (Демидов. Дубарь.)

ШТЫРЬ, -я, м. Ср. Шнырь.

ШУБА, межд. Опасность, угроза. = Фоня крикнул тока: "Шуба! Тикай!" И с концами. Как скрозь землю повалился...

ШУРУМ-БУРУМ, нескл. Нечто. = Пошла плясать тетка Пелагея, Впереди шурум-бурум, сзади батарея... (из рифмовок).

ШУСТРИТЬ, -рю, -ришь, несов. Смелеть, наглеть. = - Глаз, - сказал Мах, - мы разрешаем тебе шустрить. Можешь любого бугра или кого угодно на х... послать. А если силы хватит, можешь любого отоварить. (Габышев. Одлян.)

ШУСТРЯК, -а, м. Смельчак. = Разводящий поругал Глаза за обман и отвёл к шустрякам. Еще с месяц назад воспитатели убрали из нескольких камер самых отчаянных парней и посадили всех в одну. (Габышев. Одлян.)

ШУХАРИЛА, -ы, м. См. Стремач. = Шухарилой ставили, пацаном, но не откольником. (Нетесова. Фартовые.)

ШУХАРИТЬ, -рю, -ришь, сов., несов. Зашухарить.

ШУХАРИТЬСЯ, -рюсь, -ришься, несов., сов. Зашухариться.

ШУХЕР, -а, м. То же, что Стрёма. = Я - на шухере. (Нетесова. Утро без рассвета. Сахалин.)

ШУХЕР**ШУХЕР ПОДНЯТЬ. Поднять шум, тревогу. = Сроду ни один вор слабого не жалел, бывалый вор лучше у бедного трёшку сопрёт, чем у богатого десятку, потому что у богатого могут оказаться связишки в милиции... шухер с кражей до небес подымет. (Вайнеры. Гонки по вертикали.)

ШУХЕРИТЬ, -рю, -ришь, несов. То же, что Шухер поднять.

ШУХЕРНОЙ, -ая, -ое. Прил. к Шухер.

ШУХНУТЬ, -ну, -нёшь, сов. Обменять. = Давай шухнём твои котлы на шмурдяк. Вмазать надо.

ШУХНУТЬСЯ, -нусь, -нёшься, сов. То же, что Шухнуть.

ШУШАРА, -ы, ж. То же, что Крыска. = Вошел Мах, в руках у него были три палки. Он бросил их под ноги и закричал: - Шушары! У Кирпичева обед увели! Кто?! (Габышев. Одлян.)

Щ

ЩЁЛКАТЬ**ЩЁЛКАТЬ КЛЮВОМ. Упускать возможность. = А что ты клювом щёлкаешь? Сам мышей не ловишь ни хрена!

ЩИПАЧ, -а, м. См. Карманник. = Ленина играет вор с ростопчинской пересылки. Потомственный щипач в законе. (Довлатов. Представление.)

Э

ЭТА́ПКА, -и, ж. Пересыльная тюрьма. = В этапке он встретился с Геной Медведевым, а Робки Майера не было. Свердловская этапка была местом, куда на продолжительное время собирались зеки из разных областей Союза. (Габышев. Одлян.)

ЭТА́ПНИК, -а, м. Пересыльный заключённый. = Но тут же соглашались, что если кому-то из осуждённых нужно связаться с другими, то он сделает это с помощью этапников или используя нелегальную переписку. (Огонёк, 1990, 27.)

ЭТА́ПНИЦА, -ы, ж. Женск. к Этапник.

ЭТИ́Л, -а, м. Этаминал. = С Пятаком вмажешься "этилом", курнёте, а затем, когда в откат пойдёте, отдай ему анашу и уходи спать.

Ю

ЮДА, -ы, м. и ж. См. Жидяра.

ЮЛ*ОК*, юлка, м. Контролёр ИТУ. = Кто этот тюремный труженик, официально называемый "контролёром"? А ещё - "вертухай". Это по-блатному. Или "юлок"... Потому что крутится как юла. (Огонёк, 1991, 38.)

ЮНКЕР, -а, м. Курсант военного училища. = Юнкер в пузырь полез, борзота! Ну и схлопотал по салазкам!

ЮРС*Ы*, -ов, мн. Тюрьма. = Но ведь такие не завязывают. И помирают в юрсах, - щегольнул Денис блатным словом, означающим тюрьму. (Безуглов. Факел сатаны.)

ЮРЦ*Ы*, -ов, мн. Молодые преступники. - Юрцы - это молодёжь из уголовников, которая, как говорится, учится жить.

*Ю*ШКА***Ю*ШКУ ПУСТ*И*ТЬ. То же, что Кровянку пустить.

Я

ЯМ, -а, м. Ср. Яма.

ЯМА, -ы, ж. Место скупки и хранения краденых вещей. = "Ямами" называются дома, где орудуют скупщики краденого - "барыги". Есть у этих скупщиков и другое, библейское прозвище - "каины". (Демин. Блатной.)

ЯПОНСКИЙ БОГ. Брань. = Долго ты еще чухаться будешь, японский бог!

ЯПОНСКИЙ ГОРОДОВОЙ. Ср. Японский бог.

ЯСЛИ, яслей, мн. Челюсти. = Вене булыжником ясли на сторону своротили. Жрать не может, молочко посасывает... и палочки побрасывает...

ЯЩЕР ПЕЧНОЙ. Рецидивист - активный гомосексуалист. = Ему ящер печной духовку прочистил. Ходит теперь с рваной жопой.

Словари

БЕН-ЯКОВ Б. Словарь Арго ГУЛага. Франкфурт-на-Майне: Посев, 1982.

ВАКУТИН Ю.А. Словарь жаргонных слов и выражений. Татуировки. Омск, 1979.

ВОРИВОДА И.П. Сборник жаргонных слов и выражений, употребляемых в устной и письменной речи преступным элементом. Алма-Ата, 1979.

ДАЛЬ В. Толковый словарь живого великорусского языка. М.: Государственное издательство иностранных и национальных словарей, 1956, 1-1V.

ЕВГЕНЬЕВА А. Словарь русского языка в четырех томах. Главный редактор второго издания А.П. Евгеньева. М.: Русский язык, 1985.

КОЗЛОВСКИЙ В. Собрание русских воровских словарей в четырёх томах. Составление и примечания Владимира Козловского. Chalidze Publications, New York, 1983.

КОЗЛОВСКИЙ В. Арго русской гомосексуальной субкультуры. Материалы к изучению. Chalidze Publications, New York, 1986.

КРЕСТИНСКИЕ М. и Б. Краткий словарь современного русского жаргона. Франкфурт-на-Майне.: Посев, 1965.

МОЛОТКОВ А. Фразеологический словарь русского языка. Под редакцией А.И. Молоткова. М.: Русский язык, 1986.

НИКОНОРОВ М. Сборник жаргонных слов и выражений, употребляемых в устной и письменной форме преступным элементом. М., 1978 год.

ПИРИЕВ А. Словарь жаргона преступников. Баку, 1987.

РОССИ Ж. Справочник по ГУЛагу. Лондон, 1987.

СКАЧИНСКИЙ А. Словарь блатного жаргона в СССР. Нью-Йорк, 1982.

Словарь воровского языка. Тюмень, 1991.

Словарь современного русского литературного языка в 17-ти томах, М.- Л., 1950 - 1965.

Толковый словарь уголовных жаргонов. Под общей редакцией Ю.П. Дубягина и А.Г. Бронникова. Москва, 1991.

УШАКОВ Д. Толковый словарь русского языка. Под ред.проф. Д.Н. Ушакова, т. 1-1V, М., 1935-1940.

ТРАХТЕНБЕРГ В. Блатная музыка ("Жаргонъ" тюрьмы). С. - Петербургъ, 1908.

ФАСМЕР М. Этимологический словарь русского языка. М.: Прогресс, 1986, т. 1-1V.

ФЛЕГОН А. За пределами русских словарей. Flegon Press, London, 1973.

ЛИТЕРАТУРНЫЕ ИСТОЧНИКИ

АБРАМОВ С. Два узла на полотенце. Искатель, 1982, 47.
АЛЕКСАНДРОВ Н. Мы из розыска... М.: Молодая гвардия, 1989.
АЛЕШКОВСКИЙ Ю. Кенгуру. Огонёк, 1990, 41.
БЕЗУГЛОВ А. Факел сатаны. Тверь: Книжный клуб, 1991.
БРОДСКИЙ И. Напутствие. Юность, 1991, 2.
ВАЙНЕРЫ А. и Г. Гонки по вертикали. Искатель, 1974, 2-3.
ВОЗНЕСЕНСКАЯ Ю. Записки из рукава. Юность, 1991, 1.
ВОЙНА С НАРКОМАФИЕЙ. - Война с наркомафией: пока без победителей. Москва: Республика, 1992.
ВЫСОЦКИЙ В. Устные записи произведений разных лет.
ГАБЫШЕВ Л. Одлян или воздух свободы. Новый мир, 1989, 6-7.
ГИНЗБУРГ Е. Крутой маршрут. Юность, 1988, 9.
ГЛАДКИЙ В. По следу змеи. Искатель, 1983, 2.
ГРЕБЕННИКОВ В. Мои университеты. Наука и жизнь, 1990, 8.
ГУБИН Д. От тюрьмы, от сумы и от страха. Огонёк, 1991, 17.
ДЕМИДОВ Г. Дубарь. Огонёк, 1990, 51.
ДЕМИН М. Блатной. М.: Панорама, 1991.
ДОВЛАТОВ С. По прямой. Огонёк, 1990, 3.
ДОВЛАТОВ С. Представление. Звезда, 1990, 10.
ИВАНОВ А. В тоске по идеалу. М.: Московский рабочий, 1990.
КОМСОМОЛЬСКАЯ ПРАВДА, отдельные публикации.
ИМЕНЕМ ЗАКОНА. М.: Советский писатель, 1991.
ИМПЕРИЯ СТРАХА. Москва: Макет Лимитед, 1991.
К НОВОЙ ЖИЗНИ. М., 1991.
КОРНИЛОВ В. Девочки и дамочки. Дружба народов, 1990, 5.
КОРНИЛОВ В. Демобилизация. Звезда, 1990, 9-10.
КОШЕЧКИН Г. Ночное происшествие. Искатель, 1985, 3.
КРЕЧЕТНИКОВ А. Жизнь за решёткой. М.: Панорама, 1992.
КУЗНЕЦОВ Э. Дневники. Париж, 1976.
КУРАЕВ М. Петя по дороге в царствие небесное. Знамя, 1991, 2.
ЛАВРОВЫ А. и О. Следствие ведут знатоки. М.: Искусство, 1989.
ЛЕБЕДЕВ - 1989. - ЛЕБЕДЕВ С.Я. Антиобщественные традиции, обычаи и их влияние на преступность. Омск, 1989.
ЛЕВИ А. Записки Серого Волка. М.: Молодая гвардия, 1988.
ЛЕОНОВ Н., САДОВНИКОВ Г. Мастер. Искатель, 1967, 2.
ЛГ - ЛИТЕРАТУРНАЯ ГАЗЕТА, отдельные публикации.
ЛИХАЧЕВ - 35. - (ЛИХАЧЕВ Д. Черты первобытного примитивизма воровской речи. Язык и мышление, III-IV, М.-Л., 1935.)
ЛУЧКОВСКИЙ Е. Частный детектив Эдуард Баранчук. Искатель,

1982, 5.

МАКСИМОВ В. Карантин. Москва, 1991, 1-3.

МАРЧЕНКО А. Мои показания. Москва: Московский рабочий, 1991.

МИТРОФАНОВ И. Цыганское счастье. Знамя, 1991, 1.

НАЗАРОВ Ю. Хамелеоны. Искатель, 1983, 4.

НАРОКОВ Н. Мнимые величины. Дружба народов, 1990, 2.

НЕЗНАНСКИЙ Ф. Ярмарка в Сокольниках. М., 1991.

НЕТЕСОВА Э. Колымский призрак. М.: Прометей, 1990.

НЕТЕСОВА Э. Утро без рассвета. Трилогия. М.: Прометей, 1989.

НЕТЕСОВА Э. Фартовые. М.: Прометей, 1991.

НОВЫЙ МИР, отдельные публикации.

ОГОНЁК, отдельные публикации.

ПЕРЕСУНЬКО Ю. Жаркое лето. Искатель, 1982, 5.

ПРАВДА, отдельные публикации.

ПРИБЫЛОВА Р. Сны оттуда. Огонёк, 1991, 2.

ПУГАЧ А. Действующие лица, организации и исполнители. Юность, 1991, 2.

РУСИСТИКА, 1991, 1.

СВЕТОВ Ф. Тюрьма. Нева, 1991, 1-3.

СЛОВИН Н. Четыре билета на ночной скорый. Искатель, 1977, 3.

СЛОВИН Л. Вокзал. Искатель, 1974, 1.

СЛОВИН Л. Мой позывной - "Двести первый"... Искатель, 1982, 1.

СС - СОВЕРШЕННО СЕКРЕТНО, отдельные публикации.

СОЛЖЕНИЦЫН А. Архипелаг ГУЛаг. Новый мир, 1989, 8-11.

СТОЛИЦА, отдельные публикации.

СОВЕТСКАЯ ЮСТИЦИЯ, 1991, 2.

СПУТНИК, 1990, 3.

ТИХОНОВ Ю. Случай на Прорве. Искатель, 1982, 3.

ХЛЫСТАЛОВ Э. "Куклы". Искатель, 1982, 1.

ШАЛАМОВ В. Перчатка или КР - 2. М.: Орбита, 1990.

ШУКШИН В. Рассказы. М.: Художественная литература, 1979.

ШУКШИН В. Калина красная. Собрание сочинений в трёх томах. М.: Молодая гвардия, 1985.

Оглавление

Как пользоваться словарем 13
А 18
Б 21
В 38
Г 49
Д 58
Е 70
Ж 71
З 75
И 92
К 95
Л 115
М 121
Н 132
О 138
П 147
Р 170
С 174
Т 186
У 190
Ф 193
Х 197
Ц 202
Ч 203
Ш 207
Щ 214
Э 215
Ю 216
Я 217
Словари 218
ЛИТЕРАТУРНЫЕ ИСТОЧНИКИ 219

Редактор *Г. С. Меркин*
Художник *А. О. Макаренков*

Качество печати соответствует качеству
предоставленных издательством диапозитивов

ЛР № 070781 от 9.12.92 г.
Сдано в набор 27.09.93 г. Подписано в печать 20.04.94 г. Формат $60 \times 90^1/_{16}$. Бумага офсетная № 2. Печать офсетная. Усл. печ. л. 14. Тираж 75 000 экз. Заказ № 1069.

Отпечатано с готовых диапозитивов в Смоленской областной ордена «Знак Почета» типографии им. Смирнова. 214000, г. Смоленск, пр. им. Ю. Гагарина, 2.